Heinz Fiedler

# Deutschland, Europa und der Nahe Osten

Heinz Fiedler

# Deutschland, Europa und der Nahe Osten

Mit einem Vorwort herausgegeben von
Karl-Heinz Volkert (DIG Münster)
Anhang: Ausgewählte Dokumente

LIT

**Bibliografische Information Der Deutschen Bibliothek**
Die Deutsche Bibliothek verzeichnet diese Publikation in der Deutschen Nationalbibliografie; detaillierte bibliografische Daten sind im Internet über http://dnb.ddb.de abrufbar.

ISBN 3-8258-7333-1

© LIT VERLAG Münster – Hamburg – London  2003
Grevener Str./Fresnostr. 2  48159 Münster
Tel. 0251–23 50 91  Fax 0251–23 19 72
e-Mail: lit@lit-verlag.de  http://www.lit-verlag.de

# Inhalt

| | | |
|---|---|---|
| I | Vorwort | 1 |
| II | Einführung: Deutschland, Europa und der Nahe Osten | 3 |
| III | Vorträge vor der DIG Münster | 9 |
| | 1. Vortrag am 04.10.2001 | |
| | Der Nahe Osten zwischen Krieg und Frieden, zwischen Gewalt und Diplomatie | 9 |
| | 2. Vortrag am 17. Januar 2002 | |
| | Der Nahe Osten und der politische Islam | 27 |
| | 3. Vortrag am 22. Mai 2002 | |
| | Deutsche und europäische Nahostpolitik | 41 |
| IV | Nachtrag: Aktuelle Lage in Nah- und Mittelost | 65 |
| V | Anhang | 73 |
| | 1. Auslegung der Sicherheitsratsresolution 242/67 | 73 |
| | 2. Literaturhinweise | 77 |
| | 3. Zeittafel des Nahost-Konflikts und des Nahost-Friedensprozesses | 82 |
| | 4. Abkürzungen | 88 |
| | 5. Dokumente | 89 |
| | Inhalt Dokumententeil | 168 |

# I Vorwort

Zunächst wollten wir nur einen Zeitzeugen hören. Er, d. h. Botschafter a. D. Dr. Heinz Fiedler, sollte den Mitgliedern und Freunden der Deutsch-Israelischen Gesellschaft Münster aus seinen Tätigkeiten in verschiedenen deutschen Botschaften in arabischen Ländern des Nahen Ostens berichten. Wir wollten der Öffentlichkeit in unserer Region, den Menschen, die sich für Israel, für den Nahen Osten interessieren, Fakten vermitteln, damit sie sich gesicherter eine eigene Meinung bilden können.

Mit Botschafter a. D. Dr. Heinz Fiedler, der u. a. Botschafter in Bagdad und Kairo war, hatten wir einen besonderen Experten gefunden, der sein Wissen, seine Kenntnis der Hintergründe, vieler Entwicklungen und Unwägbarkeiten seinen Zuhörern erläuterte.

Aus dem ersten Votrag entwickelte sich eine Fortsetzung zu einer Seminar-Reihe zu den Problemen des Nahen Ostens. Mit dem Thema "Islamismus" wurden geistige und religiös-kulturelle Entwicklungen und heutige Positionen aufgezeigt, ohne deren Kenntnis vieles in arabischen Ländern und in und um Israel nur schwer zu verstehen ist.

Natürlich konnten wir der Frage "Wo steht eigentlich Europa?" nicht ausweichen. Europa mit seiner Nähe zum Nahen Osten, Europäische Union mit ihrer unmittelbaren Nachbarschaft im Südosten des Kontinents; Griechenland mit Zypern nur durch ein Mittelmeer getrennt. Und in absehbarer Zeit ergänzt durch die Türkei.

Nimmt die Bundesrepublik Deutschland hierbei durch unsere Geschichte im vergangenen Jahrhundert eine besondere Aufgabe wahr? Kann unser Land die Stellung Europas zum Nahen Osten zu Israel mitbestimmen?

Wir sahen, dass, je mehr wir uns auf den Mittelpunkt der Auseinandersetzung zubewegten, die Fragen umso größer und zahlreicher wurden, die zu beantworten sind. Was lag näher, als die Referate von Botschafter a. D. Dr. Heinz Fiedler einer breiteren Öffentlichkeit zugänglich zu machen. Dabei war zu entscheiden, in welcher Form die Texte übernommen werden sollten. Eine Überarbeitung der Referate bedeutete weiterer Aufwand und Kosten und viel zusätzliche Zeit. Wir haben uns für die korrekte Wiedergabe der Vorträge entschieden, um jetzt, in dieser Zeit, vielen Interessierten Information und Hintergrund geben zu können. Die Nachteile und Unzulänglichkeiten, die damit vielleicht verbunden sind, bitten wir nachzusehen. Für alle Freunde Israels und die, die sich leidenschaftlich für das Land und die Region interessieren, ist es ohnehin unerheblich.

Die Sorge um die Existenz und die Sicherheit Israels ist leider nur noch für eine Minderheit in unserem Land von Bedeutung. Viele orientieren sich an dem, was sie tagtäglich in den verschiedenen Medien vermittelt bekommen. Das aber ist zu wenig, um sachgerecht urteilen zu können. Die Vorträge, die in diesem Buch niedergelegt sind, sollen helfen, die Konflikte ein wenig mehr zu verstehen.

Viele Deutsche haben Israel besucht, aber warum wir mit dem Land solidarisch sein sollten, zu dem wir für immer besondere Beziehungen haben werden, wissen nur wenige. Auch dieses Taschenbuch ist ein Mosaikstein gegen das Vergessen.

Karl-Heinz Volkert

## II Einführung

## Deutschland, Europa und der Nahe Osten

Nach Beendigung des Ost-West-Konflikts steht der Krisenbogen im Süden Europas, der sich vom Hindukush bis ans Mittelmeer erstreckt, ganz oben auf der Tagesordnung der internationalen Politik. Während der "Kalte Krieg" mit der Annäherung Russlands an die NATO endgültig der Vergangenheit angehört, versinkt diese Region, deren Zentrum der Nahe und Mittlere Osten ist, immer mehr in einen gefährlichen Zustand von Gewalt und Gegengewalt, Hass und Demütigung, Rat- und Hoffnungslosigkeit.

Absolutheitsansprüche haben Kompromisse, die Werkzeuge der klassischen Diplomatie, in weite Ferne gerückt. Kriege, in welcher Form auch immer, sind zunehmend wieder denkbar geworden.

Mit dem 11. September 2001 hat der islamistische Terrorismus eine neue Dimension erreicht. Wir müssen uns fragen: Droht ein neuer "Glaubenskrieg" gegen den "ungläubigen Westen" und seine Werte?

Der Jahrhundertkonflikt im Nahen Osten gehört zu den großen Krisen unserer Zeit. Er ist wohl der gefährlichste aller Konflikte der Gegenwart, auch für uns, da er sich vor unserer Haustür abspielt. Ein Ende der Spirale der Gewalt ist nicht in Sicht. Gibt es nach dem Zusammenbruch des "Oslo-Prozesses" und Ausbruch der "Intifada II" überhaupt noch eine Chance auf Frieden?

Mit diesen und anderen aktuellen Fragen, die jeden engagierten Beobachter mit tiefer Sorge erfüllen, befassen sich schwerpunktmäßig drei Vorträge, die der Verfasser vor der Deutsch-Israelischen Gesellschaft (DIG) in Münster vom Herbst 2001 bis Frühjahr 2002 im Rahmen der Themenreihe "Europa und der Nahe Osten" gehalten hat, und zwar

1. Der Nahe Osten zwischen Krieg und Frieden.
2. Der Nahe Osten und der politische Islam und
3. Deutsche und europäische Nahostpolitik.

Bei allen drei Vorträgen handelt es sich um hochsensible Themen.

Zu 1). Das erste Referat enthält eine historische Analyse der Entstehung des *Nahostkonflikts*, die im Zusammenprall zweier Nationalismen, des jüdischen und arabischen, und der widersprüchlichen Politik der Kolonialmächte sowie der verschiedenen Einwanderungswellen und des palästinensischen Widerstandes zu suchen ist. Sodann folgt ein Rückblick auf die 5 arabisch-israelischen Kriege, bei denen es zunächst um die Existenz des 1948 auf den Trümmern des aufgegebenen britischen Mandats entstandenen Staates Israel und nach 1967 um den Rückzug aus von Israel besetzten Gebieten ging. Schließlich werden die Friedensbemühungen geschildert, die in Intervallen hoffnungsvolle Friedensansätze ("Schritt-für-Schritt-Politik") enthielten, aber durch eine "unheilige Allianz" von Maximalisten und Extremisten immer wieder hintertrieben wurden. So kam es, dass die Geschichte des Nahostkonflikts eine Geschichte verpasster Gelegenheiten (zu wenig und zu spät) wurde. Der Verfasser hält die gegenwärtige Lage für besonders gefährlich, weil ein Flächenbrand durch Verschmelzen aller Konflikte der Region nicht ausgeschlossen werden kann. Existenzangst in Israel und Perspektivlosigkeit auf Seiten der Palästinenser, die um einen eigenen Staat ringen, lassen derzeit Israelis und Palästinenser in einer Sackgasse zurück, aus der sie allein schwerlich wieder herausfinden. Es darf aber nicht soweit kommen, dass Gewalt und Terror die Chancen eines politischen Prozesses verschütten. Auch im Nahen Osten gibt es kein "Ende der Geschichte".

Zu 2). Das zweite Thema befasst sich mit dem *Islamismus*, seinen Wurzeln und Zielen. Während Anknüpfungspunkt des Nahostkonflikts die Nation ist, instrumentalisiert der Islamismus die Religion für politische Zwecke und hat anders als der regionale Nationalismus eine globale Dimension. Nachdem das nationale Streben nach Unabhängigkeit weithin das Ziel verfehlt hat, handelt es sich beim Islamismus um den zweiten Versuch arabischer und anderer islamisch geprägter Länder und Gruppen, sich vom Westen und seinen Werten zu emanzipieren und die eigenen Werte an deren Stelle zu setzen. In seiner extremsten Ausprägung, dem "Djihadismus" mit weltweitem Führungs- und Geltungsanspruch (im Namen der "Friedens") bedroht er nicht nur unsere äußere, sondern auch unsere innere Sicherheit sowie unsere freiheitliche demokratische Ordnung. Dieser und andere aus der Region auf uns übergreifende Konflikte erfordern u.a. auch einen seriösen und verantwortungsvollen Umgang mit dem in ganz Europa drängenden Problem der Migration.

In der westlichen Welt – oft von Wunschdenken beherrscht – neigt die Öffentlichkeit dazu, gerade auf diesem Gebiet die Realität auszublenden. Der Islamismus wird noch immer weitgehend unterschätzt und verharmlost – ein Schicksal, das er, historisch gesehen – mit anderen Universalismen und Totalitarismen teilt. Unkenntnis über Wesen, Ziele und regionale und weltweite Folgen fördern eine Sicht, die alle Maßstäbe durcheinander geraten läßt. Wie wenig wird zuweilen bedacht, dass beispielsweise für Israel, aber auch für die "gottlosen" gemäßigten arabischen Regime, ganz zu schweigen von der auf Freiheit, Demokratie und Menschenrechten beruhenden westlichen Welt in der Vorstellungswelt der Islamisten kein Platz ist. Ein großes Problem ist das Verhältnis der Sharia zu den Menschenrechten. Erst allmählich dringt es in postsozialen Zeiten ins Bewusstsein, dass sich nicht alles Übel dieser Welt auf soziale Konflikte zwischen Arm und Reich zurückführen lässt (der sehr vermögende Bin Laden und sein Gefolge gehören wahrlich nicht zu den ärmsten Zeitgenossen), sondern dass wir uns einem tiefgreifenden Wertekonflikt gegenübersehen.

## II Einführung

Der Verfasser unternimmt in diesem Beitrag den Versuch darzulegen, welchen Herausforderungen die europäisch geprägte Welt sich stellen muß. Er warnt davor, den Islamismus undifferenziert mit dem Islam, der Religion von 1,3 Mrd. Gläubigen, gleichzusetzen und ein neues Feindbild aufzubauen. Das Gebot, auf Feindbilder zu verzichten, gelte allerdings für beide Seiten, also auch für die Islamisten. Desgleichen fordert er, dass Toleranz nicht einseitig sein dürfe. Sie bedürfe auf unserer Seite des festen Bekenntnisses zum Wertekatalog unseres Grundgesetzes.

Dialog ohne Selbstverleugnung, Eindämmung ohne falsche Nachgiebigkeit ("containment" statt "appeasement", um eine bekannte Formel aus der Zeit der Auseinandersetzung mit einem anderen Totalitarismus und Expansionismus zu gebrauchen) und Zusammenarbeit mit den gemäßigten arabischen und islamischen Kräften scheinen dem Verfasser die besten Mittel zu sein, um dem Phänomen des Islamismus, der letzten Ideologie des 20. und beginnenden 21. Jahrhunderts, zu begegnen. Sonst könnte das Streben der Islamisten nach einer weltweiten Gottesordnung einen weltanschaulichen "Krieg der Kulturen" (Samuel Huntington) zur Folge haben, den wir alle nicht wollen.

Kurz gesagt, der Verfasser plädiert für die Dringlichkeit einer intensiveren Auseinandersetzung mit den Zielen der Islamisten und zugleich für eine Verständigung mit dem gemäßigten Islam. Er will mit diesem Vortrag einen Beitrag zu einer notwendigen Diskussion über dieses Thema leisten.

Zu 3). Der dritte Vortrag hat die *deutsche und europäische Nahostpolitik* zum Gegenstand. Der Verfasser schildert die Entwicklung der zunächst bilateralen Beziehungen mit den Ländern des Nahen- und Mittleren Ostens (mit Israel wurden erst 1965 diplomatische Beziehungen aufgenommen mit der Folge, dass 10 arabische Länder die diplomatischen Beziehungen zur Bundesrepublik abbrachen), sodann den Beginn der Europäischen Politischen Zusammenarbeit (EPZ) in der ersten Hälfte der 70er Jahre und schließlich die Einbettung der deutschen Nahostpolitik in die Gemeinsame Außen- und Sicherheitspolitik (GASP) der EU und unter dem Eindruck von Terror und Gewalt zunehmend in die internationale Nahostpolitik (Madrider "Quartett" im April 2002). Die aus der bisherigen Nahostpolitik gezogene lehre lautet, dass wir angesichts der sich verschärfenden Lage allein schnell an die Grenzen unserer Möglichkeiten stoßen würden. Die EU-Nahostpolitik erfolgt heute in enger Abstimmung mit der US-Regierung sowie anderen Akteuren im Nahostfriedensprozess wie␣ und ␣sischen Föderation, dem VN-Generalsekretär und Nachbarstaaten wie Jordanien.

Der Verfasser weist nach, dass unsere Nahostpolitik stets ss ausgeschaltet, Richtung Frieden) und nicht parteiorientiert war. Parteinah ␣gung in niemandes Seite hätte uns von vornherein als Gesprächspartner in ␣ichen Verantwor- was bei zunehmendem deutschen Gewicht nach d ␣ute unstreitig gewesen, Interesse gelegen hätte. Dabei sei es auf Gru ␣die Existenz Israels gehe. tung für alle Bundesregierungen von Kon␣ dass es ein Abseitsstehen nicht gebe␣

## II Einführung

Nicht nur an Israel dürften immer wieder Forderungen gestellt werden, sondern auch die Araber müssten sich stärker für den Frieden einsetzen, so wie es die im März 2002 von der Arabischen Liga in Beirut angenommene saudische Initiative ins Auge gefasst hat. Kontinuität und Konsens hätten unsere Nahostpolitik ausgezeichnet. Sie gehöre zu den Schwerpunktthemen und zugleich schwierigsten Aufgaben deutscher und europäischer Außenpolitik.

Der Verfasser beschreibt, dass nach dem Zusammenbruch des Friedensprozesses das Krisenmanagement im Vordergrund der Bemühungen stehe. Das Ziel bleibe aber unverrückbar, so versichert er, die Herstellung eines umfassenden, gerechten und dauerhaften Friedens im Nahen Osten durch eine politische Lösung auf der Grundlage der maßgeblichen SR-Res. 242/67 und 338/73 sowie der Grundsatzerklärungen des ER von Venedig (1980) und von Berlin (1999), ferner der Erklärungen des ER zu Nahost vom 15.12.2001 in Laeken und vom 16.3.2002 in Barcelona, die auf drei Grundelementen aufbauen:

1. Die uneingeschränkte Anerkennung des unwiderruflichen Rechts Israels, innerhalb anerkannter Grenzen in Frieden und Sicherheit zu leben.
2. Das Selbstbestimmungsrecht des palästinensischen Volkes, das die Schaffung eines lebensfähigen, unabhängigen und demokratischen palästinensischen Staates neben Israel einschließt.
3. Das Prinzip, dass keine Seite Gewalt und Terror als Mittel zur Erreichung politischer Ziele einsetzen sollte, das jedoch das Recht auf Selbstverteidigung unberührt lässt.

Der Verfasser geht davon aus, dass, obwohl er den Nahostkonflikt nicht als Ursache des terroristischen Islamismus ansieht, die Lösung des Nahostkonflikts im Rahmen einer langfristigen Terrorbekämpfungsstrategie förderlich wäre, um den islamistischen Terrorgruppen den Nährboden zu entziehen.

Auf dem langen steinigen Weg zum Frieden seien Kompromisse von allen Parteien unerlässlich. Weder die "Ablehnungsfront" noch Ausschließlichkeitsansprüche (auf das ganze Gebiet Palästina) noch eine Inflation immer neuer Pläne hätten bisher Erfolg gehabt, sondern – wenn auch nur in Ansätzen – eine realistische Schritt-für-Schritt-Politik durch einen vernünftigen Interessenausgleich, wie die Friedensverträge zwischen Israel, Ägypten und Jordanien gezeigt hätten. Diesen Weg gelte es ungeachtet der aktuellen Schwierigkeiten illusionslos, aber mit Tatkraft auf der Grundlage [...] weiter zu beschreiten.

[...] Verfasser für sicher: Eine militärische Lösung des Nahostkonflikts [...] führen außer zu mehr leid und Ausweglosigkeit. Der Friede werde [...] (-rer-) Tod ausgehen – ein Irrtum der palästinensischen Führung. [...] Köpfen könne neue Chancen eröffnen. Mit der Wiederherstellung [...] Vertrauen werde man anfangen müssen, beginnend mit "Frie[...] für alle werde es letztlich nur durch Frieden geben.

[...] dieser Vortragsreihe seine Zuversicht ausgedrückt,

## II EINFÜHRUNG

Der Verfasser unternimmt in diesem Beitrag den Versuch darzulegen, welchen Herausforderungen die europäisch geprägte Welt sich stellen muß. Er warnt davor, den Islamismus undifferenziert mit dem Islam, der Religion von 1,3 Mrd. Gläubigen, gleichzusetzen und ein neues Feindbild aufzubauen. Das Gebot, auf Feindbilder zu verzichten, gelte allerdings für beide Seiten, also auch für die Islamisten. Desgleichen fordert er, dass Toleranz nicht einseitig sein dürfe. Sie bedürfe auf unserer Seite des festen Bekenntnisses zum Wertekatalog unseres Grundgesetzes.

Dialog ohne Selbstverleugnung, Eindämmung ohne falsche Nachgiebigkeit ("containment" statt "appeasement", um eine bekannte Formel aus der Zeit der Auseinandersetzung mit einem anderen Totalitarismus und Expansionismus zu gebrauchen) und Zusammenarbeit mit den gemäßigten arabischen und islamischen Kräften scheinen dem Verfasser die besten Mittel zu sein, um dem Phänomen des Islamismus, der letzten Ideologie des 20. und beginnenden 21. Jahrhunderts, zu begegnen. Sonst könnte das Streben der Islamisten nach einer weltweiten Gottesordnung einen weltanschaulichen "Krieg der Kulturen" (Samuel Huntington) zur Folge haben, den wir alle nicht wollen.

Kurz gesagt, der Verfasser plädiert für die Dringlichkeit einer intensiveren Auseinandersetzung mit den Zielen der Islamisten und zugleich für eine Verständigung mit dem gemäßigten Islam. Er will mit diesem Vortrag einen Beitrag zu einer notwendigen Diskussion über dieses Thema leisten.

Zu 3). Der dritte Vortrag hat die *deutsche und europäische Nahostpolitik* zum Gegenstand. Der Verfasser schildert die Entwicklung der zunächst bilateralen Beziehungen mit den Ländern des Nahen- und Mittleren Ostens (mit Israel wurden erst 1965 diplomatische Beziehungen aufgenommen mit der Folge, dass 10 arabische Länder die diplomatischen Beziehungen zur Bundesrepublik abbrachen), sodann den Beginn der Europäischen Politischen Zusammenarbeit (EPZ) in der ersten Hälfte der 70er Jahre und schließlich die Einbettung der deutschen Nahostpolitik in die Gemeinsame Außen- und Sicherheitspolitik (GASP) der EU und unter dem Eindruck von Terror und Gewalt zunehmend in die internationale Nahostpolitik (Madrider "Quartett" im April 2002). Die aus der bisherigen Nahostpolitik gezogene lehre lautet, dass wir angesichts der sich verschärfenden Lage allein schnell an die Grenzen unserer Möglichkeiten stoßen würden. Die EU-Nahostpolitik erfolgt heute in enger Abstimmung mit der US-Regierung sowie anderen Akteuren im Nahostfriedensprozess wie der Russischen Föderation, dem VN-Generalsekretär und Nachbarstaaten wie Ägypten und Jordanien.

Der Verfasser weist nach, dass unsere Nahostpolitik stets zielorientiert (d. h. in Richtung Frieden) und nicht parteiorientiert war. Parteinahme für die eine oder andere Seite hätte uns von vornherein als Gesprächspartner im Friedensprozess ausgeschaltet, was bei zunehmendem deutschen Gewicht nach der Wiedervereinigung in niemandes Interesse gelegen hätte. Dabei sei es auf Grund unserer geschichtlichen Verantwortung für alle Bundesregierungen von Konrad Adenauer bis heute unstreitig gewesen, dass es ein Abseitsstehen nicht geben dürfe, wenn es um die Existenz Israels gehe.

Nicht nur an Israel dürften immer wieder Forderungen gestellt werden, sondern auch die Araber müssten sich stärker für den Frieden einsetzen, so wie es die im März 2002 von der Arabischen Liga in Beirut angenommene saudische Initiative ins Auge gefasst hat. Kontinuität und Konsens hätten unsere Nahostpolitik ausgezeichnet. Sie gehöre zu den Schwerpunktthemen und zugleich schwierigsten Aufgaben deutscher und europäischer Außenpolitik.

Der Verfasser beschreibt, dass nach dem Zusammenbruch des Friedensprozesses das Krisenmanagement im Vordergrund der Bemühungen stehe. Das Ziel bleibe aber unverrückbar, so versichert er, die Herstellung eines umfassenden, gerechten und dauerhaften Friedens im Nahen Osten durch eine politische Lösung auf der Grundlage der maßgeblichen SR-Res. 242/67 und 338/73 sowie der Grundsatzerklärungen des ER von Venedig (1980) und von Berlin (1999), ferner der Erklärungen des ER zu Nahost vom 15.12.2001 in Laeken und vom 16.3.2002 in Barcelona, die auf drei Grundelementen aufbauen:

1. Die uneingeschränkte Anerkennung des unwiderruflichen Rechts Israels, innerhalb anerkannter Grenzen in Frieden und Sicherheit zu leben.
2. Das Selbstbestimmungsrecht des palästinensischen Volkes, das die Schaffung eines lebensfähigen, unabhängigen und demokratischen palästinensischen Staates neben Israel einschließt.
3. Das Prinzip, dass keine Seite Gewalt und Terror als Mittel zur Erreichung politischer Ziele einsetzen sollte, das jedoch das Recht auf Selbstverteidigung unberührt lässt.

Der Verfasser geht davon aus, dass, obwohl er den Nahostkonflikt nicht als Ursache des terroristischen Islamismus ansieht, die Lösung des Nahostkonflikts im Rahmen einer langfristigen Terrorbekämpfungsstrategie förderlich wäre, um den islamistischen Terrorgruppen den Nährboden zu entziehen.

Auf dem langen steinigen Weg zum Frieden seien Kompromisse von allen Parteinen unerlässlich. Weder die "Ablehnungsfront" noch Ausschließlichkeitsansprüche (auf das ganze Gebiet Palästina) noch eine Inflation immer neuer Pläne hätten bisher Erfolg gehabt, sondern – wenn auch nur in Ansätzen – eine realistische Schritt-für-Schritt-Politik durch einen vernünftigen Interessenausgleich, wie die Friedensverträge zwischen Israel, Ägypten und Jordanien gezeigt hätten. Diesen Weg gelte es ungeachtet aller aktuellen Schwierigkeiten illusionslos, aber mit Tatkraft auf der Grundlage des Erreichten weiter zu beschreiten.

Eines hält der Verfasser für sicher: Eine militärische Lösung des Nahostkonflikts werde zu nichts führen außer zu mehr leid und Auswegslosigkeit. Der Friede werde auch nicht vom (Märtyrer-) Tod ausgehen – ein Irrtum der palästinensischen Führung. Nur eine politische Lösung könne neue Chancen eröffnen. Mit der Wiederherstellung einer Mindestmaßes an Vertrauen werde man anfangen müssen, beginnend mit "Frieden in den Köpfen". Sicherheit für alle werde es letztlich nur durch Frieden geben.

Der Verfasser hat am Schluß dieser Vortragsreihe seine Zuversicht ausgedrückt,

## II Einführung

dass auch im Nahen Osten die Kunst des Friedensschlusses nicht verlernt werden möge.

Ob eine internationale Nahostkonferenz der richtige Weg zum Frieden ist, bleibt abzuwarten. Sie bedürfe jedenfalls sorgfältiger Vorbereitung.

Die Erfahrungen, Einschätzungen und Analysen seiner mehr als 30 jährigen Dienstzeit, während der er im In- und Ausland und in verschiedenen Funktionen mit dem Nahen Osten befasst war, hat der Verfasser in diese Vortragsreihe einfließen lassen. Obwohl er an vielen markanten Ereignissen begleitend und/oder aktiv beteiligt war, mussten die persönlichen Erlebnisse hinter eine sachliche Schilderung, "wie es tatsächlich war", zurücktreten. Nur zur Klarstellung sei eine persönliche Bemerkung erlaubt: Seine Laufbahn im deutschen Auswärtigen Dienst (und auch bei der Italienischen Botschaft in Kairo als Schutzmacht für deutsche Interessen nach Abbruch der diplomatischen Beziehungen 1965 – 67) hat ihn zumeist auf Posten in arabische Länder u. a. als Botschafter in Bagdad und Kairo geführt. Jedoch war er als Referatsleiter Nahost und als Beauftragter für Nah- und Mittelostpolitik des Auswärtigen Amtes auch für Israel zuständig und daher mit den Problemen beider Seiten vertraut. Diese Aufgabenstellung hat ihn vor einer einseitigen Sicht bewahrt, die unserem Auswärtigen Dienst ohnehin nicht angemessen gewesen wäre, sondern auch gelehrt, wie sehr der Nahe und Mittlere Osten ein Minenfeld ist, dessen Durchquerung höchsten Einsatz, Fingerspitzengefühl, Verantwortungsbewusstsein und nicht selten Zivilcourage erfordert. Sie glich einer Quadratur des Kreises.

Der Verfasser ist dem Wunsch der DIG Münster gern nachgekommen, die Vorträge einem breiteren interessierten Lesepublikum zugänglich zu machen. Die Veröffentlichung soll als Wegweiser dienen, die Komplexität des Nahen Ostens durch ausgewählte Schwerpunktthemen besser zu verstehen.

Ein Nachwort soll den Leser auf den letzten Stand bringen. Texte wichtiger Dokumente zu Nahost sollen die Vorträge ergänzen. Eine Auslegung der SR-Res.242/67 vom Verfasser ist beigefügt.

Zum Zwecke der besseren Lesbarkeit wurde davon abgesehen, die Vorträge mit einem umfangreichen Zitatenwerk zu versehen. Dafür ist am Ende ein Hinweis auf ausgewählte Literatur enthalten.

Der Verfasser dankt Herrn Karl-Heinz Volkert, Mitglied des Präsidiums der Deutsch-Israelischen Gesellschaft und dem Verlag für die Herausgabe dieses Bandes.

Heinz Fiedler

# III Vorträge vor der DIG Münster

## 1. Vortrag am 04.10.2001
## Der Nahe Osten zwischen Krieg und Frieden, zwischen Gewalt und Diplomatie

Ich bin gebeten worden, über dieses sehr komplexe und sensible Thema zu Ihnen zu sprechen, das nicht nur die unmittelbar Betroffenen in der Region angeht, sondern auch uns Außenstehende zutiefst bewegt, ja aufwühlt.

Fast jeden Tag erreichen uns Schreckenmeldungen über Gewalt und Gegengewalt aus Nahost. Die Region steht auf der Schwelle zum Krieg: Nicht Krieg im klassischen Sinne, da es keine festen Fronten gibt, aber ein Zustand, der einem Guerilla-Krieg nahe kommt, wie wir ihn z. B. aus Algerien in den 50er und Anfang 60er Jahre kennen. Die Gefahr wird täglich größer, dass daraus ein Flächenbrand entsteht. Nach den verheerenden Terroranschlägen in den USA am 11. September hat sich die Welt verändert. In den USA wurde der Vergleich zu Pearl Harbour 1941 gezogen. Nichts ist mehr so wie vorher. Die Welt sucht nach einer neuen Orientierung. Der Nahe Osten ist ein Teil des Problems.

Die jüngste Entwicklung weckt in Israel wieder traumatische Erinnerungen an das Erleben irakischer Raketen auf Tel Aviv. Schon seit einem Jahr hat Israel mit schrecklichen Bombenanschlägen auf die Zivilbevölkerung leben müssen.

Von Friedenshoffnungen, die wir seit der Madrider Konferenz 1991 und den Oslo-Verträgen von 1993 bis zur gescheiterten Konferenz von Camp David im Juli 2000 hegten, von dieser siebenjährigen "Frieden in Sicht"-Periode, ist nicht viel übrig geblieben. Die immer wieder aufkommende Enspannungseuphorie ist verflogen.

Noch nie waren wir dem Frieden im Nahen Osten näher und niemals sind wir ihm seit September 2000 ferner.

Nach einem halben Jahrhundert ohne Krieg scheint vielen Zeitgenossen in West- und Mitteleuropa, besonders in Deutschland, das Gefühl für Gefahren und die Notwendigkeit für Krisenvorsorge und -Beherrschung abhanden gekommen zu sein. "Wir sind nur von Freunden umgeben", heißt es so schön. Zyniker sagen auch von Freunden "eingekreist".

Heute müssen wir unseren Blick auf die strategische Situation an den Außengrenzen von NATO und EU im südlichen Krisenbogen lenken, der sich halbmondförmig von Afghanistan und dem Kaukasus, dem Zentrum von Nah- und Mittelost, bis nach Nordafrika erstreckt.

Die Konflikte dieser Region gehören zu den *großen Krisen* unserer Zeit. Es handelt sich vor allem um drei Konfliktfelder:

1. Den arabisch-israelischen Konflikt um das "Heilige Land", Palästina, der nunmehr seit über 100 Jahren andauert.
2. Die Dauerkrise am Persischen Golf, die im ersten Golfkrieg 1980–1988 und im Konflikt um Kuwait 1990/91 kulminierte und seitdem gefährlich fortschwelt.
3. Den Islamismus, der seit der "Gezeitenwende" im Nahen Osten 1967 den arabischen Nationalismus durch religiöse Rückbesinnung und Politisierung des Islam in der ganzen Region zwischen Afghanistan und Algerien weitgehend abgelöst hat.

Besonders gefährliche Bedrohungsszenarien ergeben sich dann, wenn sich die genannten strategischen Konflikte in der ölreichsten Region der Welt miteinander verknüpfen und Massenvernichtungswaffen sowie weitreichende Trägersysteme durch die so genannten "Schurkenstaaten", die man neuerdings auch "Risikostaaten" nennt, zum Einsatz gebracht werden sollten. Ausser politisch unberechenbaren diktatorischen Regimen stellt der internationale Terrorismus (Osama Bin Laden) eine kaum beherrschbare Bedrohung dar. Unsere hochtechnisierte und industrialisierte Welt ist extrem außenanfällig. Von Konflikten im Süden würden wir – wie früher ausgehend vom Osten – im besonderen Maße in Mitleidenschaft gezogen. Das sind keine Konflikte "weit hinten in der Türkei" mehr, wie Goethe einst meinte. Seitdem wir EU-Mitglied und damit Mittelmeer-Anrainer sind, liegen sie vor unserer Haustür, und das Netzwerk des Terrorismus reicht bis in unser Land.

So interessant die Beschäftigung mit der Großwetterlage im südlichen Krisenbogen auch sein mag, will ich mich auf den arabisch-israelischen oder Nahostkonflikt, seine Entstehung, den Friedensprozess und die gegenwärtige Lage konzentrieren. Ich möchte diesen zentralen Konflikt der Region auch den "klassischen" nennen, weil er der längste, explosivste und gefährlichste aller Konflikte der neuen Geschichte ist, dessen Wurzeln tief in Religion und Geschichte hineinreichen.

II. Zur Entstehung des Nahostkonflikts

Der Nahostkonflikt hat vor allem zwei Entstehungsgründe:

1. das Ausgreifen des Nationalismus auf den Nahen und Mittleren Osten Ende des 19. und zu Beginn des 20. Jahrhunderts und
2. einander widersprechende Zusicherungen der westlichen Kolonialmächte an Araber und Juden während des Ersten Weltkrieges.

Beide Elemente waren ein Erbe Europas. Um die Gegenwart verstehen zu können, ist ein Blick auf die Geschichte unumgänglich. Ich werde mich um Objektivität bemühen und schildern, wie es gewesen ist, um Leopold von Ranke zu zitieren.

## 1. Der Nahe Osten zwischen Krieg und Frieden

Zum Nationalismus und zur Rolle der Kolonialmächte

1. In der über Europa verstreuten Judenheit formte sich Ende des vorigen Jahrhunderts in der europäischen Diaspora unter dem Druck von Diskriminierungen, Pogromen und des allgemein erwachten Nationalismus die Bewegung des politischen Zionismus, der für das jüdische Volk die Schaffung einer rechtlich gesicherten Heimstätte in Palästina erstrebte. Schöpfer des jüdischen Staatsgedankens war der Wiener Journalist Theodor Herzl, der 1896 die programmatische Schrift "Der Judenstaat" verfasst und 1897 den ersten Zionistenkongress nach Basel einberufen hatte. 51 Jahre später, 1948, wurde Herzls Vision Wirklichkeit.

2. Das etwa gleichzeitig einsetzende politische Erwachen der Araber führte zum panarabischen Nationalismus, der zunächst nichts mit dem Zionismus zu tun hatte, sondern wie in Europa – wenn auch zeitversetzt – eine Folge der Aufklärung, also eine parallele Entwicklung darstellte. Erst als die arabischen Hoffnungen auf Selbstbestimmung und Unabhängigkeit nach dem Zusammenbruch des Osmanischen Reiches unter dem Eindruck kontradiktorischer Versprechungen der Siegermächte und verstärkter jüdischer Einwanderung zerstört wurden, entbrannte der Nahostkonflikt in voller Schärfe, der im Kern aus dem Zusammenprall zweier Nationalismen im Heiligen Land, des jüdischen und des arabischen Nationalismus, zweier dynamischer Bewegungen von mächtiger geschichtlicher Wirkungskraft entstand. Als die ersten jüdischen Einwanderer in Palästina an Land gingen, wurde ihnen klar, dass das verheißene Land keinesfalls menschenleer war, und wie wenig die Annahme Theodor Herzls gerechtfertigt war, dass "ein Volk ohne Land in ein Land ohne Volk" kam. Sie kamen in ein zwar dünn besiedeltes, aber doch von Arabern bewohntes Land.

3. Katalysator dieser unheilschwangeren Entwicklung war eine doppelzüngige Politik der westlichen Kolonialmächte, Großbritannien und Frankreich, während des Ersten Weltkrieges, um Juden und Araber gegen die Mittelmächte (d. h. Deutsches Reich, Österreich-Ungarn und das Osmanische Reich) auf ihre Seite zu ziehen und die Türkei, den "Kranken Mann am Goldenen Horn" zu beerben. So wurde Palästina ein Spielball der damaligen Großmächte, insbesondere waren es drei einander ausschließende Versprechungen:

   a) Am 24. Oktober 1915 sicherte der britische Hochkommissar in Ägypten, Sir Henry McMahon, dem Sherifen von Mekka und "Hüter der Heiligen Stätten", Hussein Ibn Ali, dem Ururgroßvater des heutigen Königs von Jordanien, brieflich zu, den Plan der Errichtung eines unabhängigen Großarabischen Reichs mit Palästina unter seiner Führung zu unterstützen. 1916 begann der arabische Aufstand gegen die Türken. Der eigentliche Kopf des Aufstandes war der britische Archäologe und Abenteurer Thomas Edward Lawrence, der als "Lawrence of Arabia" zur Legende in Film und Wirklichkeit wurde.

   b) Ungeachtet dieser Zusicherung schlossen Grossbritannien und Frankreich das nach den beiden Unterhändlern benannte Sykes-Picot-Abkommen über die Aufteilung der Beute vom 16. Mai 1916. Nach dem Sieg über die Türkei erhielt

Großbritannien Palästina, das damals noch Jordanien mitumfasste, und Frankreich, Syrien und Libanon als Mandatsgebiet des Völkerbundes.
c) Schließlich erkannte Großbritannien das Recht des jüdischen Volkes auf eine "nationale Heimstätte" in Palästina in der so genannten "Balfour-Deklaration" vom 2. November 1917 an, das im Völkerbundsmandat bestätigt wurde.

Anfängliche Versuche von arabischer und zionistischer Seite (Emir Feisal, dem zweitältesten Sohn Sherif Husseins, und Dr. Chaim Weizmann, dem späteren ersten israelischen Staatspräsidenten), die Idee einer arabisch-jüdischen Koexistenz in einem binationalen Staat, Palästina, zu fördern, scheiterten schon bald nach dem Ersten Weltkrieg an der Nichteinlösung der alliierten Versprechungen. 1920 vertrieben französische Truppen Feisal, der zum König von Damaskus ausgerufen worden war. Der Traum von einem großarabischen Königreich, zu dem auch die Palästinenser gehören wollten, war damit ausgeträumt. Der fallengelassene Emir Feisal wurde 1921 von Großbritannien, gleichsam als eine Art Wiedergutmachung, mit dem Irak abgefunden. Dem drittältesten Sohn des Sherifen Hussein von Mekka, dem Emir Abdallah, schlug der damalige britische Kolonialminister Winston Churchill 1921 das gesamte Gebiet östlich des Jordans, Transjordanien genannt, auf Kosten der Juden zu. So wurde Palästina zum ersten Mal geteilt. Zudem durften Juden hier künftig nicht mehr siedeln. In Rest-Palästina wurde die Einwanderung von Juden beschränkt. Eine weitere Teilung Palästinas erfolgte 1923 durch Übertragung der Golan-Höhen oberhalb des Sees Genezareth auf das französische Mandatsgebiet Syrien. Der Golan wurde nach dem Sechstagekrieg 1967 von Israel annektiert.

4. *Zunehmende Konflikte und Lösungspläne*

Die 20er und 30er Jahre waren gekennzeichnet durch zunehmende Konflikte zwischen Arabern und Juden und Lösungspläne der britischen Mandatsmacht. Die jüdische Bevölkerung nahm in mehreren Einwanderungswellen ("Alya" = Aufstieg nach Zion") rapide zu. Einige Zahlen mögen dies belegen: 1880 lebten in Palästina ca. 350.000 Menschen, davon 27.000 Juden. Bis Ende des Zweiten Weltkrieges waren es nicht zuletzt unter dem Eindruck der NS-Verfolgungen in Europa etwa 550.000 Juden, demgegenüber war die arabische Bevölkerung in Palästina aufgrund natürlicher Vermehrung auf über 1,2 Mio Personen angewachsen.

Die jüdischen Einwanderer kamen, um Herren im eigenen Haus zu werden, die palästinensichen Araber wollten es bleiben. Beide Seiten organisierten sich politisch und zunehmend militärisch. Der Konflikt war programmiert. Unter dem Druck der Ereignisse in Palästina und angesichts des heraufziehenden Zweiten Weltkrieges entwarf die britische Regierung mehrere Pläne, die ausgehend von einer eher projüdischen Linie sich mehr und mehr der arabischen Position annäherten.

Die proarabische Position Großbritanniens zahlte sich nicht aus. Sie geriet zwischen alle Fronten und wurde in den ersten Jahren nach dem Zweiten Weltkrieg unhaltbar.

Die GV der VN empfahl mehrheitlich am 29. November 1947 die Teilung Palästinas mit Jerusalem als "Corpus Separatum". Die Araber stimmten gegen die Teilungsresolution 181, die Juden waren mit Bedenken dafür. Am 14. Mai 1948 verließ der letzte britische Hochkommissar Palästina. David Ben Gurion rief in Tel Aviv die Unabhängigkeit des Staates Israel aus, der auf den Trümmern des unter dem jüdisch-arabischen Antagonismus zerbrochenen Palästina-Mandats entstand. Die französischen Mandatsgebiete Syrien und Libanon hatten ihre Unabhängigkeit bereits 1946 erlangt. Damit war ein Kapitel der Kolonialgeschichte abgeschlossen, ihre Auswirkungen aber dauern bis heute an.

III. Die Kriege um Palästina und die Legitimationsversuche
durch die Konfliktparteien

Schon einen Tag nach der Unabhängigkeitserklärung begannen am 15. Mai 1948 6 arabische Staaten den "Krieg um Palästina", d. h. gegen den neuen unabhängigen Staat Israel. Ihm folgten 4 weitere, und zwar 1956, 1967, 1973 und 1982. Etwa 6–700.000 palästinensische Araber waren geflüchtet oder vertrieben, je nachdem, ob man der israelischen oder arabischen Lesart folgt. Die Kriege, die Leiden der Bevölkerung und das trostlose Leben in den Flüchtlingslagern haben die heute ca. 3,4 Mio im Exil lebenden Flüchtlinge und deren Nachkommen zur palästinensischen Nation werden lassen.

Der Kampf um Palästina wurde deshalb so kompromisslos ausgefochten, weil Anspruch gegen Anspruch steht und Ausschliesslichkeitsansprüche auf das ganze Gebiet erhoben werden.

Beide Seiten gründen ihren Anspruch auf Palästina auf gegensätzliche Legitimationen:

1. Israel, das Land der Verheißung, das in den Träumen und Gebeten der Juden seit über 3.000 Jahren gegenwärtig ist, beruft sich auf das historische Recht auf Palästina, das moralische Recht auf einen eigenen Staat wegen der Leiden des jüdischen Volkes und die vom Völkerrecht sanktionierten Rechtsgrundlagen: Die Balfour-Deklaration von 1917, das Völkerbundmandat von 1922 und den Teilungsbeschluss der GV der VN von 1947.
2. Die Araber stützen sich ebenfalls auf historische, rechtliche und moralische Prinzipien. Sie verweisen auf ihre 1 1/2tausend Jahre alte Geschichte in Palästina und nicht zuletzt auf El Quds/Jerusalem als die nach Mekka und Medina drittheiligste Stadt des Islams. Sie bestreiten die Gültigkeit der völkerrechtlichen Akte, die Israel für sich geltend macht, und weigern sich, für die Vertreibung der Juden aus dem NS-beherrschten Europa "die Zeche zahlen zu müssen".

Für die Araber ist Israel eine fremde Identität, ein Implantat auf arabisch-islamischem Boden, ein Instrument westlicher Interessen im Nahen Osten. Sie sehen in den Juden und Israelis die Überlegenheit des Westens verkörpert, die ihnen täglich ihre eigene Unterlegenheit, insbesondere in den Nahostkriegen, so schmerzlich vor Augen führte. Kurz: Einen Konflikt zwischen Erster und Dritter Welt.

Während der jüdisch-arabische Gegensatz in der Kolonialzeit von den Kolonialmächten instrumentalisiert wurde, wurde der israelisch-arabisch/palästinensische Konflikt (Nahostkonflikt) später vom kalten Krieg überlagert und von den Großmächten für eigene Ziel ausgenutzt. Die Akteure haben sich geändert. Die Politik nicht.

## IV. Bemühungen um die Lösung des Nahostkonflikts

Zwei Lösungssätze haben miteinander konkurriert: Eine konfrontative und eine kooperative:

1. Die Alles- oder Nichtspolitik der arabisch-islamischen "Ablehnungsfront", deren klassische Ausprägung die Beschlüsse der Arabischen Gipfelkonferenz in Khartoum vom 1. September 1967 nach dem verlorenen Sechstagekrieg war: "Kein Frieden mit Israel, keine Verhandlungen mit Israel und keine Anerkennung Israels".

   Diese Beschlüsse sind als die berühmten "Drei Nein" in die Geschichte des Nahostkonflikts, eine Geschichte verpasster Gelegenheiten, eingegangen. Diese Front besteht heute nur noch aus einer Minderheit: Irak, Iran, Libyen und einigen von Syrien und Iran gestützen radikalen Palästinenserorganisationen wie Hamas, Djihad, Hisbollah usw. Als besonders feindlich zeigt sich der Irak, der immer wieder versucht, eine gesamtarabische Front gegen Israel zustande zu bringen.
2. Der Weg des friedlichen Ausgleichs zwischen Israel und den Arabern durch eine Schritt-für-Schritt-Politik, die sich erst unter heftigen Wehen und aktiver Geburtshilfe der USA durchgesetzt hat.

   Die Grundpositionen der Parteien sind seit dem Sechstage-Krieg unverändert geblieben und werden markiert durch:

   a) Israelische Sicherheitsinteressen.

   b) Das arabische Verlangen nach Rückgabe der 1967 besetzten Gebiete und

   c) das Streben der Palästinenser nach politischer Selbstbestimmung und einem eigenen Staat.

Die Bemühungen um eine Lösung des Konflikts lassen sich wie folgt stichwortartig nachzeichnen:

1. Dem multilateralen Ansatz der VN in Form des Teilungsplans von 1947 (Res. der GV 181/47) glaubten, wie schon erwähnt, die Araber nicht zustimmen zu können. Er wäre für die Araber viel günstiger gewesen als die heutigen Demarkationslinien.
2. Die nach dem Sechstage-Krieg und dem Yom Kippur-Krieg verabschiedeten SR-Res. 242/67 und 338/73 sind ungleich wichtiger als Res. 181, weil sie als SR-Res. der VN völkerrechtlich verbindlich sind (die Res. der GV enthalten hingegen nur Empfehlungen). Sie litten jedoch von vornherein unter dem berühmten Dissens: Rückzug Israels aus "besetzten Gebieten" oder "den", d. h. allen besetzten Gebieten. Authentisch ist die englische Fassung "aus Gebieten". Das bedeutet, dass die Grenzen verhandlungsfähig sind (siehe beigefügte Analyse).
3. Die von Kissinger vermittelten drei Truppenentflechtungsabkommen zwischen Israel einerseits und Ägypten und Syrien andererseits von 1974/75 waren erste Ansät-

ze einer realistischen Konfliktentschärfung auf bilateraler Grundlage. Seither kann man die Faustregel aufstellen, dass Israel bilaterale und die Araber multilaterale Lösungen bevorzugen (wie z. B. die gescheiterte internationale Genfer Konferenz Dezember 1973).

4. Die allmähliche Außerstreitstellung des Staates Israel war für alle Beteiligten ein schmerzhafter Prozess. Zwei Kriege gaben entscheidende Impulse für den Friedensprozess:
a) der Yom Kippur-Krieg 1973 und
b) der Kuwaitkonflikt (2. Golfkrieg) 1990/91.

V. Die erste Phase des Friedensprozesses (Camp David)

Der entscheidende erste Durchbruch wurde mit Sadats berühmter Reise nach Jerusalem 1977 eingeleitet, gefolgt von den Camp David-Abkommen und dem israelisch-ägyptischen Friedensvertrag vom 26. März 1979, mit dem die stärkste arabische Macht aus der Ablehnungsfront ausscherte. Aus der Sicht Sadats war der Krieg 1973 eine Art "Friedenskrieg", den er geführt hatte, um den Arabern Würde und Selbstvertrauen zurückzugeben und aus einer Position relativer Stärke verhandeln zu können. Die Araber kritisierten, dass er das Junktim zwischen Friedensvertrag und Fortschritten in der Palästinenserfrage aufgegeben und mithin einen Separatfrieden geschlossen habe. Die Folge war die weitgehende Isolierung Ägyptens und die Verlegung der Arabischen Liga nach Tunis.

VI. Die zweite Phase des Friedensprozesses

Die zweite große Wende im Nahen Osten begann nach Beendigung des Zweiten Golfkrieges (Kuwait 1990/91) und dem Zusammenbruch der SU und damit des bipolaren Mächtesystems mit der Pendeldiplomatie AM Bakers.

Der Grund für die erstaunliche Wandlungsfähigkeit der PLO, die bis dahin als 1964 gegründete palästinensische Befreiungsorganisation zum Kern der Ablehnungsfront gehört hatte, war nicht ihre Stärke, sondern ihre Schwäche. Die PLO sah sich als Folge der Unterstützung Saddam Husseins und des Sieges der Anti-Irak-Koalition international isoliert und stand vor dem finanziellen Zusammenbruch. Die "Intifada" (d. h. die "Abschüttelung") 1987–93 hatte sich als Fehlschlag erwiesen. Nach dem Zerfall des sowjetischen Imperiums, der Schutzmacht der Araber, war ein Ausspielen der Supermächte gegeneinander nicht länger möglich.

Die USA, die Schutzmacht Israels, wurden die einzige große außerregionale Einflussmacht ("Global Player") und werden dies machtmässig in absehbarer Zeit wohl auch bleiben, auch wenn der so genannte Unilateralismus von den Arabern zunehmend kritisiert wird.

Auf arabischer Seite hat Arafat es erneut verstanden, seine Postition der Schwäche (er hatte auf das "falsche Pferd" gesetzt) in einen politischen Erfolg zu verwandeln. Ägypten fühlte sich ungeachtet aller Kritik an Camp David in seiner Friedenspolitik bestätigt und wurde mit der Rückverlegung der Arabischen Liga nach Kairo wieder Führungsmacht der arabischen Welt.

1. Vor diesem Hintergrund kam es – begünstigt durch den Regierungswechsel Shamir/Rabin – nach Jahrzehnten erbitterter Feindschaft am 9. September 1993 zu dem sensationellen Briefwechsel zwischen Rabin und Arafat über die gegenseitige Anerkennung Israels und der PLO, der den Weg frei machte zu direkten Verhandlungen über die Zukunft beider Völker.
Wenige Tage später, am 13. September 1993 unterzeichneten beide Seiten in einer symbolträchtigen Zeremonie im Rosengarten vor dem Weißen Haus in Washington die Prinzipienerklärung über die auf 5 Jahre befristete Selbstverwaltung (Autonomie) der Palästinenser in den besetzten Gebieten Westjordanland und Gazastreifen mit anschließender endgültiger Friedensregelung d. h. Endstatusregelung bis 4. Mai 1999, Wahlen zu einem Palästinensischen Rat, die Anerkennung des Grundsatzes "Land gegen Frieden" und die friedliche Streitbeilegung.
Damit begann ein "Jahrhundertexperiment, nicht mehr und nicht weniger" wie die Presse damals euphorisch schrieb.
2. Weitere Stationen des nun einsetzenden "Oslo-Prozesses" waren das in Kairo am 4. Mai 1994 unterzeichnete "Gaza-Jericho-Abkommen" (das zusammen mit der Prinzipienerklärung auch "Oslo I" genannt wird) und das am 28. September in Washington abgeschlossene Abkommen über die zweite Phase der Autonomie (Oslo II). Darin wird eine Aufteilung des Westjordanlandes in drei Zonen (Zone A: die 7 größten Städte, Zone B: fast alle pal. Dörfer, A und B zusammen 1/3 des Gebiets mit 90 % der pal. Bevölkerung. Zone C: 2/3 des Gebiets mit 50.000 Palästinensern) und ein Rückzug Israels aus dem größten Teil des Westjordanlandes in drei Phasen vereinbart. Ausserdem werden Befugnisse auf die neu geschaffene Palästinensische Behörde ("Palestinian Authority") übertragen, allerdings mit subtanziellen Einschränkungen: Die israelischen Siedlungen, Militärstützpunkte, außenpolitische Kompetenzen und Fragen der Souveränität sowie Ostjerusalem sollten bis zur endgültigen Regelung in den Endstatusverhandlungen, die im Mai 1996 beginnen sollten, vorerst ausgenommen werden. Grundgedanke des umfangreichen Regelwerkes: lösbare Fragen regeln, die schwierigen Fragen im Zuge wachsenden Vertrauens später lösen.
3. Höhepunkte dieser Phase des Friedensprozesses waren
   a) die Verleihung des Friedensnobelpreises an Rabin, Peres und Arafat in Oslo am 14. Oktober 1994 und
   b) der schon erwartete Friedensschluss zwischen Israel und Jordanien am 26. Oktober 1994.

Nach Ägypten war Jordanien der zweite arabische Staat, der mit dem jüdischen Staat einen Friedensvertrag unterzeichnete und damit eine Epoche "inoffizieller Nachbarschaft" formalisierte. Von nicht geringer Bedeutung ist, dass Jordanien in Jerusalem ein Sonderstatus als Hüter islamischer Heiligtümer eingeräumt wird, was die islamische Dimension des Nahostkonflikts illustriert (Art. 9).

4. Auch mit Syrien wurden in den USA Verhandlungen aufgenommen, die bisher jedoch an der schwierigen Frage der Golan-Höhen gescheitert sind. Es ist evident, dass ohne Syrien (von dem der Staat Libanon abhängt) der Frieden im Nahen Osten nicht umfassend und mithin stets gefährdet ist. Syrien ist mit Iran eine strategische Partnerschaft eingegangen, die parallel zum Aufstieg des Fundamentalismus/Islamismus Bedeutung auch im Nahostkonflikt erlangt hat. Der schiitische Iran und der Islamismus streben ein "islamisches Palästina", d. h. ganz Palästina, an; im Gegensatz zu dem national-staatlichen Lösungsgrundsatz der PLO, d. h. zweier Völker in zwei Staaten. Als Gegengewicht sind Israel und die Türkei eine militärische und wirtschaftliche Partnerschaft eingegangen.

VII. Die Ermordnung Rabins und die Stagnation des Friedensprozesses während der Regierungszeit Netanyahus

Zwei Ereignisse haben Mitte der 90er Jahre die politische Landschaft im Nahen Osten nachhaltig verändert:
1. Die Ermordung PM Rabins durch einen ultraorthodoxen Fanatiker am 4. November 1995.
2. Die Niederlage von PM Peres, dem zweiten Architekten des Friedensprozesses, und die Wahl Benjamin Netanyahus vom rechten Likud-Block zum israelischen Ministerpräsidenten am 28. Mai 1996.

Beide Ereignisse lösten bei den Arabern einen Schock aus. Widersprüchliche Aussagen und umstrittene Handlungen der neuen Regierung Netanyahus (wie z. B. die Öffnung des Hasmonäer-Tunnels am Tempelberg und der Siedlungsbau in Har Homa in Ost-Jerusalem) und Intifada-ähnliche Reaktionen der Palästinenser führten zu einem bedenklichen, allseitigen Vertrauensverlust und zur erneuten Konfrontation anstelle von Kooperation.

Innenpolitisch war in Israel eine zunehmende Polarisierung der israelischen Gesellschaft zwischen Säkularen und Religiös-Orthodoxen zu verzeichnen. Prof. Moshe Zimmermann befürchtete in einer beunruhigenden Studie sogar, dass der israelischen Gesellschaft ein "Kulturkampf" im Sinne des Huntingtonschen Zusammenpralls der Kulturen bevorstehe.

Außenpolitisch trat trotz weitgehender Stagnation kein völliger Stillstand des Friedensprozesses ein. Zwei Abkommen wurden während der Regierungszeit Netanyahus abgeschlossen:
1. Das Abkommen über den längst fälligen Abzug der israelischen Truppen aus Hebron vom 14. Januar 1997 (Teilabzug).
2. Das Abkommen von Wye-Plantation vom 23. Oktober 1998, das den stagnierenden Friedensprozess auf der Grundlage eines US-Kompromissplans vom Januar 1998 wiederbeleben sollte, d. h. weiterer israelischer Truppenabzug aus 13 % des Westjordanlands und unverzügliche Aufnahme der verschleppten Verhandlungen über den endgültigen Status. Selbst bei Erfüllung des Abkommens wären immer noch 60 % des Westjordanlandes bei Israel geblieben.

Doch Netanyahu zögerte die Durchführung immer weiter hinaus und stoppte am 2. Dezember 1998 ganz den Truppenabzug mit der Begründung, dass die Palästinenser ihre Sicherheitsgarantien nicht erfüllt hätten.

Gleichwohl billigte der Palästinensische National-Kongress gemäß dem Abkommen von Wye in Anwesenheit von Präsident Clinton am 12. Dezember 1998 in Gaza die Ungültigkeitserklärung der Bestimmungen der PLO-Charta, die die Vernichtung des Staates Israel zum Ziel hatten.

Am 21. Dezember 1998 beschloss die Knesset nach dem Sturz der Regierung Netanyahus vorgezogene Neuwahlen zum 17. Mai 1999.

Am 4. Mai 1999 lief die Oslo-Interimsperiode formell ab. Die von Arafat angekündigte einseitige Ausrufung eines Palästinensischen Staates wurde vom PLO-Zentralkomitee einstweilen verschoben, um die israelischen Wahlen nicht ungünstig zu beeinflussen.

## VIII. Die dritte Phase des Friedensprozesses unter PM Ehud Barak

1. Die Neuwahlen (Parlament und Premierminister) am 17. Mai 1999 brachten einen erdrutschartigen Sieg des früheren Generalstaschefs Ehud Barak von der Arbeitspartei mit 56 % über seinen zuletzt einzigen Gegenkandidaten Netanyahu.

   Der auch in den eigenen Reihen nicht unumstrittene Barak verdankte seinen persönlichen Triumph vor allem der Abstrafung Netanyahus durch die israelischen Wähler, aber auch seinem Wahlversprechen, den Friedensprozess wieder in Gang zu bringen. "Wenn ein Friedensprozess im Nahen Osten möglich ist, dann will ich ihn vollbringen; einen "Frieden der Tapferen", sagte Barak selbstbewusst in seiner ersten Pressekonferenz. Von arabischer Seite, aber auch von der internationalen Öffentlichkeit erhielt er viele Vorschusslorbeeren.

2. Nach Amtsübernahme Baraks kam der solange niederliegende Friedensprozess zunächst nicht in Bewegung. Erst am 4. September 1999 erzielten Israelis und Palästinenser mit tatkräftiger Unterstützung der USA und Ägyptens einen Durchbruch mit der Unterzeichnung des Memorandums von Sharm El-Sheikh ("Wye II"), das das faktisch suspendierte Wye I-Abkommen wieder in Kraft setzte und konkrete Zieldaten für den weiteren Truppenabzug enthielt. Es ging Barek dabei vor allem um Streckung der Truppenabzüge. Bis 20. Januar 2000 sollte das Rückzugsgebiet auf 40 % des Westjordanlandes ausgeweitet werden. Ferner enthielt das Memorandum Regelungen über die Freilassung von Häftlingen, die Errichtung von Transitkorridoren, den Baubeginn des Seehafens in Gaza und die Beschleunigung der Endstatusverhandlungen, die am 13. Februar 2000 beginnen und am 13. September 2000 mit einem umfassenden Friedensabkommen abgeschlossen werden sollten.

   Alles in allem ein ambitiöses Programm, das den Jahrhundertkonflikt beenden sollte. Wir wissen inzwischen, was daraus geworden ist: Der so verheißungsvolle Zeitplan wurde nicht eingehalten, der von vornherein von Kennern des Nahen Ostens als utopisch angesehen worden war. Nachdem 7 Jahre über Interimslösungen gesprochen worden war, musste klar sein, dass eine endgültige Lösung nicht in we-

nigen Monaten erreicht werden konnte. Statt Fortschritte zu erzielen, versank die Region erneut in einen Zyklus von Gewalt und Gegengewalt.
3. Der Ablauf der Geschehnisse ist kurz berichtet:
   a) Wegen hoher israelischer Verluste zog Israel ohne vorheriges israelisch-syrisches Abkommen im Juni 2000 seine Truppen einseitig aus dem Süd-Libanon zurück, von vielen Palästinensern als Niederlage Israels und Modell für die Palästinensergebiete angesehen.
   b) Am 12. Juli 2000 trafen US-Präsident Clinton, PM Barak und Arafat in Camp David zu einem Nahostgipfel zusammen, der am 25. Juli ohne Ergebnisse zu Ende ging, obwohl Barak den Palästinensern das großzügigste Angebot gemacht hatte, das jemals von einem israelischen Regierungschef unterbreitet worden war (so Shlomo Avineri):
   – Anerkennung eines unabhängigen palästinensischen Staates auf 97 % des Westjordanlandes und von Gaza.
   – Bereitschaft, eine beträchtliche Zahl von Siedlungen aufzulösen.
   – Vorschlag eines Gebietsaustausches, so dass einige jüdische Siedlungen bestehen bleiben könnten.
   – Militärischer Rückzug aus den von Israel besetzten Gebieten, so dass die Palästinenser über eine weitgehende territoriale Einheit ihres Staates verfügt hätten.
   – Weitreichender Kompromiss über die gemeinsame Nutzung von Jerusalem, was tatsächlich eine neue Teilung der Stadt bedeutet hätte.
   – Konkrete Vorschläge für die Aufteilung der Befugnisse auf dem Tempelberg, die praktisch den Tempelberg selbst unter palästinensische Kontrolle gebracht hätten.
   – Formel, die es einigen der Flüchtlinge des Jahres 1948 erlaubt hätte, nach Israel zurückzukrehren. Dieses war allerdings nur ein symbolisches Zugeständnis.
   So sollte nach MP Baraks Vorschlägen Israels Preis für den Frieden aussehen. Viele Kommentatoren lobten ihn für seinen Mut, mit einigen Tabus gebrochen zu haben. Die israelische Rechte kritisierte ihn, dass er weit über das Akzeptable hinausgegangen sei, und hoffte, dass Arafat diese Vorschläge ablehnen werde.
   Über die palästinensische Zurückweisung des Vorschlags ist viel sepkuliert worden. Eine weitverbreitete Meinung lautet, dass Arafat mehr gewollt habe, nachdem Sadat seinerzeit alles bekommen habe und Arafat mit weniger in der Hand sich nicht dem Vorwurf habe aussetzen wollen, in den zentralen Anliegen aller Araber, der Palästinser-Frage, zu nachgiebig gewesen zu sein. Er habe insbesondere nicht einen Flickenteppich in israelisch kontrolliertem Gebiet als Staat akzeptieren wollen.
   Eine andere Version besagt, dass die Zeit zu kurz bemessen gewesen sei und der Zeitdruck eine Einigung nicht mehr zugelassen habe. Eine dritte Ansicht

weist darauf hin, dass das "Fenster der Gelegenheit" sich wieder geschlossen und Arafat erneut eine Chance verpasst habe.
Die Geschichte des Nahostkonflikts, so heißt es, ist eine Geschichte der verpassten Gelegenheiten: 1947, 1967, 1990/91 und jetzt Camp David II. Damit sollte sich auf bittere Weise das geflügelte Wort des einstigen israelischen Außenministers Abba Eban erneut bestätigen: "Noch nie haben die Palästinenser die Chance verpasst, eine Chance zu verpassen".
Geschichte ist, mit Camp David II ging die letzte Gelegenheit vorbei, den Oslo-Prozess erfolgreich abzuschließen. Derartige Sternstunden gibt es nicht alle Tage. Hätte Arafat die Vorschläge Baraks akzeptiert, hätte dies zur Schaffung eines palästinensischen Staates geführt, und ein solcher Staat würde, anstatt des gegenwärtigen Guerilla-Krieges heute Seite an Seite mit Israel existieren. Die öffentliche Meinung verschob sich – angeheizt durch Gewalt und Gegengewalt – in kürzester Zeit hin zu einer "Falken"-Position, die den Handlungsspielraum ihrer verantwortlichen Politiker stark einschränkte. Der Preis für die Beendigung des Konflikts erwies sich für beide Seiten offenbar als zu hoch.

c) Die ab 17. September 2000 wieder aufgenommenen Gespräche auf verschiedenen Ebenen kamen mit dem demonstrativen Besuch Sharons auf dem Tempelberg am 28. September 2000 in Jerusalem zum Stillstand. Die Folge war die "Al-Aqsa-Intifada".

d) Dann folgten Ultimaten Baraks und der Sondergipfel in Sharm el-Sheikh am 16./17. Oktober 2000 zur Wiederaufnahme der Friedensverhandlungen, die ohne Ergebnis blieben.

e) Am 10. Dezember 2000 trat PM Barak nach Verlust seiner Mehrheit in der Knesset zurück. Die Neuwahl des Premierministers wurde auf den 6. Februar 2001 festgesetzt.

f) Kurz vor Beendigung seiner Präsidentschaft im Januar 2001 machte Clinton, der sich wie kaum ein anderer Präsident die Lösung des Nahostkonflikts zum Ziel gesetzt hatte, in einem letzten Anlauf am 23. Dezember 2000 beiden Parteien Vermittlungsvorschläge, die als "Clinton Plan" bekannt geworden sind. Dieser Plan war detaillierter und weitgehender als ein US-Präsident je vorgeschlagen hatte:
Für die Palästinenser –
   Schaffung eines souveränen aber entmilitarisierten Palästinenserstaates, der ca. 94–96 % des Westjordanlandes und des Gazastreifens enthalten sollte mit "Al-Quds" als Hauptstadt und palästinensischer Souveränität über den "Haram al-Sharif" (Tempelberg). Die Lösung der Flüchtlingsfrage präzisierte Clinton in seiner Rede anlässlich der Israel Policy Gala am 7. Januar 2001 dahin, dass die Flüchtlinge, soweit sie von ihrem Rückkehrrecht nicht Gebrauch machen, Entschädigung von der internationalen Gemeinschaft erhalten müssten, wobei die USA bei der Einsammlung der Gelder die Federführung übernehmen würden.

1. DER NAHE OSTEN ZWISCHEN KRIEG UND FRIEDEN

Für die Israelis –
Eine endgültige Beendigung des Konflikts, Sicherheit durch entsprechende Vorkehrungen einschließlich internationaler Überwachung, Kompromiss zwischen einem Rückkehrrecht der Flüchtlinge und Bewahrung des jüdischen Charakters des Staates Israel, Inkorporation von 80 % der Siedler in Blöcken in Israel und Jerusalem als anerkannte Hauptstadt Israels einschließlich der Westmauer des zerstörten Tempels, aber ausschließlich des arabischen Teils von Jerusalem "Al-Quds".

Israel sagte "ja, aber" zu Clintons Vorschlägen, die Palästinenser – nicht sonderlich geschickt – "nein, aber". Somit kam ein endgültiger Friedensschluss auf dieser Grundlage so kurz von dem Präsidentenwechsel in den USA und Wahlen in Israel nicht mehr zustande. Daran änderte sich auch nichts mehr bei einem letzten Treffen im Seebad Taba am 28. Januar 2001. Barak setzte die Friedensgespräche im Anschluss an eine kämpferische Rede Arafats auf dem Weltwirtschaftsforum in Davos schließlich aus.

Damit endete wenigstens vorläufig der "Oslo-Prozess". Sicherlich hat die Schritt-für-Schritt-Politik Fortschritte gegenüber dem "Status quo ante" gebracht. Eine Bilanz der erzielten Gewinne und gemachten Zugeständnisse fällt eindeutig zu Gunsten Israels aus. Mit der Bilaterialisierung des Konfliks hat die PLO ihre wichtigste strategische Trumpfkarte aus der Hand gegeben. Damit fällt das Ungleichgewicht zwischen beiden Seiten noch mehr ins Gewicht. Israelis und Palästinenser scheiterten letztlich an der endgültigen Lösung der vier Kernprobleme des Konflikts: Jerusalem, Flüchtlinge, Siedlungen und künftiger Palästinserstaat und seine Grenzen.

IX. Wahlniederlage Ehud Baraks, Ariel Sharon neuer Premierminister

1. Bei den Direktwahlen des Premierministers am 6. Februar 2001 erlitt der bisherige Amtsinhaber Ehud Barak eine verheerende Niederlage. Sein Konkurrent vom rechten Likud, Ariel Sharon, erzielte mit 62,3 % einen überwältigenden Sieg. Ursächlich waren vor allem der gescheiterte Friedensprozess und die sich immer schneller drehende Spirale der Gewalt. Es war eine Wahl der verängstigten Bürger gegen Barak, nicht unbedingt für Sharon. Von Sharon versprachen sie sich ein Ende der Gewalt und mehr Sicherheit.
2. Bei den Palästinensern breitete sich Frustration und Hoffnungslosigkeit aus. Aus ihrer Sicht hat der bisherige Friedensprozess weder die Perspektive eines souveränen Staates mit El Quds als Hauptstadt noch ein Ende der Siedlungstätigkeit eröffnet.
3. Nach seiner Niederlage hat Barak in einem Brief an Präsident Bush deutlich gemacht, dass die von Israel und den Palästinensern bisher erzielten Verhandlungsergebnisse nicht bindend für seinen Nachfolger Sharon seien.

X. Ungewisse Zukunft unter einer Regierung Sharon

1. Die am 7. März 2001 von Sharon gebildete "Regierung der Nationalen Einheit" ist mit 27 Ministern das größte Kabinett, das Israel jemals hatte, aber auch das heterogenste. Gemäß der "politischen Ornithologie" sitzen darin einige Tauben, wie das Idol der israelischen Friedensbewegung, Shimon Peres, als Außenminister, aber die Falken sind zahlreicher.
2. Trotz des Schocks, den die Wahl Sharons auslöste, werden die Palästinenser vorerst mit ihm rechnen müssen. Wie es mit dem Friedensprozess oder was davon übrig geblieben ist, weitergeht, ist völlig offen. Es erscheint eher unwahrscheinlich, dass ausgerechnet der Falke Sharon das zuwege bringt, woran Barak gescheitert ist, auch wenn einige optimistische Beobachter Beispiele dafür anführen, dass gerade solche Politiker in der Lage seien, schmerzhafte Kompromisse beim eigenen Volk durchzusetzen – Begin/Vertrag mit Ägypten –.

Der 73-jährige Sharon war aber Zeit seines Lebens ein kompromissloser Verfechter der Idee von einem Großisrael zwischen Jordan und Mittelmeer. "Friedensfreunde" in Israel und die arabischen Nachbarn lasten dem "Bulldozer" Sharon noch den Einmarsch Israels in den Libanon 1982 an. Als Infrastrukturminister im Kabinett Netanyahu betrieb er den Ausbau der jüdischen Siedlungen im Westjordanland, die von der internationalen Gemeinschaft als "Friedenshindernis" angesehen werden. Er war gegen Israels Teilnahme an der Madrid-Konferenz 1991 und zählt zu den heftigsten Gegnern des Oslo-Prozesses. Ein Vergleich seiner friedenspolitischen Vorstellungen mit denen Baraks macht die große Diskrepanz deutlich und zeigt, wie schwierig die Fortführung des Friedensprozesses sein wird.
3. Sharon konzentrierte sich bisher auf die vorrangige Aufgabe, die "schwierige Sicherheitslage" in den Griff zu bekommen. In den Leitlinien der Regierung Sharon ersetzen die Festigung der nationalen Sicherheit und das Streben nach regionaler Stabilität als oberstes Regierungsziel PM Baraks Politik eines umfassenden Friedensschlusses mit Israels Nachbarn. Beim Thema Friedensprozess blieb Sharon auffallend vage. Er will erst dann verhandeln, wenn die Gewalt aufhört. Jedoch werde er den von Barak und Arafat erreichten Verhandlungsacquis nicht anerkennen. Es wird also nach Beruhigung der Lage neu verhandelt werden müssen. Anders als sein Vorgänger Barak strebt er zunächst kein Endstatusabkommen, sondern langfristige Interimsvereinbarungen an. Grund hierfür ist, dass Sharon beinahe alle israelischen Siedlungen in den palästinensischen Gebieten bestehen lassen will und sich die Möglichkeit des "natürlichen Wachstums" offen hält. Was den Rückzug aus besetzten Gebieten anbetrifft, wird es wohl beim Status quo bleiben.Die Folge ist, dass den Palästinensern eine Anzahl von nicht zusammenhängenden Enklaven überlassen werden soll, die insgesamt 40–45 % des Gebiets, aber kein durchgehendes Territorium ausmachen werden, also ein Flickenteppich. Für Sharon ist es keine Frage, dass Jerusalem die vereinigte Hauptstadt Israels ist und bleibt.
4. Entgegen allen Wahlversprechungen hat sich die Sicherheitslage nach der Wahl Sharons weiter verschärft. Die Intifada II war ebensowenig wie die Intifada I ein

Erfolg. Arafats Doppelstrategie zwischen Befreiungsmythos und Diplomatie hat sich nicht ausgezahlt. Beides geht nicht. Die zweite Intifada hat bisher Hunderte von Menschenleben gekostet. Die Palästinenser sind dem erstrebten unabhängigen Staat nicht nähergekommen. Den Autonomiegebieten droht der wirtschaftliche Kollaps. Zur Zeit der Regierung Sharons wurden die blutigen palästinensischen Selbstmordanschläge in Tel Aviv und Jerusalem verübt. Israel reagierte mit Härte: Mit Abriegelung der Autonomiegebiete, militärischen Vorstößen in Städte des Kerngebiets der Westbank (A-Zone) und Liquidierung von palästinensischen Drahtziehern der Gewalt. Beide, die Palästinenser und die Israelis, müssen unter diesem Zustand leiden. Beide sind Verlierer. Sowohl bei den Palästinensern als auch bei den Israelis ist ein totaler Vertrauensverlust und ein Gefühl der Hilflosigkeit zu beobachten.

5. Wo ist der Ausweg aus dieser verfahrenen Situation? Tatsache ist, dass die Konfliktparteien sich zurzeit schwer tun, um sich aus eigener Kraft daraus zu befreien. Obwohl der Nahostkonflikt seit Entstehung des Staates Israel von arabischen Politikern und Massenmedien als die zentrale Frage der Araber angesehen wird, hat die Arabische Liga aufgrund der Uneinigkeit ihrer Mitgliedstaaten wenig zur Lösung des Konflikts beigetragen.

Von den arabischen Staaten sind Ägypten und Jordanien die einzigen, die sich aktiv für den Frieden engagiert haben, wenn es auch nur ein "kalter Frieden" ist. Insbesondere Ägypten hat unter der Präsidentschaft Mubaraks eine führende Rolle als Vermittler im Oslo-Prozess gespielt und diesen als Gastgeber von Konferenzen mit Rat und Tat begleitet. Arafat ist ständiger Gesprächspartner Mubaraks. Der neue ägyptische Außenminister Ahmed Maher, der schon in Camp David I als Berater von Sadat dabei war und zuletzt als Botschafter in Washington fungierte, bietet die Gewähr, dass die Friedenspolitik Kairos fortgesetzt wird.

Krieg ist ohne Ägypten und ein umfassender Nahostfrieden ist ohne Syrien nicht möglich, wurde einmal gesagt. Ein gewollter Krieg wurde deshalb bisher von allen Akteuren der Region ausgeschlossen. Trotz aller Misserfolge und Rückschläge betrachten die Araber mehrheitlich den Friedensprozess weiterhin als "strategische Option". Die Madrider Formel "Land für Frieden" bleibt wegweisend für einen regionalen Frieden. Gegenwärtig geht es um die Deeskalation des gefährlichen Konflikts.

Da außer der jordanisch-ägyptischen Initiative vom März 2001 keine weiteren Impulse für die Entschärfung der Lage von der Region ausgingen, setzen die regionalen Akteure ihre Hoffnungen auf eine Vermittlerrolle der USA und der EU.

6. Die USA räumen Israel auch unter der neuen Administration Bush einen bevorzugten Platz ein, setzen die Prioritäten in der Region aber anders. Vorrang hat die Eindämmung der so genannten "Schurkenländer" und die Bekämmpfung des internationalen Terrorismus.

In der Frage des Nahostfriedensprozesses hielt sich die Administration zurück und wollte es den Parteien überlassen, Lösungsansätze selbst zu entwickeln. "The US stands ready to assist, not insist". Die letzten Pläne von Clinton wurden als nicht mehr aktuell bezeichnet. In Fortsetzung der proisraelischen Linie der Vorgängeradministration hat die Bush-Administration ihr Veto im SR-VN gegen eine VN-Truppe für Nahost eingelegt. Man gewann den Eindruck, dass es den Amerikanern im Nahen/Mittleren Osten primär um Krisenmanagement ging. Grundlage dieses Krisenmanagements sind zwei Pläne:

(a) Der so genannte "Mitchell-Bericht" vom 30.04.2001 (genannt nach dem früheren Senator).

(b) Der "Tenet-Plan" vom 14.05.2001 (genannt nach dem CIA-Direktor).

Der Mitchell-Bericht sieht zur Entschärfung der Lage drei Empfehlungen vor:
a) Beendigung der Gewalt.
b) Wiederherstellung von Vertrauen nach einer Abkühlungsperiode und
c) Wiederaufnahme von Verhandlungen.

Der Tenet-Plan soll die Sicherheitszusammenarbeit zwischen Israel und den Palästinensern wiederherstellen. Beide Pläne konzentrieren sich darauf, eine weitere Eskalation zu verhindern.

Angesichts der Entwicklung in der Region wurde es immer zweifelhafter, dass diese Pläne ausreichen. Verschiedene Warnzeichen im arabischen Umfeld wiesen auf die Dringlichkeit einer Überprüfung der amerikanischen Nahostpolitik hin. Diese wurde zwingend mit den Anschlägen auf das World Trade Center in New York und das Pentagon in Washington am 11. September 2001. Die USA konnten den Nahostkonflikt nicht länger mit dem "benign neglect" betrachten, den die Bush-Administration an den Tag gelegt hatte.

Es bleibt abzuwarten, ob die Erklärungen von Bush und Powell vom 3. Oktober 2001 über die "Vision eines Palästinenserstaates" als Ergebnis von Verhandlungen bei gleichzeitiger Wahrung des Existenzrechts Israels bereits Teil einer neuen Nahost-Initiative der USA sind.

*Anmerkung:* Inzwischen hat AM Powell diese Linie in seiner Grundatzrede am 19.11.2001 in Louisville bestätigt.

Um die Antiterror-Koalition zusammenzuhalten, die die USA als Gegenstrategie schmiedeten, zu der so unterschiedliche Mächte wie Russland, Indien, China, Pakistan, Ägypten, Jordanien sowie andere gemäßigte arabische und muslimische Staaten gehören, kommt der Stabilisierung des Nahen Ostens besondere Bedeutung zu. Der ungelöste Nahostkonflikt und die einseitige proisraelische Politik, die den USA als Schutzmacht Israels immer wieder vorgeworfen wird, wird auch von den gemäßigten arabischen und muslimischen Staaten als eine der Hauptursachen des Terrorismus und als wohlfeile Rechtfertigung für politische Gewalttaten angesehen.

7. In Anbetracht der Neuorientierung der USA wünschen sich die Araber ein stärkeres Engagement der EU im Nahen Osten, und zwar auch als Gegengewicht zu den USA. Sie weisen darauf hin, dass der Krisenherd Nahost aus geografischer Sicht – vom Balkan abgesehen – näher an Europa als alle anderen "Wetterecken" der

# 1. DER NAHE OSTEN ZWISCHEN KRIEG UND FRIEDEN

Weltpolitik liegt. Seit dem Suez-Kanal-Abenteuer von 1956 haben die Europäer in keiner Phase des Konflikts zwischen Israel, den Palästinensern und den arabischen Nachbarstaaten eine dominierende Rolle gespielt, die somit den USA vorbehalten blieb. Angesichts der krisenhaften Zuspitzung der Lage in der Region können wir nicht länger mit verschränkten Armen abseits stehen. Wir sind gefordert, Europa und damit auch Deutschland.

8. Die Rolle Deutschlands kann realistischerweise nur sekundär sein. Sie ist in die Nahostpolitik der EU eingebettet. Europa wird sich auf die Rolle eines Ko-Sponsors beschränken müssen. Europa kann die USA im Nahen Osten nicht ersetzen, wohl aber ergänzen. Krisenmanagement im Nahen Kosten steht derzeit im Vordergrund deutscher und europäischer Außenpolitik. Zweites Schwerpunktthema ist, den Parteien eine politische Perspektive aufzuzeigen. Pläne und Erklärungen gibt es genug. Das Handeln ist das Problem.

Der 11. September 2001 hat Auswirkungen auf die weitere Entwicklung im Nahen Osten, auch wenn keine direkte Kausalität zwischen dem ungelösten Konflikt und den Terroranschlägen in den USA besteht. Fortschritte bei der Lösung des Nahostkonflikts wären allerdings im Rahmen einer langfristigen Strategie zur Bekämpfung des Terrors förderlich, um den islamistischen Terrorgruppen den Nährboden zu entziehen.

Dies soll nur ein allgemeiner Hinweis sein. Auf die deutsche und europäische Nahostpolitik im Einzelen werde ich später eingehen.

9. Die Krisenregion befindet sich in einem Zustand zwischen Krieg und Frieden. Gravierende Zwischenfälle zeigen, wie brüchig alle Friedenskonzepte sind. Immer dann, wenn ein Fortschritt in Sicht ist, tritt eine "unheilige Allianz" der Radikalen auf den Plan.

Gleichwohl drängt die Zeit, dass die USA und die EU im Nahostkonflikt aktiv werden müssen, da die gefährliche Lage leicht außer Kontrolle geraten kann. Zyniker sagen, der Zeitpunkt für eine ernsthafte Vermittlung sei noch nicht gekommen. Es müsse noch schlimmer werden, bevor die Einsicht einer Regelung wieder wachse. Israel sollte sich bewusst sein, dass es trotz seiner Hochrüstung einen Guerillakrieg nicht gewinnen kann, und die Palästinenser, dass die Intifada nur ein Aufschub, nie die Lösung des Problems ist, die nur in einem Ausgleich der Rechte beider Seiten auf der Grundlage des bereits Erreichten – "pacta sunt servanda" – am Verhandlungstisch bestehen kann. So wie der zweite Golfkrieg ein Türöffner für die Behandlung der Palästinenserfrage in Madrid 1991 war, so könnte die gegenwärtige Krise ein Katalysator zur Lösung des Nahostkonflikts sein.

Gewalt und Hass waren noch nie gute Ratgeber im Nahen Osten. Letztendlich muss die Diplomatie wieder zu ihrem Recht kommen, auch wenn es gegenwärtig so scheint, dass die Kunst des Friedensschlusses verlernt worden ist. Ich bin nicht so pessimistisch, dass dies ein Dauerzustand sein muss.

Das Leitmotiv des ermordeten PM Rabin wird seine Gültigkeit behalten, dass nämlich Israelis und Araber nur gemeinsam ein Leben in Frieden, Freiheit und Wohlstand aufbauen können.

## 2. Vortrag am 17. Januar 2002
### Der Nahe Osten und der politische Islam

Der Weg zum Frieden im arabisch-israelischen Konflikt ist inzwischen in immer weitere Ferne gerückt. Das Thema des sog. *"Islamismus"* steht seit dem 11. September 2001 besonders in der Diskussion. Der Islamismus muss neben dem Nahostkonflikt und der Dauerkrise am Persischen Golf heute als die *dritte große Krise unserer Zeit* bezeichnet werden, die auch Europa bedroht.

Diese dritte große Krise in Nah- und Mittelost gibt es nicht erst seit den entsetzlichen Anschlägen in New York und Washington am 11. September 2001, der zwar wegen des Ausmaßes zum historischen Datum wurde. Das beunruhigende Phänomen des Islamismus beschäftigte die Welt schon früher. Seine Wurzeln reichen ins frühe 20. Jh. zurück. Aber erst im Windschatten der islamischen Revolution Khomeinis in Iran 1979 begann der Westen die Furcht zu hegen, in der islamischen Welt breite sich eine Militanz aus, die auch ihn eines Tages bedrohen könne.

Das Phänomen des Islamismus wurde zunächst als "islamischer *Fundamentalismus*" beschrieben, dann jedoch wegen religionsgeschichtlicher Einwände – es gibt auch einen amerikanischen und jüdischen Fundamentalismus – in andere Begriffe gekleidet: Islamismus, Integrismus (in Frankreich/Maghreb) oder schlicht den Begriff islamisches Zelotentum, einmal deshalb, weil es das Wort Fundamentalismus im Koran nicht gibt und zum anderen, weil er eine extreme, um nicht zu sagen extremistische Ausprägung des Islam mit spezifischen ideologischen und politischen Zielen ist. Kurz: *Der Islamismus ist vom Islam abzugrenzen.* Diese *Klarstellung* ist wichtig.

Die *Beurteilung des Islamismus* geht weit auseinander. Sie reicht von Schönfärberei und Beschwichtigung bis zu übertriebener Sorge. Entzündet hatte sich die Kontroverse vor allem an dem 1993 im Sommerheft von "Foreign Affairs" erschienenen aufsehenerregenden Aufsatz des Direktors des Instituts für Strategische Studien in Harvard, *Samuel Huntington,* der die Frontlinie künftiger Konflikte nach Beendigung des Ost-West-Konflikts im Zusammenprall der Zivilisationen *("Clash of civilizations")* sieht.

Seit Beginn der 90er Jahre wird davor gewarnt, den Islam zum neuen Feindbild hochzustilisieren. Jedoch verwechseln diejenigen, die sich dagegen wenden, oft Islam und Islamismus miteinander und sind geneigt, jede Äußerung der Kritik oder Sorge bezüglich des Islamismus zum Ausdruck eines *"Feindbildes Islam"* zu erklären. Es wäre in der Tat töricht und könnte leicht zu einer sich selbsterfüllenden Prophezeiung werden, wenn der Islam zu einem neuen Feindbild aufgebaut und Europa sich als "Festung" vom Islam abkapseln würde. Dies gilt aber gleichermaßen auch für die islamische Welt, die schlecht beraten wäre, ein *Feindbild "Westliche Welt"* zu schaffen, dh. vor allem einen Antiamerikanismus und Antizionismus.

*Andererseits:* Ebenso wie neue Feindbilder fragwürdig sind, sind auch neue Tabus und Denkverbote fehl am Platze. Die viel zitierte *"Political correctness"* darf "keine legitime Schranke der verfassungsrechtlich verbürgten Meinungsfreiheit sein", wie der ehemalige Bundespräsident *Prof. Herzog* in seiner Rede zur Verleihung des Friedenspreises des Deutschen Buchhandels an Annemarie Schimmel am 15. Oktober 1995 zu Recht gefordert hat.

Geboten ist vielmehr eine vertiefte und differenzierende Auseinandersetzung mit dem Islam / Islamismus ohne Voreingenommenheit und ohne ideologische Scheuklappen. Größte *Sensibilität* ist bei der Behandlung des Themas angebracht, um nicht religiöse Gefühle zu verletzen.

Die *Fragestellung* lautet: Was ist unter *Islam* und was ist unter *Islamismus* zu verstehen?

## I. Der religiöse Ausgangspunkt

Der *Islam* ("Hingabe an Gott") ist nach dem Juden- und Christentum die letzte monotheistische Offenbarungsreligion, deren Stifter *Mohammed* (569–632) eine der großen und bedeutenden Persönlichkeiten der Weltgeschichte war. Nach dem islamischen Glaubensbekenntnis hat sich Gott dem Menschen durch seinen Propheten in der Heilige Schrift, dem *Koran* ("Verkündigung"), in endgültiger Weise mitgeteilt. Neben der Koranischen Offenbarung als unabänderliche Quelle des Islam ist die *Gewohnheit* des Propheten *("Hadith")* die praxisnormierende Richtschnur im täglichen Leben der Muslime und die *"Sharia"* (d. h. das heilige Recht, wörtlich "der Weg zur Wassertränke") die dritte Grundlage des Islam.

Als letzter in einer Reihe von Propheten (Abraham, Moses und Jesus Christus) sah Mohammed sich gleichsam als *"Siegel"*, das einerseits das Zeitalter der Ignoranz ("Gahiliyya") beendete und andererseits als letzte Offenbarung jede Weiterentwicklung – wie sie für die europäische Geistesgeschichte kennzeichnend ist –, ein für allemal ausschloss. So kam es, dass der fromme *Muslim* das "Goldene Zeitalter" – "die beste aller Zeiten" – zu *Beginn* der Epoche des Propheten sieht, während es der *Europäer* fortschrittsgläubig in die *Zukunft* projiziert. Diese unterschiedliche Orientierung ließ zwischen der rückwärts gewandten Prophetie des Islam mit seiner großen religiösen und kulturellen Tradition und der Zukunftsutopie der Moderne allmählich einen immer tieferen Graben entstehen.

Nach dem traditionellen Selbstverständnis der Muslime sieht sich der Islam nicht nur als *Schlusspunkt* der Prophetengeschichte, die kritisches Denken ausschließt, sondern auch als eine umfassende Lebensordnung, die alle Bereiche des Lebens nach religiös autorisierten Grundsätzen regelt. Religion, Kultur, Recht, Politik, Staat gelten als eine ursprüngliche untrennbare *Einheit* ("Din wa Daula"). Für Muslime hat Religion einen viel höheren Stellenwert als im säkularisierten Westen. Von der Religion gibt es keine Emanzipation. Ein solcher Gedanke ist eine Schöpfung Europas.

Aus dem Gesagten lassen sich mit Professor *Adel Theodor Khoury* (Universität Münster) drei Schlussfolgerungen ziehen:

1. Der Islam erhebt einen *Absolutheitsanspruch* gegenüber anderen Religionen, was die Aufhebung aller früheren Religionen bedeutet:

2. Einen *Totalitätsanspruch* nach innen, da die Menschen den im Koran niedergelegten Befehlen Gottes vorbehaltlos Gehorsam leisten müssen, die die Totalität des Lebens regeln.
3. Einen *Universalitätsanspruch* nach außen, der den Muslimen die Oberhoheit in aller Welt verschaffen soll.

Dieses Islamverständnis spielt heute den Islamisten in die Hände.

II. Historischer Zusammenhang

Nachdem sich der Islam – seinem Auftrag zur Ausdehnung des Herrschaftsbereiches Gottes und seiner Rechtsordnung folgend – während vieler Jahrhunderte in einem *beispiellosen Siegeszug* ausgebreitet und im Zusammenstoß mit benachbarten Hochkulturen enorme kulturelle Kräfte freigesetzt hatte, stürzten ihn der Niedergang des Osmanischen Reiches und der Aufstieg Europas und Amerikas im Zeitalter des Kolonialismus und Imperialismus – beginnend mit Napoleons Landung in Ägypten 1798 – in eine *tiefe Krise*. Der Anspruch der Muslime auf Überlegenheit stand in keinem Verhältnis mehr zu ihrer untergeordneten Stellung innerhalb der westlich dominierten Weltordnung. Nach zaghaften Reformversuchen in Ägypten im 19. Jh., bewirkten erst die dramatischen Ereignisse des 20. Jh., dass eine breite *Rückbesinnung auf den Islam* (sog. Re-Islamierung) einsetzte und dass die Suche nach Überwindung der Entfremdung vom Islam und nach der eigenen Identität begann.

III. Zwei Phasen: Nationalismus und Islamismus

In historischer Perspektive sind im islamischen Kerngebiet, im Nahen und Mittleren Osten, zwei qualitativ verschiedene Entwicklungsphasen zu unterscheiden: *Nationalismus und Islamismus*. Der *Nationalismus* hat die Region seit Anfang des 20. Jh. geprägt und beruht auf der Aufklärung. Herausragende Vertreter dieser Orientierung sind Kemal Attatürk, Nasser, Assad, Saddam Hussein und – als "Zuspätgekommener der Geschichte" – Arafat. Während es den Nationalisten darum ging, sich vom Kolonialismus zu befreien, gleichzeitig aber dem Westen nachzueifern und es ihm gleich zu tun, wollen die Islamisten diesen bekämpfen und ihm ein Alternativmodell entgegensetzen. In der arabischen Welt wurde die *Niederlage von 1967*, als Nassers Ägypten den Krieg gegen Israel schmählich verlor, zur *"Wasserscheide"*, wie der bekannte Nahost-Korrespondent der NZZ und Publizist *Arnold Hottinger* es formulierte. Die Niederlage Saddam Husseins im Zweiten Golfkrieg 1990/91 bedeutete eine weitere Schwächung der nationalistischen Richtung.

Aus Enttäuschung über die Rezeption westlicher Werte kam es zur Rückbesinnung auf die Quellen. Der ursprüngliche Islam erfuhr eine Neubelebung. Zugleich fanden die Verfechter des *Islamismus*, die sich auf diesen beriefen, parallel zur Erstarkung der arabischen Welt nach der Ölkrise 1973 immer mehr Gehör. Damit kam eine universalistische Tendenz zum Zuge. *Anknüpfungspunkt ist nicht mehr die einzelne Nation, sondern eine grundsätzlich weltweite Geltung beanspruchende Religion.* Diese soll wie in der islamischen Orthodoxie der Frühzeit wieder mit Kultur, Staat, Recht und Politik zu einer Einheit verschmolzen werden – und das nicht nur in der religiösen Lehre, sondern auch in der politischen Praxis. Eine Trennung zwischen "Weltlichem" und "Geistlichem" soll es nicht länger geben.

## IV. Geistige Wegbereiter des Islamismus

Geistige Wegbereiter des Ausschließlichkeitsanspruchs des islamistischen Modells – eine Koexistenz zwischen mehreren "Wahrheiten" wird ausgeschlossen – waren vor allem zwei Ägypter: *Hassan al-Banna,* der Begründer der Muslimbruderschaft 1928, und der 1966 von Nasser in Kairo öffentlich gehenkte Chefideologe der Bruderschaft, *Sayyid Qutb,* der zum Vordenker des sunnitischen Islamismus wurde. Während Banna überwiegend auf Evolution – wenn auch nicht allein auf diese – setzte, lieferte Sayyid Qutb mit seinen radikalen Lehren die intellektuelle Begründung für den *revolutionären Kampf* gegen die bestehende Weltordnung und die *islamische Weltherrschaft.* Er verkündete: "Die islamische Umma ("Gemeinschaft der Gläubigen") muss erneut ins Leben gerufen werden, damit der Islam erneut die Führung der gesamten Menschheit übernimmt, die ihm obliegt". Die Teilung der Welt in eine "satanische Welt der Gahiliyya" (Ignoranz) und in eine gute Welt der gläubig-gehorsamen Muslime – so Khomeini – muss nach dieser sich ständig verbreitenden Weltsicht zugunsten der allweltlichen "Umma" aufgehoben werden.

Nach der *Zwei-Welten-Lehre* ist die Welt in *zwei* Häuser geteilt: in *"Dar al-Islam"* (Haus des Islam oder Friedens) und in *"Dar al-Harb"* (Haus des Krieges). Im Dar al-Islam können nur Muslime die Herrschaft ausüben. Gehört ein Gebiet zum Haus des Friedens, ist dieser Zustand nicht mehr rückgängig zu machen. Ebenso kann ein Muslim oder Konvertit nicht wieder aus dem Islam austreten. Er wäre wegen Apostasie des Todes. Als "Haus des Krieges" werden die Teile der Welt angesehen, in denen Muslime nicht herrschen.

Das *Verhältnis zwischen beiden Häusern* wird in dieser auf die ursprüngliche Lehre zurückgeführten Sicht grundsätzlich durch Feindschaft und den *"Djihad"* ( dh. durch äußerste Anstrengung beim Vorgehen, notfalls in Form des "Heiligen Krieges") bis hin zur Unterwerfung der anderen Seite unter den Islam bestimmt. Ein Sonderstatus kann "Schriftbesitzern" (Christen und Juden) im Islamgebiet als "Schutzbefohlene" (Dhimmis) gegen Zahlung einer Kopfsteuer und Gewährung minderer Rechte (zB. kein Kirchenbau, Tragen besonderer Kleidung) eingeräumt werden. Das letzten Endes anzustrebende Ziel ist die Beendigung des Krieges ("Harb"), den die "Ungläubigen" der Ausbreitung des Islam entgegensetzen, und die Herstellung des Weltfriedens unter der Herrschaft des Islam, welche die Aufhebung der Zweiteilung der Welt nach sich zieht. Dieses *"Friedenskonzept"* beschrieb der führende Ideologe des Islamismus, *Sayyid Qutb,* wie folgt: "Der islamische Djihad verfolgt das Ziel, die Weltrevolution zu verwirklichen... Nur durch diese Revolution wird es möglich sein, den Frieden ("Salam") zu erreichen... Das Endziel ist der Weltfrieden d.h. die gerechte Ordnung, die auf den höheren Werten des Islam basiert... ". "Weltfriede" bedeutet

## 2. DER NAHE OSTEN UND DER POLITISCHE ISLAM

demnach die Weltherrschaft unter islamischem Vorzeichen und nicht Friede auf der pluralistischen Basis wechselseitigen Geltenlassens.

Der Ausdehnung des Islam mittels des Djihad waren in der Geschichte durch die Machtverhältnisse faktische Grenzen gesetzt. Die Rechtfertigung für *Kompromisse* mit den stärkeren Realitäten hat der Prophet nach dem Waffenstillstand von *Hudaibya* 628 n. Chr. noch selbst geliefert. Dabei handelte es sich um Sicherheitszusagen auf Zeit an ungläubige Gemeinwesen, die gekündigt werden mussten, wenn und soweit die Muslime wieder stärker waren als die Ungläubigen. Im Koran heißt es: Werdet daher nicht matt und ladet sie nicht zum Frieden, während ihr die Oberhand habt (Sure 47,36).

*Völkerrechtlich* gesehen, können solche Sicherheitszusagen lediglich in Ansätzen *"episodisch geltendes Völkerrecht"* hervorbringen, wie es das Völkerrechtswerk von Liszt-Fleischmann (1925) formuliert hat, da es nur um vorübergehendes Unterlassen des Kampfes ging. Echtes Völkerrecht, das Ideensolidarität, auf Dauer gerichtete Koexistenz und Gleichordnung seiner Subjekte – und nicht Über- und Unterordnung – voraussetzt, ist auf dieser Grundlage nicht möglich.

Relativierungen der völkerrechtlichen Geltung, wie sie der islamischen Vorstellung entsprechen, gab es in der Geschichte immer dann, wenn *Universalreiche* – wie das Imperium Romanum und besonders ausgeprägt, das Osmanische Reich – gemäss ihrem Anspruch Beherrscher der ganzen Welt waren, faktisch jedoch Kompromisse eingehen mussten.

Kaum hat das ursprüngliche europäische Völkerrecht nach Aufnahme des Osmanischen Reiches im Anschluss an den Krimkrieg 1856 universale Geltung erlangt, haben es zwei Herausforderungen wieder in Frage gestellt, wobei sich die erstere mit dem Untergang der Sowjetunion von selbst erledigt hat. Trotzdem lohnt ein kurzer Rückblick, um das Problem klar herauszuarbeiten.

Die *Parallele* zur früheren *sowjetischen Völkerrechtslehre* ist frappierend, wenn auch mit völlig anderem Inhalt: "Friedenslager" gegen "Kriegslager", die "friedliche Koexistenz" als "höchste Form des Klassenkampfes auf internationaler Ebene" mit der Konsequenz eines "gerechten Krieges" im äußersten Fall im Verhältnis der beiden Lager zueinander ; ein "Völkerrecht der Übergangszeit"" – wie Korowin 1924 das von ihm verfasste amtliche Völkerrechtswerk der UdSSR nannte – und die angestrebte Ausbreitung der eigenen Ordnung, d.h. die Schaffung der klassenlosen Weltsowjetrepublik. Max Weber und nach ihm Arnold Toynbee und Jules Monnerot deuteten deshalb den *Kommunismus* als den *"Islam unserer Zeit"*. Heute scheint es genau umgekehrt zu sein.

Die *zweite große Herausforderung, der Universalismus der Islamisten,* ist unter Anknüpfung an die Ursprünge nach Jahrhunderten der Schwäche wieder im Aufstieg begriffen und höchst aktuell. Der zeitgenössische Islamismus zielt ähnlich wie der Marxismus-Leninismus darauf ab, die gesamte Menschheit im Haus des Islam unter seinem Banner zu vereinigen und die Utopie des universellen Weltfriedens unter der Herrschaft des Islam zu verwirklichen, d.h. die bestehende pluralistische Weltordnung durch eine auf islamischen Normen gestützte ("Nizam Islami") zu ersetzen und neu zu gestalten. Wie die Islamisten versichern, wurde diese Vorstellung auch nach Ende des Kalifats 1924 nicht fallengelassen. Dies bezeugen auch die gerade in London veröffentlichten Memoiren des stellvertretenden Chefs von Al-Qaida und Leiters des ägyptischen Djihad, *Aiman az-Zawahiri*, der später im Zusammenhang mit Afghanistan noch erwähnt wird.

## V. Demokratie, Menschenrechte und Islamismus

Am Beispiel des Verhaltens der Islamisten gegenüber *Demokratie und Menschenrechten* wird deutlich, in welchem Spannungsverhältnis die unterschiedlichen Wertvorstellungen stehen. Demokratie und Menschenrechte in Europa sind Ergebnis einer langen geschichtlichen Entwicklung: Humanismus, Renaissance, Reformation, Aufklärung, Moderne sind Stationen einer am Menschen und seinen Individualrechten orientierten Entwicklung. Der Islam hat nie eine solche Evolution erlebt. Nach der klassischen Theorie gilt im Islam das Prinzip der Herrschaft Gottes als Souverän über den Kosmos, demgegenüber eine Volkssouveränität nicht denkbar ist. Das eigenständige islamische Modell der "Shura" (Konsultation) lässt zwar Meinungen, aber keine "unislamischen" Meinungen zu. Der Universalitätsanspruch der göttliches Recht darstellenden *"Sharia"* kollidiert mit den individuellen *Menschenrechten* des Westens – besonders im Familien- und Erbrecht – und dem Mindeststandard der VN-Menschenrechts-Konventionen. Theozentrismus und Anthropozentrismus schließen sich aus, wie *Bassam Tibi*, selber Muslim und seit vielen Jahre in Deutschland und in den USA lehrender Politikwissenschaftler in seinen zahlreichen Schriften dargelegt hat.

Neben vielen anderen Beispielen für die Infragestellung der Universalität der Menschenrechte haben die *"Fatwa"* (isl. Rechtsgutachten) Khomeinis gegen den Schriftsteller *Salman Rushdi*, die bis heute nicht aufgehoben ist, und die Zwangsscheidung des ägyptischen liberalen Islamwissenschafters *Abu-Zaid* wegen angeblicher Apostasie für internationales Aufsehen gesorgt.

Konflikte können sich auch in *Europa* ergeben, wenn dort lebende islamische Einwanderer dazu aufgefordert werden sollten, nicht der Rechtsordnung ihres Gastlandes – bei uns also dem Grundgesetz –, sondern den islamischen Gesetzen der Sharia zu gehorchen. Dies wäre eine offene Herausforderung für die Autorität und die Rechtsgeltung des betroffenen Staates. Ich denke in diesem Zusammenhang an den Fall *Kaplan*, den sog. "Kalifen von Köln". Er bekannte: "Islam und Demokratie werden niemals miteinander vereinbar sein. Wenn wir an die Macht kommen, werden wir das Parlament zerstören und niederbrennen und die Asche im Meer verstreuen." Von welcher Aktualität und innenpolitischer Brisanz die Expansion des Islam auch bei uns werden könnte, zeigen die demographischen Fakten: zwischen 1970 und 2000 sind 3,4 Mio. Muslime eingewandert. Bei einem EU-Beitritt der Türkei, rechnet die Statistik mit über 10 Mio Türken bei uns – bei 100 Mio Einwohnern in der Türkei.

Um so wichtiger ist ein verantwortungsvoller Umgang mit dem Problem der Immigration aus anderen Kulturkreisen, insbesondere der islamischen Welt. Zuwande-

## 2. Der Nahe Osten und der politische Islam 33

rung ohne individuelle Integration fördert die Bildung von Parallelgesellschaften oder geschlossenen "Kolonien" ohne Wertekonsens mit der Folge, dass Gemeinwesen zerbrechen (vgl. Balkan). Historisch gesehen haben Vielvölkerstaaten noch nie Bestand gehabt.

### VI. Ursachen, Ziele und Taktiken des Islamismus

*Wirtschaftliche und soziale Probleme sind nicht Ursache des Islamismus,* wie immer wieder im Westen behauptet wird – der alles oft auf die soziale Frage reduziert –, und sie damit aber instrumentalisiert. Die *wahren Ursachen* sind nicht materiell, sondern zutiefst *religiös, kulturell, politisch, ideologisch.* Adressaten der Botschaft der Islamisten sind sowohl Muslime als auch Nichtmuslime. "Da'wa" (Aufruf zum Islam) heißt der Missionsauftrag. Auf den Spruchbändern der Islamisten lesen wir: "Der Islam ist die Lösung" (al-hall al-Islami). Worin die "islamische" alternative Ordnung etwa im Bereich der Wirtschafts- und Sozialpolitik liegen soll, ist bisher nicht recht erkennbar. Vor allem geht es um einen Aufstand gegen die westlich-rationale Welt – so *Hedly Bull* in seinem klassisch gewordenen Aufsatz "The revolt against the West" 1984 – und um die Eroberung der politischen Macht mittels der permanenten islamischen Revolution mit dem erklärten Ziel, eine neue einzig gültige weltpolitische Ordnung, den "Gottesstaat auf Erden" zu begründen. Für dieses Ziel wird die "Gemeinschaft der Gläubigen" mobilisiert. Taktisch soll sich der Machtwechsel für die große Mehrheit der eher gemäßigt evolutionär orientierten Islamisten durch einen "langen Marsch durch die Institutionen" und für eine kleine radikal-revolutionäre gewaltbereite Minderheit durch den bewaffneten Kampf vollziehen.

Soviel zu den geistigen, ideologischen und religiösen Grundlagen des Islamismus, ohne deren Kenntnis die Beurteilung dieses Phänomens nicht möglich ist.

### VII. Die Bedrohung durch den Islamismus

Wie ernst ist demnach die Bedrohung durch den Islamismus, und zwar in den islamischen Staaten, innerhalb der islamischen Welt und für die nichtislamische Umwelt, insbesondere Israel, Europa und die Vereinigten Staaten?

Seit dem Zusammenbruch des sowjetischen Imperiums schien es in der Staatenwelt keine fundierte Alternative mehr zur Demokratie zu geben – der amerikanische Historiker Francis *Fukuyama* schrieb bereits vom "Ende der Geschichte" – außer dem zum Aufstieg begriffenen Islamismus und seinem Sieg "in einem Lande", nämlich Iran.

Kaum jemand hatte es für möglich gehalten, dass ausgerechnet eine Religion – und dann noch der Islam, den man als gesellschaftlich und kulturell wirksame Kraft schon weitgehend abgeschrieben hatte – "Auslaufmodell" – und dem viele nur noch folkloristische Bedeutung beigemessen hatten – eine vor allem politische Vitalität dieses Ausmaßes erleben könne. Doch genau dies geschah nach dem *Wendejahr 1967*, als der arabische Nationalismus seine Anziehungskraft auf die Massen verlor und der Glanz des ägyptischen Präsidenten Nasser verblasste.

Der Aufstieg des Islam begann in *Saudi-Arabien (SAR)* mit seiner strengen islamischen Lehre des *Wahabismus.* Exorbitante Erdöleinnahmen seit Beginn der Ölkrise 1973 verliehen dem Wüstenstaat ein bis dahin nicht bekanntes Gewicht. Zur Schlüsselfigur wurde der saudische König Feisal, der nicht nur sein Land modernisierte, was Technik und Wohlstand betraf, sondern auch alle islamischen Bewegungen finanzierte. Gleichwohl ist SAR kein islamistischer Staat, sondern eine traditionelle Monarchie mit islamischer Tradition. Trotz dieser starken Verankerung in der Religion ist SAR selbst nicht ungefährdet, wie die zweiwöchige Besetzung der Großen Moshee in Mekka durch einen "Mahdi" aus dem Jemen 1979 gezeigt hat. Die Islamisten werfen dem Königshaus wegen des Lebenswandels einiger seiner Mitglieder unislamisches Verhalten vor und kritisieren die Anwesenheit von "ungläubigen" US-Soldaten und Soldatinnen in US-Basen nach dem zweiten Golfkrieg im Lande der Heiligen Stätten.

Parallel dazu verlief die Entwicklung bei den Schiiten. Das *Kaiserreich Iran* unter dem westlich orientierten *Shah Reza Pahlevi* wandelte sich immer mehr zum Focus eines islamistischen Widerstandes gegen die "Verwestlichung". 1979 erlebte die Ideologie des Islamismus mit dem Sieg *Khomeinis* in der politischen Praxis den ersten spektakulären Triumph. Die Islamische Republik Iran galt weit hin als Modellfall, der auf alle anderen islamischen Oppositionsgruppen eine elektrisierende Wirkung ausübte, so wie Moskau nach der Oktoberrevolution das Mekka für viele Intellektuelle geworden war. In der Nachbarschaft Irans standen die Zeichen auf Sturm, denn es sah zunächst so aus, als werde Khomeini die neue Integrationsfigur auch für große Teile des sunnitischen Islam werden. Die von Teheran ausgestrahlten Propaganda-Sendungen konnten überall am Golf empfangen werden – ein Albtraum für die dortigen Herrscher, deren patriarchalische, paternalistische Herrschaft sich auch von einheimischen Revolutionären herausgefordert sahen. Aber der Rahmen der schiitischen Konfession, der Mangel an Straffheit von Klerus und Staatsführung sowie das Fehlen einer "grünen Internationale" samt entsprechendem Handlungsrahmen relativierten den Führungsanspruch in der islamischen Welt. Inzwischen ist der revolutionäre Elan erlahmt und Reformer wie der *Staatspräsident Chatami* und Orthodoxe wie der oberste geistliche Führer, *Ayatollah Chamenei,* der in der Hierarchie über dem Staatspräsidenten steht, ringen um die Macht.

Es gab in den *80er Jahren* kaum ein Land im Kernraum des Islam, in dem nicht eine nennenswerte islamistische Bewegung entstanden wäre. In der *Türkei* waren dies Männer um Necmettin Erbakan, in *Ägypten* radikale Gruppen jenseits der – ohnehin schon illegalen – Muslimbrüder, – es sei in diesem Zusammenhang an die Ermordung Sadats, dessen "Schuld" es war, mit Israel Frieden geschlossen zu haben erinnert –, in *Pakistan* kam der islamistische General Zia ul-Haq an die Macht.

Im *Sudan* war die islamistische Propaganda eines Hassan Turabi erfolgreich, der die Sharia wieder einführte. Unter den Schiiten *Bahreins,* 70% der Bevölkerung immerhin, kam es immer wieder zu schweren Unruhen, die ihren Ursprung in Teheran hatten. Auch im *Maghreb* regten sich starke islamistische Kräfte. Damals wurden zahlreiche von Teheran zumindest inspirierte Anschläge gegen die USA und Israel im zerfallenden *Libanon* verübt. Es schien so, als sei der Aufstieg des Islamismus unaufhaltsam, als werde das iranische Beispiel Schule machen – trotz der längst sichtbar gewordenen Mängel islamistischer Herrschaft.

In den *90er Jahren* erreichte der Islamismus in *Algerien* wohl seinen vorläufigen Zenit – auch was die Anwendung von revolutionärer Gewalt anging (FIS und GIA). Der Bürgerkrieg forderte wenigstens 100.000 Menschenleben. Einzig in *Marokko* und *Oman* waren keine nennenswerten islamistischen Verwerfungen zu verzeichnen. Marokko war weitgehend immun, weil der König nicht nur Staatsoberhaupt, sondern zugleich als Sherif (Nachkomme des Propheten) auch geistliches Oberhaupt ist (Amir al-Mu'minin" = Befehlshaber der Gläubigen). Erst in jüngster Zeit sind auch in Marokko die Islamisten erstarkt.

Entscheidend für das Schicksal der Region wird die innere Entwicklung in den *beiden Schlüsselländern* des Nahen Ostens, *Ägypten und Türkei* sein.

*Ägypten*, das wegen seiner strategischen Lage und Bevölkerungszahl sowie als arabische Führungsmacht politisch ebenso bedeutsam ist wie SAR in wirtschaftlich/finanzieller Hinsicht, betrachtet sich als das eigentliche Ziel der islamistischen Bewegung. Zahlreiche Anschläge, insbesondere auf Touristen, schienen diesen Befürchtungen Recht zu geben. Ein Sieg der Islamisten in Kairo mit der Al-Azhar-Universität, dem autoritativen Zentrum des sunnitischen Islam, könnte der Anfang einer Kettenreaktion in der ganzen Region werden mit der Folge, dass auch der *israelisch-arabische Friedensprozess*, gegen den sich der ganze Hass der Islamisten richtet, endgültig obsolet würde. Davon würde auch *Jordanien*, das ca 70% Palästinenser beherbergt, nicht unberührt bleiben. Die von *Iran* gesteuerten palästinensischen *Hizbollah und Hamas* sowie der *Islamische Djihad* wollen *ganz Palästina* einschließlich *Israels*, das sie als *Fremdkörper in der islamischen Umma* betrachten. Die in der ersten Hälfte der 90er Jahre wachsende Bedrohung durch Anschläge militanter Gruppen in Ägypten – vor allem "Gamaat al-Islamyya" und der ägyptische "al-Djihad" – konnten durch die Sicherheitskräfte zwar eingedämmt werden, die Folge war aber eine Abwanderung in den Untergrund und ein Ausweichen ins Ausland mit Anschlägen auf ägyptische Persönlichkeiten (Mubarak in Addis Abeba 1995) und Einrichtungen (ägy. Botschaft in Islamabad 1995). Ferner gingen zahlreiche ägyptische Islamisten nach *Afghanistan*. Als nicht minder gefährlich werden die Aktivitäten der halblegalen *Muslimbruderschaft* eingeschätzt, die in Berufsorganisationen Fuß gefaßt hat und sich auf dem "Marsch durch die Institutionen", darunter auch die Justiz – Fall Abu-Zaid – befindet.

Mubarak wird nicht müde zu betonen, dass er keinen Unterschied zwischen den militanten Islamisten und den gemäßigten Muslimbrüdern sehe. Der Terrorismus im Nahen Osten sei ein Produkt der Muslimbrüder.

Die seit Kemal Attatürk laizistische und am Westen orientierte *Türkei* sah sich zwar der Herausforderung der islamistischen und antieuropäischen Wohlfahrtspartei des zeitweiligen Premierministers Erbakan und des populären Oberbürgermeisters von Istanbul, Erdogan, in den 90er Jahren gegenüber. Dennoch hat sich die Erfüllung islamistischer Träume der innen- und außenpolitischen Umgestaltung des Landes bisher in Grenzen gehalten, wie der Machtverlust Erbakans zeigt. Eine dezidiert islamistische Politik zu betreiben, dürfte schon mit Blick auf die Armee kaum durchsetzbar sein. Auch würde die Türkei als nicht arabische Macht auf arabische Vorbehalte stoßen. Die Türkei ist zwar das "westlichste" islamische Land, eine Demokratie im westlichen Sinne ist der NATO-Staat gleichwohl nicht geworden.

Hat der *Islamismus* seinen *Höhepunkt* überschritten? Dies glaubten zumindest einige als "Kenner" der Materie ausgewiesene Orientalisten, wie ZB. der Franzose *Gilles Kepel*. Nachdem der Islamismus im Zentrum der islamischen Welt weitgehend unter Kontrolle gebracht zu sein schien – aber man soll sich nicht täuschen, er existiert unter der Oberfläche fort –, drängte er stärker zur *Peripherie* des Dar al-Islam: Nordnigeria, Südsudan, Tschetschenien, Pakistan, Mindanao auf den Philippinen (Abu-Sayyaf) und vor allem *Afghanistan*, wo dank amerikanischer und saudischer Unterstützung – zunächst gegen die sowjetische Invasion – die Taliban Dreiviertel des Landes 1996/97 eroberten.

VIII. Der Djihad des Osama Bin Laden

Mit den Selbstmordattentaten gegen das World Trade Center in New York und das Pentagon in Washington am *11. September 2001* hat der mutmaßliche Drahtzieher dieser Verbrechen, *Osama Bin Laden,* den Islamismus wieder ganz oben auf die Tagesordnung der internationalen Politik gesetzt und damit all diejenigen westlichen "Fachleute" und Politiker in Verlegenheit gebracht, die den Islamismus bereits für tot erklärt hatten.

Erinnert sei an den schon zitierten Harvard-Professor *Samuel Huntington,* der in seinem Aufsatz von 1993 und seinem Buch von 1997 "The Clash of Civilisations" – wenngleich auch in überspitzter Form – vor dem Islamismus gewarnt hatte. Seine Thesen waren vielen schon aus gesinnungsethischen Motiven unsympathisch. Er wurde von einigen Intellektuellen und Politikern geradezu mit Hass verfolgt. Sie warfen ihm "Panikmache" und die Schaffung eines neuen "Feindbildes" vor.

Nach dem *11. September 2001* sieht manches anders aus. Eilfertig versichern jetzt alle, mit einem Konflikt der Kulturen, gar mit dem Islam, habe das alles nicht das Geringste zu tun – als schwebe der Terrorismus der Islamisten im luftleeren Raum oder Bin Laden beziehe sich etwa auf den Buddhismus ("FAZ") oder eine sonstige Religion oder Theologie. Wer behauptet, ihre Motive seien ganz einfach die Zerstörung der Welt und ihrer Leitsymbole, sie seien Nihilisten (so *Thérèse Delpech* in "Internationale Politik" Nr. 11/01), verschleiert den Ernst der Lage. Eine Verdrängung des wahren Problems ist falsch verstandene Toleranz. Toleranz darf nicht einseitig sein und zur Selbstaufgabe führen.

Die Bewegung der Islamisten geht keineswegs von den "Verdammten dieser Erde" in der Tradition von *Frantz Fanon* aus, sondern von Bildungseliten und zum Teil von

## 2. Der Nahe Osten und der politische Islam

sehr vermögenden Leuten wie dem Milliardär *Bin Laden* oder seinem Vertreter, dem Ägypter *Ayman al-Zawahiri*, oder *Dr. Abdullah Azzam*, seinem Ziehvater und führenden Vertreter der Schule des *Djihadismus* sowie des *Märtyrerkults*.

Ihre selbstmörderische Energie lässt auf einen Hass schließen, der sich auch nicht mit dem ungelösten Palästina-Problem oder der eskalierten Konfliktsituation im Nahen Osten allein erklären lässt. Den Islamismus gab es schon als es Israel noch gar nicht gab. Eine Lösung des Nahostkonflikts würde den Islamisten zwar Argumente aus der Hand schlagen, aber Ruhe würde keineswegs einkehren, da der Terror sich darüber hinaus gegen die Existenz des Staates Israel richtet.

In Wirklichkeit handelt es sich um eine *politische Kampfideologie, die im Religiösen wurzelt* und mit der Vorstellung des *Martyriums* sowie der in der arabischen Welt weit verbreiteten *Verschwörungstheorie* verknüpft ist. Darauf lassen die Erklärungen *Bin Ladens* und der Abschiedsbrief *Mohammed Attas*, eines der mutmaßlichen Todesflieger gegen das World Trade Center, sowie anderer Islamisten schliessen.

Im *Fadenkreuz* der Islamisten stehen die *USA und die westliche Weltordnung*, die von den *USA* als einziger verbliebene Supermacht dominiert wird, und *Israel* als westlicher Vorposten und "Fremdkörper" innerhalb der islamischen Welt, der Umma. Als zur Zivilisation der Aufklärung gehörig, werden auch wir *Europäer* im weiteren Sinne zu diesem Feindbild gerechnet. Nach der skurilen Logik der Islamisten ist unser "Verbrechen" nicht was wir tun, sondern dass es uns gibt, also unsere bloße Existenz als "Ungläubige". Es ist unsere freiheitliche, demokratische säkulare Lebensform, unser "Way of Life" (Präsident Bush). Sie deuten ihr Handeln als *islamischen Widerstand gegen die "Ungläubigen"*.

Das *Feindbild "Westen"* hat klare *taktische Ziele*: In erster Linie die Vertreibung der amerikanischen Truppen aus dem Land der Heiligen Stätten, Saudi-Arabien, die sich in ein größeres strategisches Wahnsystem einordnet, nämlich die Wiederherstellung des 1924 abgeschafften *Kalifats* und die *Befreiung der islamischen Welt von den "Ungläubigen"* – wozu das angeblich hedonistische *saudische Königshaus* und säkulare arabische Politiker wie beispielsweise *der ägyptische Präsident Mubarak* gerechnet werden. Schließlich wird als Endziel dieser *"grünen Weltrevolution"* i. Si. des ägyptischen Chefideologen *Sayyid Qutb* die Herstellung der *weltweiten Umma*, dh. der Gemeinschaft der Gläubigen propagiert. Also eine Art *religiöse Säuberung* der Welt von den "Ungläubigen" mittels des *Djihad (daher "Djihadisten")*.

Was heißt *"Djihadismus"?* Der Islam baut auf *5 Säulen* auf: das Glaubensbekenntnis, das rituelle Gebet, die Armensteuer, das Fasten und die Pilgerfahrt. *Abdessalam Farag*, der die sog. "Bibel" der Sadat-Mörder geschrieben hat, fügte als *6. Pfeiler den Djihad-Pfleiler* hinzu, den er sogar zur wichtigsten Glaubensgrundlage zur Selbstläuterung und weltweiten Verbreitung des Islam sowie Unterwerfung der "Ungläubigen" erklärte. Für die Djihadisten besteht die Selbstbezwingung, in der Selbstaufgabe, und zwar in Form des Märtyrertodes, vorzugsweise als Kamikaze-Aktion für die Sache. In einer seiner Reden drückte der erste Attentäter gegen das World Trade Center 1993, der blinde in den USA inhaftierte Scheich *Omar Abdel Rahman*, das kurz und bündig aus: "Wir sind hier, um den Islam zu verbreiten. Stellt sich uns jemand in den Weg, gibt es Djihad". Der Weltfriede wird nach dieser islamistischen Heilslogik mit der globalen Herrschaft des Islam verknüpft, dh. er ist erst dann hergestellt, wenn das Dar al-Harb vollständig durch das Dar al-Islam ersetzt ist. Nach islamischem Selbstverständnis werden diese Welteroberungspläne nicht als "Harb" (=Krieg) angesehen, sondern als gerechtfertigte Reaktion auf die Behinderung der Verbreitung des Islam durch die "Ungläubigen". Hier liegt das eigentliche *Motiv* für das für uns nicht nachvollziehbare *irrationale Handeln* der Selbstmordattentäter vom 11. September und in Israel.

Zu diesem Umkreis gehört auch *Osama Bin Laden*, der zu Azzams Jünger wurde.

*Azzam* steuerte das Fachwissen, die Ideologie bei, *Bin Laden* das Geld. So begann ein äußerst erfolgreiches Unternehmen, das zur Machtübernahme im größten Teil Afghanistans durch die Taliban (dh. Koran- Schüler) führte.

Der Djihad der Islamisten gegen die USA und Israel ist längst keine Neuheit mehr, sondern hat Geschichte. Der 11. September war eine vorhersehbare Intensivierung bisheriger Taten, wie die *Chronologie* des Terrors von 1975 bis 2001 ausweist.

Gleichzeitig gelang es den Djihadisten eine globale "Kampffront" – *"World Islamic Front for Djihad against Jews and Crusaders, Islamic Army for the liberation of the Holy Places"* –, auch bekannt als das weltweite Netzwerk *Al-Qaida* (die Basis) aufzubauen. Afghanistan sollte nach *Azzams* Verständnis die erste *Basis* für den späteren *Kampf gegen Israel und für Palästina*, das"zentrale Anliegen des Islam" schaffen. Die Zielrichtung ist also klar und bedarf keiner weiteren Erläuterung.

Niemand sollte sich täuschen: Mit dieser Globalisierung des Djihadismus sympathisieren klammheimlich oder ganz offen viele Muslime, die Bin Laden zum alleinigen Vertreter selbstbewusster Muslime verklären.

Es liegt auf der Hand, dass für Israel in diesem Konzept kein Platz ist. Der ehemalige iranische Staatspräsident Rafsanjani sagte in einer Predigt in der Moschee der Universität Teheran am 14.12.2001 wörtlich: "Juden sollten auf den Tag warten, an dem dieses "irrelevante Phänomen" (Israel) aus der Region und der islamischen Welt entfernt worden sei. Dann würden alle diejenigen, die sich in Israel versammelt hätten, wieder zerstreut". Gleichzeitig drohte er Israel mit Terror und Atomwaffen (Iran News).

Selbst wenn Bin Laden gefasst würde, seine Organisation, sein Netzwerk, und die Ideologie des Djahadismus würden zwar einen Rückschlag erleiden, aber sie würden weiter bestehen.

Angesichts dieser *Bedrohung aus dem Süden*, die die grösste Herausforderung seit dem Untergang des Sowjetimperiums ist, haben die *USA* mit einer umfassenden *Gegenstrategie* in Form einer internationalen Antiterror-Allianz unter Einschluß militärischer und politischer Maßnahmen in geschickter Weise reagiert. Entgegen allen pessimistischen Voraussagen von manchen selbsternannten Fachleuten haben die USA mit ihren Verbündeten überaus erfolgreich agiert. Diese "Fachleute" sind inzwischen auffallend still geworden. So wie im Zweiten Weltkrieg oder gegenüber Stalin oder im

Kuwait-Konflikt war die *Eindämmungspolitik* gegenüber "Al-Qaida" die einzig realistische Antwort. *Beschwichtigung* hätten die Islamisten nur als Schwäche ausgelegt und zu neuen Taten ermutigt.

Die *Bedrohung ist unteilbar, aber auch die Antwort.* Wir alle sind Betroffene. Die Bundesregierung hat daher unverzüglich den USA "uneingeschränkte Solidarität" zugesichert und sich auch mit der Bundeswehr beteiligt. Ein Problem stellen die vom Verfassungsschutz auf über 30.000 geschätzten Islamisten und die ca. 3000 sog. "Schläfer" in Deutschland dar. Es kann nicht ignoriert werden: der Islamismus greift weit nach Norden aus.

Bei den Gegenmaßnahmen sollte nicht der Fehler begangen werden, sich auf eine *schiefe Schlachtordnung* – hier der Westen, dort die arabisch/islamischen Welt – einzulassen. Richtig muß es heißen: Hier die Staatengemeinschaft, dort der terroristische Islamismus/Djihadismus, der die Religion für politische Zwecke instrumentalisiert. Es muss ganz klar herausgearbeitet werden: *Islam ist nicht Islamismus.* Der Kampf gilt dem Terrorismus, nicht dem Islam, der Weltreligion.

Um so wichtiger ist es, den *Gesprächsfaden zur gemäßigten islamischen Welt* auch innerhalb Europas und Deutschlands nicht abreißen zu lassen und die *Bemühungen um eine Stabilisierung der Nah/Mittelostregion zu intensivieren* – auch um den Islamisten/Djihadisten Nährboden und Vorwand zu entziehen.

Am 22. November 2001 kündigte Präsident Bush einen globalen Feldzug gegen die Terroristen an. Für dieses Ziel wird er die Mehrheit der Staatengemeinschaft hinter sich wissen. Eine *Ausweitung der Kampfhandlungen* beispielsweise auf den *Irak* könnte jedoch eine *Kettenreaktion* in Gang setzen, die durch die ganze islamische Welt liefe – mit Konsequenzen, die dann womöglich schwer zu beherrschen wären. Israel liefe dann Gefahr – wie 1991 – vom Irak angegriffen zu werden. Diesmal würde Israel sich vermutlich von einer Vergeltungsaktion nicht zurückhalten lassen. Eine Abkehr vom gewaltbereiten Islamismus, von Welteroberungsprojekten, vom "Feindbild Westen" und eine notwendige Entpolitisierung des Islam würde dann immer schwieriger. Zwangsläufig ist eine solche Entwicklung nicht. Es liegt beim Irak, die einschlägigen Sicherheitsratsresolutionen zu respektieren und damit die angedeuteten Folgen abzuwenden. Es liegt aber auch am Sicherheitsrat seine Verantwortung wahrzunehmen, wenn der Irak diese nicht erfüllt.

Dies ist ein beklemmendes Bild. Samuel Huntingtons "Clash of Civilizations" muss jedoch keineswegs schicksalhaft sein. Es obliegt vielmehr allen, sich der Herausforderung aus dem Süden zu stellen, und dazu beizutragen, dass ein Brückenbau zwischen den beiden großen benachbarten Kulturen gelingt.

Der 11. September 2001 hat dramatisch verdeutlicht, dass eine verschwommene multikulturelle Toleranz, die die westlichen Werte relativiert, ungeeignet ist, um die fundamentale Herausforderung durch den Radikalismus abwehren zu können. Auch eine noch so gut gemeinte Toleranz hat Grenzen. Wegweiser muss für uns der Wertekatalog des Grundgesetzes sein. Nicht westlicher Masochismus, wie er nach dem September 2001 beobachtet werden konnte, ist angezeigt. Vielmehr muss sich die islamische Welt fragen, auf welchem ideologischen Nährboden der Terrorismus gediehen ist. Auch hier darf niemand die Schuld nur bei anderen suchen. Diese Aufarbeitung hat noch gar nicht begonnen.

Als Brückenbauer wird nur glaubhaft anerkannt, wer sich zur eigenen Kultur und Identität bekennt. Wer sich indessen selbst aufgibt und in Selbsthass ergibt, hat keine Chance respektiert zu werden. Der Glaube an unsere eigenen Werte und ihre Verteidigung ist die Gegenposition zur Herausforderung des religiösen Terrorismus.

## 3. Vortrag am 22. Mai 2002
## Deutsche und europäische Nahostpolitik

Die Vortragsreihe über Themen des Nahen und Mittleren Ostens wird fortgesetzt und abgeschlossen mit der deutschen und europäischen Nahostpolitik.

I. Warum beschäftigt sich Europa immer wieder und so intensiv mit dem Nahostkonflikt, warum "mischen wir uns ein"?

Die Antwort ergibt sich aus den Fakten:
1. Deutschland und Europa sind unmittelbare Nachbarn dieser gefährlichen Konfliktregion. Praktisch herrscht im Nahen Osten Krieg. Wenn dieser "tragische" Konflikt, wie BM Fischer und MP Stoiber ihn am 25. April d. J. im Bundestag übereinstimmend nannten, eskaliert oder gar ein Flächenbrand entsteht, würde das Konsequenzen für die Menschen in Europa haben. Es war gerade auf furchtbare Art und Weise in Djerba zu erleben.
2. Mit Israel ist unser Land historisch und durch gemeinsame Wertvorstellungen verbunden. Das Eintreten für das Existenzrecht und die Sicherheit Israels in anerkannten Grenzen war und bleibt unveräußerliche Grundlage deutscher Aussenpolitik. Israel fühlt sich existentiell bedroht.
3. Es ist nicht zu verschweigen, dass Deutschlnd und Europa von der energiereichsten Region der Erde abhängig sind. Was wäre die Alternative?
4. Inzwischen ist nicht zuletzt infolge massiver Einwanderung der Nahostkonflikt auch hier angekommen, wie Demonstrationen in Deutschland und anderswo und der Brand der Synagogen in Frankreich gezeigt haben. Zur inneren Sicherheit gehört auch die Bekämpfung des Terrorismus. Deutschland und Europa haben insbesondere seit dem 11. September 2001 ihre Entschlossenheit unter Beweis gestellt, jeder Form des Extremismus zu widerstehen.

Ob es will oder nicht – Deutschland kann nicht abseits stehen und wegschauen. Deuschland hat nicht nur Interessen in der Region, sondern das wiedervereinigte Deutschland und das zusammenwachsende Europa, zu dem zwei ständige Mitglieder des VN-SR und wir als drittgrößter Beitragszahler der Weltorganisation gehören, trifft auch Verantwortung für Frieden und Stabilität in der Region. Deutschland und Europa sind keine "große Schweiz". Tragen sie nicht zur Lösung der Konflikte bei, kommen die Konflikte zu den Ländern Mitteleuropas. Eine andere und wichtige Frage an uns selbst ist, wie wir mit unserer neuen Rolle umgehen, wie Deutschland sich der Verantwortung stellen wird.

Die Entstehung und Entwicklung der deutschen und europäischen Nahostpolitik sowie die gegenwärtige Lage und die daraus zu ziehenden Folgerungen sind so wie sie sind – und nicht wie sie sein sollten –, d. h. so sachlich wie möglich darzustellen. Der Nahostkonflikt ist nicht zu verstehen, wenn einseitige Schuldzuweisungen vorgenommen werden. Demonstrative Parteinahmen verlängern nur den Konflikt. Die Aufgabe besteht darin, ihn zu verkürzen. Gesprächskanäle müssen nach beiden Seiten offen gehalten werden. Dieses bedeutet jedoch keineswegs moralische Abstinenz und Gleichgültigkeit.

Der Nahe und Mittlere Osten hat in der deutschen und europäischen Außenpolitik (EPZ / GASP) neben der Europa- und Ost-West-Politik einen hohen Stellenwert. Die "Südpolitik" gehört zu den tragenden Säulen deutscher Außenpolitik.

52 Jahre deutsche Nahostpolitik und 30 Jahre europäische Nahostpolitik geben Veranlassung zur Rückschau und Bestandsaufnahme. Das Thema ist umfangreich. Es kann sich daher nur um eine schwerpunktmäßige Darstellung handeln.
Was heißt Nahostpolitik? Sie hat zwei Komponenten:

(a) Die Politik gegenüber den außereuropäischen Ländern am östlichen Mittelmeer im engeren Sinne. Zu diesem politischen Sammelbegriff werden im weiteren Sinne auch die arabisch-islamischen Länder östlich von Suez – auch "Mittlerer Osten" genannt – und Nordafrika gerechnet.

(b) Die Politik gegenüber dem arabisch-israelischen Konflikt, der "klassisch" zu nennen ist, weil er einer der längsten und gefährlichsten darstellt, der tief in Geschichte, Religion und Ideologie hineinreicht. Er hat sich in jüngerer Vergangenheit zum israelisch-palästinensischen Konflikt verdichtet. Dieser Jahrhundertkonflikt gehört zu den "großen Krisen" unserer Zeit. Als weitere destabilisierende Konfliktherde in der Region sind der Konflikt am Golf und die islamistische Herausforderung hinzugekommen.

II. Bestimmungsfaktoren deutscher Nahostpolitik

Blickt man auf die Ereignisse der letzten 52 Jahre seit Bestehen der Bundesrepublik Deutschland zurück, so lassen sich mindestens 6 Bestimmungsfaktoren für die Beziehungen zu der Region nennen:

– Der Umgang mit der NS-Vergangenheit und die daraus folgende Mitverantwortung für die Existenz und Sicherheit Israels.
– Der arabisch-israelische Konflikt (Nahostkonflikt).
– Die deutsch-israelischen bilateralen Beziehungen.
– Die deutsch-arabischen bilateralen Beziehungen.
– Die Überlagerung dieser Beziehungen durch die Deutschlandfrage und den Ost-West-Konflikt bis zum Ende des Kalten Krieges.
– Die europäische Dimension der deutschen Beziehungen zu der Region.

Die fast unlösbare Aufgabe, alle genannten Bestimmungsfaktoren auf einen Nenner zu bringen, machte einen ständigen Balanceakt erforderlich, der manche Irrungen und Wirrungen deutscher Nahostpolitik insbesondere in den ersten Dekaden der Nachkriegszeit erklärt und vielleicht auch verständlich erscheinen lässt. Die sich daraus ergebenden Zielkonflike begründeten ein besonderes Interesse an einer Aussöhnung der Parteien des Nahostkonfliks und an einem umfassenden, gerechten und dauerhaften Frieden. Friede und Stabilität in der benachbaren Region sind für ganz Europa von vitaler Bedeutung.

## 3. DEUTSCHE UND EUROPÄISCHE NAHOSTPOLITIK

– Die Deutschlandpolitik stand naturgemäß im Mittelpunkt der Außenpolitik der jungen Bundesrepublik nach ihrer Gründung 1949, die Auswirkungen auch auf unsere Beziehungen zum Nahen Osten hatte. Als oberstes Ziel seiner Außenpolitik bezeichnete Bundeskanzler Adenauer in seiner Regierungserklärung vom 20.09.1949 "die Wiederherstellung der deutschen Einheit in einem freien und geeinten Europa". Dieses Ziel glaubte er durch Wiederherstellung der vollen Souveränität und Westintegration sowie Aussöhnung mit Israel und Widergutmachung für das vom NS-Regime begangene Unrecht, soweit eine solche überhaupt möglich ist, erreichen zu können. Die amtliche Theorie der fortbestehenden rechtlichen Einheit Deutschlands und der Alleinvertretungsanspruch der Bundesrepublik aufgrund ihrer demokratischen Legitimation bedingten eine Nichtanerkennungs- und Isolierungspolitik gegenüber der DDR ("Hallstein-Doktrin"), die sich zunächst nahtlos in die Eindämmungspolitik der Westmächte gegenüber der SU und ihren Verbündeten im Ost-West-Konflikt einfügte.

Diese Politik stieß bei den meisten arabischen Staaten zunächst auf Verständnis, verfolgten diese doch eine ähnliche Nichtanerkennungs- und Isolierungspolitik gegenüber Israel. Freilich verkehrten die Araber die Hallstein-Doktrin ins Gegenteil und funktionierten sie als Waffe gegen die Bundesrepublik um, als diese 1965 diplomatische Beziehungen mit Israel aufnahm.

– Die Last der Vergangenheit und wie wir in Deutschland damit umgehen, ging und geht noch heute über die bilateralen Beziehungen zu Israel hinaus. Es geht um die moralische Dimension unserer Außenpolitik. Nach ihrer Gründung hat sich die Bundesrepublik im Gegensatz zur DDR und Österreich der Vergangenheit gestellt und zur Mitverantwortung für das Existenz- und Sicherheitsrecht des jüdischen Staates bekannt. Diese Haltung war Ausdruck freier Einsicht und Entscheidung. Sie entsprang nicht dem Zwang zu Kollektivschuld-Bekenntnissen. Schuld und Unschuld eines ganzen Volkes gibt es nicht, sondern nach überkommener europäischer Rechtsauffassung freier und demokratischer Staaten nur individuelle Schuld. Dies hat auch David Ben Gurion so gesehen. Wohl aber ist – wie der erste Bundespräsident Theodor Heuß es nannte – aus jener Zeit so etwas wie eine "Kollektivscham" gewachsen.

Erinnerung ist wichtig, damit sich die Vergangenheit nicht wiederholt. Es kommt indessen auf das rechte Maß an. Jeder Einzelne trägt Verantwortung für die Gegenwart und Zukunft.

– Das deutsch-arabische Verhältnis steht seit der osmanischen Zeit im Zeichen traditioneller Verbundenheit. Worin die vielbeschworene "deutsch-arabische Freundschaft" nun im Einzelnen besteht, ist nicht so leicht zu beantworten. Auf deutscher Seite waren es neben historischen und geostrategischen vor allem wirtschaftlich-politische Interessen. Für die Araber spielte außer unserem Ruf als einer der führenden Industrienationen die Tatsache eine Rolle, dass wir in der Region keine koloniale Vergangenheit hatten und Araber und Deutsche zu den Verlierern des Ersten Weltkrieges gehörten. Lange handelten die Araber nach der Maxime "der Feind meines Feindes ist mein Freund", wobei sie die Deutschen oft überschätzten oder ihnen antiisralische Motive unterstellten.

Prüfstein der politischen Beziehungen zwischen arabischen und anderen Staaten war jahrzehntelang die Haltung nichtarabischer Staaten zum Nahostkonflikt. Die Araber hatten Deutschland die Rolle eines "natürlichen Koalitionspartners" zugedacht.

Nach dem Selbstverständnis Israels begründete die "historische Schuld der Deutschen" jedoch besondere Beziehungen zum jüdischen Staat.

Enttäuschung und Irritationen waren die Folge unerfüllbarer Erwartungen, wenn Deutschland sich anschickte, aus dem Dilemma zwischen Israel und Arabern auszubrechen und eine zukunfts- und friedensorientierte Nahostpolitik zu betreiben. Eine solche Politik wird nur möglich sein nach Herstellung einer nahöstlichen Friedensordnung.

Wegen dieser "Quadratur des Dreiecks" (K. Jaeger) ist die Nahostpolitik eines der schwierigsten Kapitel deutscher Außenpolitik. Es ist die Geschichte eines Balanceaktes zwischen Wert und Interessen, dem Wünschbaren und Machbaren, Moral und Realpolitik.

III. Die Anfänge deutscher Nahostpolitik

Eine Nahostpolitik im Sinne einer Gesamtkonzeption gegenüber dem nahöstlichen Raum gab es nach Gründung der Bundesrepublik Deutschland zunächst nicht, sondern nur bilaterale Beziehungen bis 1965. Schwerpunkt der Beziehungen zu den arabischen Staaten waren wirtschaftliche Beziehungen, verbunden mit dem Bemühen, sich aus dem sich entwickelnden arabisch-israelischen Konflikt herauszuhalten.

Erste Schatten fielen auf das sich gut anlassende deutsch-arabische Verhältnis durch die Unterzeichnung des Luxemburger Abkommens über Wiedergutmachung vom September 1952. Die arabischen Regierungen argumentierten, dass der Staat Israel keine Entschädigungsansprüche gegen Deutschland habe, da er zur Zeit der Tat noch gar nicht existiert habe und warnten davor, die Freundschaft mit den Arabern und erhebliche deutsche Wirtschaftsinteressen in arabischen Ländern aufs Spiel zu setzen.

Die nächste Belastungsprobe für die deutsch-arabischen Beziehungen kam 1956 während des Suezkrieges. Der sich verschärfende Ost-West-Konflikt veranlasste die Bundesrepublik mit Rücksicht auf ihre Westbindung und Israel-Politik nur vorsichtig Stellung zu beziehen. Trotz niedrigen Profils ihrer Politik hat die Bundesregierung während der Suezkrise und der Doppelkrise um Libanon und Irak 1958 die Position des Westens insbesondere am Nil gehalten. Höhepunkt ihres Einflusses in Nahost war die 2. Hälfte der 50er Jahre. Von 1960–1963 trat eine deutliche Ernüchterung ein, als Großprojekte wie der Assuan-Staudamm und das Azna-Stahlwerk im Iran scheiterten.

## IV. Die Krise der deutschen Nahostpolitik

Ende der 50er, Anfang der 60er Jahre geriet die deutsche Nahostpolitik immer mehr in einen Prioritätenkonflikt ihrer außenpolitischen Ziele, die immer weniger deckungsgleich waren. Es waren vor allem mehrere Konfliktherde, die sich in dem Dreiecksverhältnis Bundesrepublik – Ägypten – Israel zu einer ernsten Krise auswuchsen.

Israel übte zunehmend Kritik an der Tätigkeit deutscher Militärberater und Wissenschaftler beim Aufbau einer ägyptischen Rüstungsindustrie, insbesondere beim Bau von Jagdflugzeugen und Raketen. Die Bundesregierung befand sich in keiner angenehmen Lage, hatte jedoch keine rechtliche Handhabe gegen die Experten. Schließlich hat sich dieses Problem nach dem Sechstagekrieg 1967 von selbst erledigt.

Bei den Arabern erregte Argwohn die geheime Absprache zwischen Adenauer und Ben Gurion 1960 im Waldorf Astoria-Hotel in New York über Finanzhilfe an Israel von zunächst 200 Mio. DM und später 140 Mio. DM jährlich, Aktion "Geschäftsfreund" genannt.

Die eigentliche Krise begann mit geheimen deutschen Waffenlieferungen an Israel 1958, die von dem damaligen israelischen stellvertretenden Verteidigungsminister Shimon Peres und dem deutschen Verteidigungsminister Strauß eingefädelt worden waren.

1964/65 wurden weitere Details über das Waffengeschäft unter dem Codewort "Frank/Kol" bekannt. Auf Drängen der USA, die ihre ohnehin prekären Beziehungen zu den Arabern nicht noch weiter belasten wollten, wurden nach anfänglichen Bedenken Adenauers Israel ein Höchstplafond von 250 Mio. DM zum Ankauf von Panzern, Flugzeugen, Hubschraubern, Schnell- und U-Booten eingeräumt. Es verwundert noch heute, dass die Beteiligten glaubten, ein derartiges umfangreiches Waffengeschäft geheim halten zu können.

Im Herbst 1964 hielt man in Kairo die Zeit für gekommen, gezielt gegen die deutschen Waffenlieferungen an die Öffentlichkeit zu gehen. Der damalige Präsident des Deutschen Bundestages Gerstenmaier, ein engagierter Freund Israels, schlug Ende November 1964 Nasser auf persönlicher Basis vor, dass die Bundesrepublik auf den Rüstungsbeistand Israels verzichten und die Araber die Aufnahme diplomatischer Beziehungen zu Israel ohne Aufwertung der DDR akzeptieren sollten. Es gab kein Ergebnis.

Nach dem Fehlschlag der Mission Gerstenmaiers reagierte Nasser äußerst heftig und lud Ende Januar 1965 den Staatsratsvorsitzenden der DDR Ulbricht nach Ägypten ein. Es war sicherlich nicht nur verletzter Stolz Nassers, wie sein Vertrauter Heikal uns glauben machen will, sondern vor allem die von dem stellvertretenden Ministerpräsidenten Schelepin Ende Dezember 1964 zugesagte sowjetische Wirtschaftshilfe an das zunehmend vom Ostblock abhängige und wirtschaftlich marode Ägypten, die Kairo zu dieser Einladung bewog.

Der wenig geschickte Versuch der Bundesregierung, Nasser doch noch zur Rückgängigmachung der Einladung Ulbrichts zu bringen, musste bei einer so prestigebewussten Führung, wie der ägyptischen, von vornherein zum Scheitern verurteilt sein.

Die Erklärung der Bundesregierung, keine Waffen mehr in Spannungsgebiete liefern und die ausstehenden Lieferungen an Israel durch Geld ablösen zu wollen sowie die Drohung mit der Einstellung der Wirtschaftshilfe an Ägypten für den Fall, dass der Ulbricht-Besuch in Kairo dennoch stattfinden werde, liefen ins Leere.

Die israelische Regierung lehnte die angebotene finanzielle Ablösung des Waffengeschäfts unter Hinweis auf eine Kapitulation vor arabischem Druck rundweg ab. Wie nicht anders zu erwarten war, fand der Besuch Ulbrichts in Ägypten vom 24.02. bis 02.03.1965 statt. Der Besuch wies zwar alle protokollarischen Merkmale eines Staatsbesuches auf. Gleichwohl ließ Nasser den Konflikt nicht weiter eskalieren und blieb unterhalb einer de jure-Anerkennung der DDR, um die Tür nach Westen offenzuhalten.

Nach langen und mühsamen Beratungen im Kabinett und Konsultationen mit den Westlichen Hauptverbündeten brach die Bundesregierung die diplomatischen Beziehungen zu Kairo nicht ab, da ein solcher Schritt die westliche Präsenz im Nahen Osten hätte schwächen müssen. Am 07.03.1965 reagierte Bundeskanzler Erhard mit einer umfassenden Erklärung, die in der Substanz die Nichtanerkennungspolitik in der Deutschlandfrage auf das Israelproblem verlagerte und dadurch die arabische Nichtanerkennungspolitik gegenüber Israel infrage stellte, was nach den geheimen Waffenlieferungen zu einer erneuten Solidarisierung der Araber gegen die Bundesrepublik führen musste.

Die Erklärung vom 07.03.1965 versuchte den heillos verwickelten gordischen Knoten der Bonner Nahostpolitik zu durchschlagen und Israel – ohne vorherige Sondierungen – diplomatische Beziehungen anzubieten. Gleichzeitig erklärte die Bundesregierung, sie werde künftig keine Waffen mehr in Spannungsgebiete liefern und eine Restlieferung im Einvernehmen mit Israel umwandeln. Als Ablösesumme einigte man sich auf 140 Mio. DM.

Die arabische Antwort erfolgte prompt: Aufgrund des Beschlusses der Außenminister der Arabischen Liga vom 15.03.1965 brachen einen Tag nach Bekanntgabe des Kommuniqués über die Aufnahme diplomatischer Beziehungen zwischen der Bundesrepublik und Israel 10 arabische Staaten ihre diplomatischen Beziehungen zur Bundesrepublik ab. Der darüber hinausgehende Versuch Nassers, einen Wirtschaftsboykott gegen die Bundesrepublik zustande zu bringen, scheiterte.

Die Bundesrepublik stand vor einem Scherbenhaufen ihrer Nahostpolitik. Sie hatte ihre erste große diplomatische Niederlage erlitten. Von wenigen Ausnahmen abgesehen (Marokko, Tunesien, Libyen) gab es keine deutsche diplomatische Präsenz mehr im arabischen Raum, was weder im westlichen noch im israelischen noch im arabischen Interesse liegen konnte. Die Deutschlandpolitik war geschwächt, die DDR aufgewertet und die sowjetische Außenpolitik hatte ohne großes Zutun einen Positionsgewinn im Kräfteverhältnis zwischen Ost und West errungen. Die DDR musste sich allerdings noch bis 1969 gedulden, bis Ägypten als arabische Führungsmacht zusammen mit vier weiteren arabischen Staaten – Irak, Sudan, Syrien, Süd-Jemen – diese völkerrechtlich anerkannte, ohne dass die Bundesrepublik reagieren konnte.

3. Deutsche und europäische Nahostpolitik

Die diplomatischen Beziehungen zwischen der Bundesregierung und dem Staat Israel sind als das einzig Bleibende aus der Krise des Jahres 1965 hervorgegangen. Sie haben seither Höhen und Tiefen erlebt und sind heute als exemplarisch zu bezeichnen. Nach den USA ist Deutschland der zweitwichtigste Partner Israels.

Ehe noch aus den Widersprüchen der Vergangenheit Konsequenzen für die Neuformulierung der deutschen Nahostpolitik gezogen werden konnten, erreichten die deutsch-arabischen Beziehungen 1967 einen weiteren Tiefpunkt, als sich die deutsche Öffentlichkeit während des Sechstagekrieges auf die Seite Israels stellte.

V. Neue Deutschland- und Nahostpolitik

Die nächste Phase stand im Zeichen der Umorientierung der Deutschlandpolitik und als Folge davon auch unserer Nahostpolitik.

Die neue sozial-liberale Bundesregierung Brandt/Scheel verzichtete 1969 auf die Hallstein-Doktrin und leitete eine aktive Entspannungspolitik gegenüber dem Osten mit dem Ziel eines Modus videndi ein. Im Nahostteil der Regierungserklärung vom 28.10.1969 erwähnte Bundeskanzler Brandt Israel nicht mehr ausdrücklich, vielmehr äußerte er den Wunsch nach Beziehungen zu allen Staaten der Region. Deutlicher als Brandt wurde Bundesminister Scheel, der sich in mehreren Interviews für ganz normale Zusammenarbeit mit Israel ohne den Charakter der Besonderheit aussprach. Leitmotiv für unsere Beziehungen zum Nahen Osten wurde fortan eine Politik der Ausgewogenheit. Außerdem erkannte die Bundesregierung die SR-Res. 242/67 als geeignete Grundlage für eine friedliche Regelung der Palästinafrage an. Sie hat darin zu keiner Zeit eine Grenzresolution, sondern in Übereinstimmung mit dem authentischen englischen Text die Grenzfrage als offen angesehen.

Die arabischen Staaten begrüßten den neuen Ansatz in der Deutschland- und Nahostpolitik und machten den Weg für eine Wiederaufnahme der Beziehungen mit der Bundesrepublik durch Beschluss der Arabischen Liga vom 13.03.1972 frei, die in den nächsten zwei Jahren erfolgte, und zwar auch gegenüber den arabischen Staaten, die inzwischen Beziehungen mit der DDR aufgenommen hatten. Erleichtert wurde diese Trendwende durch die Öffnung der ägyptischen Politik und Wirtschaft nach Westen durch Anwar al-Sadat, der nach Nassers Tod am 28.09.1970 neuer Präsident Ägyptens geworden war. Damit konnte die Bundesrepublik ihren diplomatischen Spielraum beträchtlich erweitern.

Festzuhalten bleibt, dass erst die Änderung der Deutschlandpolitik und die Aufgabe der Ausrichtung auf die eine oder andere Seite des Nahostkonflikts eine deutsche Nahostpolitik im Sinne einer Gesamtkonzeption möglich machte, die von nun an schrittweise in die europäische Nahostpolitik eingebettet wurde.

VI. Die Weiterentwicklung der ausgewogenen deutschen Nahostpolitik und der Beginn der Nahost-EPZ (Europäische Politische Zusammenarbeit)

Mit der Einbeziehung der Nahostproblematik in die EPZ wurden für die deutsche Nahostpolitik neue Rahmenbedingungen geschaffen. Einerseits hat die Bundesrepublik im Gegensatz zu allen anderen europäischen Partnern "dem besonderen historisch-moralischen Hintergrund der Vergangenheit" in ihren Beziehungen zu Israel Rechnung zu tragen, andererseits hat sie nunmehr profiliertere europäische Positionen zum Nahostkonflikt mitzutragen, so zunächst in dem Kommuniqué der sechs Außenminister vom 14.05.1971. Es folgte eine stete – durch Schwankungen sowie tagespolitische Entwicklungen beeinflusste – Weiterentwicklung der nationalen und europäischen Nahostpolitik in Richtung mehr Verständnis für die arabischen Rechte und Interessen im Kampf um Palästina.

Die Phase zwischen 1972 – 1982 begann mit einem so dramatischen Ereignis wie dem palästinensischen Überfall auf die israelische Qlympia-Mannschaft in München am 05.09.1972. Weitere Belastungen ergaben sich im Zusammenhang mit dem Yom-Kippur-Krieg im Oktober 1973 und dem arabischen Ölboykott. Beträchtlichen Ärger in Israel – und den USA – verursachten die Aufforderung der Bundesregierung zur sofortigen Feuereinstellung auf der Grundlage der SR-Res. 242 und der Protest gegen Waffenlieferungen aus amerikanischen Depots in der Bundesrepublik an eine der kriegsführenden Parteien unter Berufung auf das Neutralitätsrecht.

Die am 06.11.1973 verabschiedete Erklärung der EPZ konkretisierte die schon öfters geäußerte Absicht, aktiver bei der Gestaltung des Friedens mitzuwirken, indem sie die Beendigung der territorialen Besetzung seit 1967 durch Israel forderte und von "legitimen Rechten des palästinensischen Volkes", statt von einem "Flüchtlingsproblem" sprach, was auf eine deutliche Aufwertung des Palästinenserproblems hinauslief.

Mit einer weiteren EPZ-Erklärung vom 15.12.1973 wurde der Europäisch-Arabische Dialog (EAD) ins Leben gerufen, der nicht nur Kritik der Israelis, sondern auch des AM Kissinger hervorrief. Trotz wohlmeinenden Bekundungen von europäischer und arabischer Seite hat der EAD keine praktische Bedeutung erlangt. Er scheiterte letztlich an einem offenen Dissens. Die Araber wollten eine neue politische Front gegen Israel eröffnen, die Europäer dachten in erster Linie an einen intensivierten Dialog auf wirtschaftlichem, wissenschaftlich/technischem und kulturellem Gebiet. Erschwerend trat später – nach Camp David – die Spaltung der arabischen Welt hinzu.

Israel und die USA sahen in der europäischen Haltung eine Erschwernis für einen isralisch-arabischen Ausgleich, da sie nicht zu einer Steigerung der arabischen Friedensbereitschaft beitrage. Die Ergebnisse der Verhandlungen würden vorweggenommen. Für Israel und die USA ging die neue europäische Nahostpolitik zu weit, für die Araber nicht weit genug.

Die Nahostpolitik der Regierung Schmidt/Genscher 1974 – 1982 setzte die Linie ihrer Vorgängerin fort, die sich von der proisraelischen Politik der 60er Jahre stark unterschied. So trug sie die bedeutsame EPZ-Erklärung vom 29.06.1977 mit, die bis zur

Erklärung des ER von Venedig vom 13.06.1980 die Grundlage europäischer Nahostpolitik blieb.

Gleichzeitig mit der EPZ arbeitete die Bundesregierung an der Weiterentwicklung ihrer eigenen nationalen Position. Auch für Schmidt/Genscher blieb die Existenzsicherung Israels oberster Grundsatz deutscher Nahostpolitik und die Besonderheit der deutsch-israelischen Beziehungen vor dem Hintergrund der Vergangenheit unantastbar, jedoch bezog sie die Besonderheit nicht auf jede tagespolitische Entscheidung der israelischen Regierung.

Für eine Verstimmung zwischen der Bundesrepublik und Israel sorgte die Erklärung von VN-Botschafter v. Wechmar vor der 29. GV der VN im November 1974, in der sich die Bundesrepublik erstmalig für das "Selbstbestimmungsrecht des palästinensischen Volkes" einschließlich des Rechts auf eine eigene Autorität einsetzte. Bundeskanzler Schmidt gebrauchte am 26.03.1979 darüber hinausgehend die Formel vom "Recht der Palästinenser, sich selbst staatlich zu organisieren".

VII. Die "Prinzipien von Abukir" und die Erklärung des Europäischen Rats (ER) von Venedig vom 13.06.1980

In der Folgezeit ging die Bundesregierung davon ab, den Begriff "staatlich" zu benutzen, um nicht die Ausübung des Selbstbestimmungsrechts zu präjudizieren. BM Genscher erläuterte die deutsche Position in den so genannten "Prinzipien von Abukir" vom 01.09.1979 während einer Ägyptenreise in Gegenwart von Präsident Sadat, dass das palästinensische Volk allein berechtigt sei, über seine Zukunft zu bestimmen und allein zu entscheiden, wer es repräsentieren solle – d. h. nicht zwangsläufig die PLO –, ferner dass ein gerechter, umfassender und dauerhafter Friede – also nicht ein Separatfrieden – das Ziel aller Bemühungen sein müsse. Diese Bemerkung bezog sich auf den in Camp David ausgehandelten Friedensvertrag zwischen Israel und Ägypten vom 26.03.1979, der von den meisten Europäern kühl – als "erster Schritt" in Richtung umfassender Lösung – aufgenommen wurde. In Israel wurde die europäische Reaktion als ein stärkeres Eingehen auf die den Frieden zwischen Israel und Ägypten radikal ablehnenden arabischen Staaten gewertet. Von Abukir führte eine gerader Weg nach Venedig.

Zu einer ernsthaften Krise im europäisch-israelischen Verhältnis führte die Grundsatzerklärung des ER von Venedig vom 13.06.1980, die noch heute eine der Grundlagen europäischer Nahostpolitik ist. PM Begin verglich diese Erklärung mit dem Münchener Abkommen von 1938 und sprach den EG-Staaten und vor allem Deutschland das Recht ab, die "Mörderorganisation" – gemeint war die PLO – anzuerkennen. Diese überzogene Kritik wurde in der deutschen Politik nicht für gerechtfertigt gehalten.

Ziel der Erklärung war eine Verhandlungslösung zu fördern, die auf der Grundlage eines Ausgleichs zwischen Israel und den Palästinensern einen umfassenden, gerechten und dauerhaften Frieden herbeiführt. Drei Hauptprinzipien, die zu den tragenden Elementen der SVN gehören, bildeten den Kern der Erklärung:

- Das Existenzrecht aller Staaten der Region, einschließlich Israels, in anerkannten und sicheren Grenzen.
- Das Selbstbestimmungsrecht des palästinensischen Volkes
und
- der Gewaltverzicht aller Konfliktparteien.

Außerdem betonte die Erklärung, dass keinerlei einseitige Initiative mit dem Ziel der Veränderung des Status von Jerusalem hingenommen werden könne und dass die israelischen Siedlungen in den IBG als Hindernis für den Friedensprozess anzusehen seien.

Von deutscher Seite wurde klargestellt, dass niemand aus dem Selbstbestimmungsrecht ein Recht zu Lasten Dritter oder gar ein Vernichtungsrecht herleiten könne. Die Ausübung dieses Rechts sei einem Verhandlungsfrieden unterzuordnen, an dem alle Parteien mitwirken und dem alle Parteien zustimmen müssten – das bedeutete praktisch ein Vetorecht Israels –.

Entgegen Begins Auffassung hat die Bundesrepublik seinerzeit den Alleinvertretungsanspruch der PLO nicht anerkannt, sondern diese als einen der möglichen Verhandlungspartner akzeptiert – der Text unterscheidet zwischen dem palästinensischen Volk *und* der PLO –. Deutschland hat die politische Aufwertung der PLO immer von der Anerkennung Israels abhängig gemacht. Deshalb blieb Arafat der Weg nach Bonn bis zu dem Grundsatzabkommen über die gegenseitige Anerkennung in Washington vom 13.09.1993 versperrt.

Die Botschaft der EG an die Konfliktparteien war also, dass nicht Ausschließlichkeitsansprüche auf ganz Palästina, sondern die gegenseitige Anerkennung der legitimen Rechte der jeweils anderen Seite als die entscheidende Grundlage einer Verhandlungslösung anzusehen sei.

Vergleicht man nachträglich die Venedig-Erklärung mit dem "Oslo-Abkommen" ab 1993, ist die ganze Aufregung nicht recht verständlich, da diese Abkommen einer Art "Selbstvollzug" von Venedig gleichkamen, allerdings nicht unter Likud, sondern Labour. Bei genauerem Studium war die Erklärung in der Vorstellung ihrer Kritiker mehr Mythos als Realität (vgl. Rapallo).

Weitere Missklänge im deutsch-israelischen Verhältnis rief die unselige Kontoverse Schmidt-Begin im Anschluss an ein Fernsehinterview des Bundeskanzlers 1981 und die deutsche Kritik an den Massakern in den Palästinenserlagern Sabra und Shatila in Beirut 1982 hervor, das dem damaligen Verteidigungsminister Sharon indirekt angelastet wurde. Unter moralischen Gesichtspunkten nahm das Ansehen Israels, das Deutschland wegen seiner Geschichte ständig angriff, in der deutschen Öffentlichkeit schweren Schaden. Die Bundesrepublik ging allerdings nicht so weit wie einige europäische Partner, die die Verhängung von Sanktionen gegen Israel forderten.

## VIII. Konsolidierung der deutschen Nahostpolitik

Mit der CDU-FDP-Koalition Kohl/Genscher ab 1982 kam die deutsche Nahostpolitik in ruhigeres Fahrwasser. BK Kohl sah seine Politik in der Kontinuität der Politik Konrad Adenauers. Das bedeutete konkret: Enge Abstimmung der Politik mit den USA, positive Impulse für die deutsch-israelischen Beziehungen, Fortsetzung der freundschaftlichen Beziehungen mit den Arabern und Förderung des Friedensprozesses zusammen mit unseren europäischen Partnern. Die von der alten Koalition betriebene vorsichtige Annäherung an die Position der Palästinenser erlitt einen Rückschlag, den die PLO sich hauptsächlich selbst zuzuschreiben hatte: Ursächlich waren Machtkämpfe innerhalb der PLO nach Verlegung des PLO-Hauptquartiers nach Tunis 1983, die Zunahme terroristisher Aktivitäten, die die Rolle der PLO als mögliche Verhandlungspartnerin im Friedensprozess schwächten, und eine Autoritätsverlust Arafats. Die EPZ-Erklärung vom 23.02.1987 sah daher davon ab, die PLO namentlich zu erwähnen.

Erst die Intifada I ab 1987, die bis 1993 dauerte, rückte die Palästinenserfrage wieder mehr in das Bewusstsein der Öffentlichkeit.

Mit der Ausrufung eines Palästinenserstaates und Verkündung der Zwei-Staaten-Theorie im Dezember 1988 hatte die PLO bei wohlwollender Interpretation zwar indirekt das Existenzrecht Israels anerkannt, sich aber nach Auffassung der Bundesregierung noch immer nicht deutlich genug vom Terror der PLO gegen Israel distanziert. Anders als die Opposition und die meisten anderen EG-Partner blieb die Bundesregierung zurückhaltend gegenüber einer Aufwertung der PLO.

Schwerpunkte deutscher Nahostpolitik in dieser Dekade waren eine intensive Reisediplomatie und Kontaktpflege mit Politikern der Region. Im Übrigen standen innenpolitische Probleme wie "Bitburg-Besuch", der so genannte "Historiker-Streit" und die Diskussion um die "Auschwitzlüge" lange Zeit im Vordergrund der öffentlichen Wahrnehmung.

Gerade aus dem Generationenwechsel – Stichwort: Emanzipation von überkommenen Schuld-Komplexen – schöpften die Araber die Hoffnung, dass die Politik Israels nunmehr auch von den Deutschen kritischer als bisher bewertet werde, wie dies bei den meisten EG-Partnern schon lange der Fall gewesen sei. Wie häufig spielte auch hierbei arabisches Wunschdenken eine Rolle. Die Lektüre der berühmten Rede BP von Weizsäckers vom 08.05.1996 hätte sie Besseres wissen lassen.

IX. Deutsche Wiedervereinigung und Nahostkonflikt

Während die Araber die Wiedervereinigung Deutschlands mehrheitlich begrüßten, nahmen die Israelis diese mit gemischten Gefühlen auf. Einerseits herrschte in Israel Genugtuung über das Verschwinden der besonders israelfeindlichen DDR, andererseits wurde eine Wiederkehr deutscher Großmachtpolitik befürchtet. Nichts von alledem ist eingetreten, was in Israel befürchtet und von den Arabern erhofft wurde, nämlich ein Schlussstrich unter den Zweiten Weltkrieg. Einen herben Schlag musste die PLO in ihrem Bemühen um internationale Anerkennung hinnehmen, als die Botschaft des "Staates Palästina" in Ost-Berlin schließen musste.

X. Der Zweite Golfkrieg 1990/91 und der dritte Tiefpunkt unserer Nahostpolitik

Seit der großen Krise 1965 hat es in unserer Nahostpolitik – abgesehen von der Begin-Schmidt-Kontroverse – wohl keinen größeren Rückschlag gegeben als im Zusammenhang mit dem Kuwait-Konflikt und dem Zweiten Golfkrieg, als irakische SCUD-Raketen Anfang 1991 in Israel einschlugen und sich herausstellte, dass einige deutsche Unternehmen in den Verdacht gerieten, rechtswidrig Waffentechnik, insbesondere Vorprodukte für die Herstellung von C-Waffen, an den Irak geliefert zu haben.

Die Drohung Saddam Husseins mit dem Einsatz von C-Waffen gegen Israel, dessen offensichtliches Ziel es war, durch eine Verknüpfung der Kuwaitfrage mit dem Nahostkonflikt die Anti-Irak-Koalition zu sprengen, rief bei vielen Israelis das Holocaust-Trauma ins Bewusstsein. Die Diskussion um die historisch-moralische Verpflichtung der Deutschen gegenüber dem jüdischen Staat brach in einer Intensität auf wie seit langem nicht mehr. Dabei wurde völlig verdrängt, dass 80 – 90 % der aus dem Ausland gekommenen Waffen Saddam Husseins von den fünf ständigen Mitgliedern des SR der VN geliefert worden waren.

Auf die Popularität des Vorgehens Saddam Husseins als Teil des palästinensischen "Befreiungskampfes" vertrauend, aber in völliger Verkennung der Reaktion der Völkergemeinschaft schlug Arafat sich – wieder einmal – auf die falsche, nämlich Saddam Husseins Seite. Es dauerte einige Jahre, bis Arafat sich von dieser Fehlkalkulation erholt hat.

Der Golfkrieg traf die Bundesregierung, die noch vollauf mit dem deutschen Einigungsprozess beschäftigt war, unerwartet und unvorbereitet. Deutschland machte keine überzeugende Figur: Selektiver Verbalpazifismus deutscher Demonstranten, Sprachlosigkeit der deutschen Politik und spät erfolgende Gesten der Solidarität mit dem bedrohten jüdischen Staat lösten in Israel eher zwiespältige Gefühle aus. Aber auch in den gemäßigten arabischen Staaten erwartete man mehr Solidarität der Bundesrepublik mit dem überfallenen Kuwait und der Anti-Irak-Koalition unter Führung der USA.

Insgesamt konnte sich der finanzielle und logistische Beitrag Deutschlangs im Golfkrieg in Höhe von ca. 17 Mrd. DM (davon Waffenlieferungen an Israel im Wert von 1,4 Mrd. DM) durchaus sehen lassen. Die Präsentation ließ aber Mut und vor allem Fingerspitzengefühl vermissen. Die aufgeworfene Frage nach der deutschen Sicherheitspolitik blieb unbeantwortet.

Nahostpolitisch war der Golfkrieg ein Musterbeispiel dafür, wie dünn das Eis – oder besser gesagt: wie sehr deutsche Politik in dieser Region noch immer auf "Flugsand" gebaut war.

XI. Von der Kuwait-Krise bis zum "Oslo-Prozess" – Ausbruch aus einem nahostpolitischen Dilemma

Nach der Kuwait-Krise rückte die Notwendigkeit einer Lösung des Nahostkonflikts deutlicher denn je in das Bewusstsein der internationalen Staatengemeinschaft. Ein

# 3. Deutsche und europäische Nahostpolitik

Zusammentreffen mehrerer Umstände ermöglichte einen geradezu revolutionären Wandel im Nahen Osten: Die Niederlage Iraks, der letzten Vormacht der Ablehnungsfront, die Schwäche der PLO, der Zusammenbruch des bipolaren Weltsystems – damit verloren die Araber ihre sowjetische Schutzmacht –, die Tatsache, dass zum ersten Mal auch Feinde Israels mit dem jüdischen Staat in der "Anti-Irak-Allianz" auf derselben Seite standen, und schließlich der Regierungswechsel in Jerusalem von Shamir zu Rabin 1992. Diese dramatische Wende ermöglichte erstmalig direkte Verhandlungen zwischen Israel und den Palästinensern, die zu den so genannten "Oslo-Verträgen" (1993–1995) und zum Friedensvertrag zwischen Israel und Jordanien, nach Ägypten dem zweiten mit einem arabischen Staat (1994), und dem Verzicht auf Terror und Gewalt führten.

Mit der gegenseitigen Anerkennung Israels und der PLO im September 1993 verlor das Palästinenserproblem seine jahrzehntelange Bedeutung als Konfrontationspotenzial. Damit war der Weg frei für eine "ausgewogene" Politik Deutschlands gegenüber allen Parteien des Nahostkonflikts, einschließlich einer diplomatischen Annäherung an die PLO.

Am 07.12.1993 erfolgte der von der PLO lang ersehnte Besuch Arafats im Bonner Bundeskanzleramt. Die demokratische Legitimierung der PLO durch die Wahlen vom 20.01.1996 führte zur Anerkennung der Organisation als rechtmäßige Vertreterin des palästinensischen Volkes und zur Aufwertung der Informationsstelle Palästina zur einer "Generaldelegation" – wie in Paris – durch die Bundesregierung.

Auch die Spannungen zwischen der EU und Israel, zu denen es wegen des nahostpolitischen Engagements der Europäer in den letzten Dekaden immer wieder gekommen war, konnten abgebaut werden.

Nach Abschluss der "Oslo-Verträge" stellte die EU sofort eine umfangreiche Hilfe für den Aufbau der palästinensischen Selbstverwaltung bereit, die bisher eine Direkthilfe von 1,8 Mrd. Euro erreichte, wovon Deutschland rd. 1/3 trägt. Bilateral erreicht die deutsche Hilfe bis 2001 ca. 500 Mio. DM. Aufgrund mehrerer Abkommen – 1975, 1992 und insbesondere während der deutschen EU-Präsidentschaft in Essen 1994 – erhielt Israel einen privilegierten Status, der dem eines Mitglieds des Europäischen Wirtschaftsraumes sehr nahe kam. Durch die Mittelmehrpolitik der EU wurde für die südlichen Anrainerstaaten ein Kooperationsprogramm entwickelt, das 1995 den so genannten "Barcelona-Prozess" einleitete.

## XII. Nahostpolitik im Zeichen der erneuten Stagnation des Friedensprozesses während der Regierungszeit Netanyahus

Die Ermordung Rabins (1995) und die Wahlniederlage von PM Peres (1996) veränderte die nahostpolitische Landschaft erneut negativ. Nach der Wahl Netanyahus zum Premierminister, der der Sicherheit eindeutig den Vorrang vor dem Friedensprozess einräumte, kühlte sich der israelisch-palästinensische Friedensdialog drastisch ab mit der Folge, dass auch das deutsch-israelische Verhältnis schwieriger wurde. Mit jedem Versuch der EU, vermittelnd in den Prozess einzugreifen, verschlechterte sich das Verhältnis zwischen Brüssel und Jerusalem ständig. Den Europäern wurde vorgeworfen, propalästinensische Positionen zu vertreten. Sie könnten daher keine Rolle als unparteiische Vermittler übernehmen und sollten sich auf ihre Rolle als Kreditgeber zur Unterstützung des Friedensprozesses beschränken.

In diese Zeit der Rückschläge im Friedensprozess fiel die Ernennung des EU-Nahostbeauftragten Moratinos (28.10.1996), der der EU größeres politisches Gewicht im Nahen Osten geben sollte. Seine Ernennung änderte indessen wenig daran, dass die Rolle der EU nahezu wieder auf die wirtschaftliche Ebene früherer Jahre zurückgeworfen wurde. Voraussetzungen für die deutsche Zustimmung zum Mandat von Moratinos, das generell die deutsche Nahostpolitik reflektierte, waren: kein Hineindrängen in die bilateralen Verhandlungen, keine Konkurrenz zu den USA, keine einseitige Parteinahme und keine Vermittlungstätigkeit ohne entsprechende Bitte der beteiligten Parteien.

Die nach den Bundestagswahlen am 27.09.1998 im Oktober 1998 gebildete neue Bundesregierung Schröder/Fischer bekannte sich zur "Grundorientierung" unserer Außenpolitik, die unverändert fortgesetzt werde. Darin kommt die Kontinuität unserer Nahostpolitik von Konrad Adenauer über Helmut Kohl bis zur jetzigen Regierung zum Ausdruck. Sie hatte gleich drei nahostpolitische Feuertaufen zu bestehen: Die Auseinandersetzung um das "Orient-House" in Ost-Jerusalem, die drohende Krise um eine einseitige Ausrufung eines Palästinenserstaates um den 04.05.1999 und die Übernahme der EU-Ratspräsidentschaft.

Um Arafat "im Boote zu behalten" und Israel im Falle einer Staatsausrufung von der angedrohten Annexion von weiteren palästinensischen Gebieten abzuhalten, verabschiedeten die Staats- und Regierungschefs der EU unter deutscher Präsidentschaft die Berliner Erklärung vom 25.03.1999, die wohl die bedeutendste Grundsatzerklärung des ER zum Nahen Osten seit der Venedig-Erklärung von 1980 ist, die bis heute die Grundlagen europäischer und deutscher Nahostpolitik bilden. Grundgedanke der Berliner Erklärung ist, kurzfristig die Lage zu entschärfen und mittel- und längerfristig beiden Parteien die Perspektive einer politischen Lösung auf der Grundlage des friedlichen Nebeneinanderbestehens zweier Staaten zu eröffnen.

Kernpunkte der Berliner Erklärung sind:
– Die Inaussichtstellung eines Palästinenserstaates, die über das Selbstbestimmungsrecht der Venedig-Erklärung hinausgeht. Es wurde dabei aber darauf gedrungen, diesen Staat zu qualifizieren: Er soll demokratisch, friedlich und das Ergebnis von Verhandlungen sein.
– Eine EU-Anerkennung solle erstmalig erwogen werden, aber auf deutsches Drängen hin nicht als Zusicherung, sondern als eine zu gegebener Zeit "in Erwägung zu ziehende" Maßnahme, unter der Bedingung, dass dieser Staat in Einklang mit den Grundsätzen Demokratie, Friedfertigkeit und als Ergebnis von Verhandlungen stehe.
– Wichtig war vor allem, den Verhandlungsprozess nicht in der einen oder anderen Form negativ zu beeinflussen. Dies war ein besonders schwieriger Punkt in den

vorbereitenden Gesprächen mit den EU-Partnern. Es sollte keiner Seite ein Blankoscheck dafür gegeben werden, dass es ohne echte Verhandlungen zu einer Anerkennung eines Palästinensischen Staates kommt. Es sollte aber auch nicht der Eindruck entstehen, dass ein palästinensicher Staat durch ein "So tun als ob man verhandele" auf immer und ewig blockiert wird. Keine Seite sollte ein Vetorecht haben.

Nicht zuletzt wegen dieser europäischen Intervention verschob der PLO-Zentralrat am 29.04.1999 einstweilen die angekündigte einseitige Ausrufung eines Palästinenserstaates.

An diesem Beispiel ist erkennbar, wie sich deutsche Politik eingebracht hat.

Die deutsche Position beim Zustandekommen der Berliner Erklärung hat wie seinerzeit bei der Venedig-Erklärung, vehemente israelische Kritik hervorgerufen. "Es sei nicht Aufgabe der EU, Feststellungen darüber zu treffen, was im Sicherheitsinteresse Israels liege!" Dies betraf vor allem den auf deutsches Betreiben eingefügten Satz, dass "ein überlebensfähiger palästinensischer Staat die beste Garantie für die Sicherheit und die Akzeptanz Israels in der Region sei."

XIII. Nahostpolitik nach der Wiederbelebung des Friedensprozesses 1999 – 2000

Ehud Baraks erdrutschartiger Sieg über seinen Gegenkandidaten Netanyahu mit 56 % und seine Ankündigung, die Friedensverhandlungen mit den Palästinensern und Syrien/Libanon parallel vorantreiben zu wollen, wurde von allen Seiten euphorisch begrüßt, so durch den ER in seiner Kölner Erklärung vom 04.06.1999.

Von der am 04.09.1999 erfolgten Unterzeichnung des Wye-Folgeabkommens in Sharm el-Sheikh (Wye II), des wichtigsten Vertragswerks während der Regierungszeit Baraks, erhofften sich EU und Bundesregierung, dass nach vielen Monaten des Stillstands endlich die Voraussetzungen für die Aufnahme der schwierigen Endstatus-Verhandlungen gelegt seien. Diese Hoffnung war voreilig. Wenn schon die Interimsverhandlungen 7 Jahre gedauert hatten, so war es eine Illusion, innerhalb eines Jahres bis zur selbstgesetzten Frist am 13.09.2000 eine endgültige Friedensregelung herbeizuführen. Hektische Verhandlungen in Camp David, Sharm el-Sheikh und noch in Taba nur wenige Tage vor den Neuwahlen des PM in Israel, um nur einige Stationen zu nennen, brachten keinen Durchbruch in den strittigen Kernfragen des Konflikts: Jerusalem, Flüchtlinge, Siedlungen und Grenzen.

Sie scheiterten letztlich im Steinhagel der Intifada II, die Sharon mit seinem demonstrativen Besuch auf dem Tempelberg am 28.09.2000 ausgelöst, aber nicht verursacht hatte, und auch an Arafat, der die Chancen, die die sehr weitgehenden Angebote Baraks boten, nicht genutzt hat. Barak wie Clinton hatten Perspektiven für und Hoffnungen auf ein erfolgreiches und greifbares Verhandlungsende so konkret wie nie zuvor eröffnet. Die Frage, warum Arafat nicht zugegriffen hat, obwohl ihm ca. 97 % des Westjordanlandes angeboten worden waren, und warum die Friedensbemühungen unter Clinton, denen hoher Respekt zu zollen ist, letztlich gescheitert sind, bedarf noch einer vorbehaltlosen Klärung. In jedem Falle war es ein schwerer politischer Fehler Arafats. Vieles spricht dafür, dass Arafat durch eine Doppelstrategie von Befreiungsmythos und Verhandlungen noch mehr herauszuholen hoffte. Beides zu erreichen, gleichzeitig zu erreichen, geht nicht.

## XIV. Nahostpolitik am Rande des Krieges

Nach dem Präsidentenwechsel in den USA und der Wahl Sharons zum israelischen Premierminister im Februar 2001 ist im Nahen Osten eine ganz neue Lage entstanden. Der Friedensprozess – oder was von ihm übrig geblieben ist – ist zum Erliegen gekommen. Die Sicherheitslage hat sich seit dem Übergang der Palästinenser zu einer Art Guerillakrieg durch Selbstmordanschläge dramatisch verschärft.

Israel antwortete zunächst mit gezielten Einzelaktionen und ging schließlich in der Osterwoche d. J. zu einer militärischen Großoffensive und zur Wiederbesetzung des Westjordanlandes über, um, wie PM Sharon erklärte, die "Infrastruktur des Terrors" zu zerschlagen. Besonders hart war der Häuserkampf im Lager Dschenin. In Bethlehem wurde die Geburtskirche Jesu belagert, wohin sich palästinensische Kämpfer zurückgezogen hatten. Arafat wurde in Ramalah isoliert. Die Erosion seiner Macht seit Beginn der Intifada II vor über 20 Monaten hat eine blutige Koalition der Macht von Hamas, Islamischem Djihad und vor allem der Fatah-nahen Al-Aqsa-Brigaden, die für dreiviertel aller Anschläge der letzten Monate verantwortlich zeichnen, heranwachsen lassen. Hisbollah rüstet im Süden Libanons wieder auf, um eine zweite Front zu eröffnen. Vor allem die Islamisten wollen nicht nur eine Rückkehr zu den Demarkationslinien von 1967, sondern zum Zustand vor 1948. Amos Oz schrieb über einen "Krieg zuviel". Irak erklärte zunächst einen einmonatigen Ölboykott. In den gemäßigten arabischen Ländern drohten sich ausweitende Demonstrationen deren Stabilität zu unterminieren. Die Angst vor einem Flächenbrand ging in der Region um.

Israels Position hatte sich seit dem Amtsantritt Sharons verhärtet. Er gab der Sicherheit Israels Vorrang vor dem Friedensprozess und strebte politisch nur langfristige Interimsabkommen anstelle von Endstatuslösungen an. Was daraus geworden ist, berichteten fast tagtäglich die Medien weltweit. Das Selbstmordattentat im Badeort Netanya, Ende März, dem 27 Israelis zum Opfer fielen, gaben dem Premier Anlass zur "Operation Schutzwall", und Arafat wurde für "irrelevant" und zu "unserem Feind" erklärt.

Anders als Clinton hielt die Bush-Administration sich im Nahen Osten nach Amtsantritt zurück und gab insbesondere nach dem 11. September 2001 der Bekämpfung des internationalen Terrorismus ("Achse des Bösen") Vorrang vor der Lösung regionaler Konflikte (Prioritätenwechsel). Im Nahen Osten beschränkte sich Bush auf Krisenmanagement – Mitchell- und Tenetplan –. Erst die Nachostreise Vizepräsident Cheneys im März 2002 machte den USA klar, dass der Kampf gegen den internationalen Terrorismus ohne Unterstützung durch die gemäßigten arabischen Staaten, deren Hauptziel die Lösung des Nahostkonflikts ist, nicht zu gewinnen ist. Das bedeutete konkret, dass Bush nach der jüngsten Eskalation sowohl dem palästinensischen Terror als auch der Vergeltungspolitik Sharons ein Ende setzen musste.

## 3. DEUTSCHE UND EUROPÄISCHE NAHOSTPOLITIK 57

Die Kehrtwende vom Abstandhalten zum Engagement vollzog Bush in seiner Rede vom 4. April 2002 – "genug ist genug" –, mit der er die Entsendung von AM Powell zu einer "Mission impossible" in den Nahen Osten ankündigte, die von Selbstmordanschlägen überschattet war. Bush zeigte die Grundlinien, auf denen die Krise eingedämmt und der Konflikt gelöst werden könnte: Die Palästinenser müssten ihre Verehrung der Selbstmordattentäter aufgeben, diese seien keine Märtyrer, sondern fanatisierte Mörder. Die Israelis hätten ihre Truppem aus dem Westjordanland abzuziehen, mit der Demütigung ihrer Nchbarn aufzuhören und die Besetzung zu beenden. Die arabischen Staaten müssten den Terrorismus bekämpfen und Israel anerkennen. Iran hätte die Bewaffnung militanter Palästinenser zu beenden – Anspielung auf den Waffenschmuggel mit der im Roten Meer aufgebrachten "Karin A" –, Syrien müsste sich entscheiden, auf welcher Seite im Krieg gegen den Terror es stehe.

Für die Initiative des saudischen Kronprinzen Abdallah vom 17. Februar, Israel bei einem Rückzug aus den besetzten Gebieten durch die arabische Welt anzuerkennen, fand Bush lobende Worte. Diese Initiative wurde vom Arabischen Gipfel in Beirut am 28. März zwar gebilligt, aber mit den bekannten arabischen Maximalforderungen befrachtet – insbesondere Rückkehrrecht der palästinensischen Flüchtlinge –. Schließlich wiederholte Bush seine Vision von einer Zweistaatenlösung. Bei allem Verständnis für Israels Recht, sich selbst zu verteidigen, forderte Bush Israel mehrmals auf, seine Militäraktion ohne Verzug zu beenden.

Powells 7-Tage-Mission im April blieb zunächst ohne Ergebnis: Sharon war nicht zu einem substanziellen Truppenrückzug bereit und Arafat nicht zu einer Waffenruhe zu bewegen – außer einer halbherzigen Erklärung, als ihm das Wasser bis zum Halse stand –. Erst Anfang Mai zeigten sich erste Erfolge der US-Bemühungen: Die Belagerung Arafats in Ramallah wurde am 2. Mai nach Überstellung der mutmaßlichen Zeevi-Attentäter in brit. und US-Obhut in Jericho aufgehoben.

Wie kritisch die Lage inzwischen beurteilt wurde, zeigt, dass der VN-SR in einer Woche sechsmal zusammentrat und in drei Resolutionen (1397, 1402, 1403), einen Waffenstillstand und den sofortigen Rückzug der israelischen Truppen forderte. Die israelische Regierung interpretierte die Res. dahin, dass sie von einem Waffenstillstand als ersten Schritt – also Rangfolge der Schritte – ausgingen. Zugleich wies sie aber darauf hin, dass Arafat den Waffenstillstands-Vorschlag des US-Vermittlers General Zinni im Gegensatz zu Israel zurückgewiesen habe und die Res. deutlicher die palästinensische Verantwortung für die Terroranschläge hätte hervorheben müssen.

Inzwischen hat Sharon mit flexiblen Teilabzügen reagiert und auf eine Offensive im Gaza-Streifen als Vergeltung für einen erneuten palästinensischen Selbstmordanschlag in Rishon LeZion – 15 Israelis wurden getötet – verzichtet. Nach zwei Wochen relativer Ruhe hat es in Israel erneut Anschläge gegeben.

Politisch schlug Sharon eine regionale Nahostkonferenz unter Beteiligung gemäßigter arabischer Regierungen, aber unter Ausschluss Arafats, unter Vorsitz der USA vor. Das würde praktisch eine Neuauflage der Konferenz von Madrid 1991 bedeuten, aber unter ungünstigeren Bedingungen.

Sharon hat wiederholt die Auffassung vertreten, ein palästinensischer Staat sei unumgänglich, hat seine Zustimmung aber an strenge Bedingungen geknüpft. Er bekräftigte am 14. Mai in einer Rede in der Knesset abermals, dass es ohne Ende der Terroranschläge und ohne strukturelle Reformen der Autonomiebehörde – "It must be a different authority" – keine neuen Friedensgespräche geben könne. Zuvor hatte Sharon im ZK des Likud-Blocks eine empfindliche Niederlage im innerpolitischen Machtkampf gegen seinen Vorgänger und Rivalen Netanyahu erlitten, das einen Palästinenserstaat mit Mehrheit abgelehnt hatte. Nach Umfrageergebnissen wollen mehr als 60 % der Israelis einen Palästinenserstaat, wenn er den Frieden bringt. Eine weitere Niederlage erlitt Sharon am 21. Mai in der Knesset mit seinem Sparplan. Er braucht zur Zeit mögliche Neuwahlen jedoch nicht zu fürchten.

Auch die Kritik an Arafat hat in der eigenen Bevölkerung zugenommen. Ihm wird einerseits Personenkult, Vetternwirtschaft, Korruption und Demokratiedefizit vorgeworfen, andererseits lässt er sich als "Held" feiern, der Israel widerstanden hat. In seiner Rede am so genannten "Nakba"-Tag – Tag der Katastrophe – am 15. Mai kündigte er Reformen und Wahlen an, allerdings ohne Nennung eines Datums. Er machte Wahlen jedoch vom Rückzug der israelischen Armee abhängig. Vermutlich ist dies nach der Demokratisierungsforderung Sharons und interner Kritik die übliche Flucht nach vorn. Aus israelischen Regierungskreisen verlautete, es sei klar, dass man mit Arafat keine Einigung erzielen könne. Schon oft habe Arafat etwas versprochen, was er dann nicht gehalten habe. Präsident Bush erklärte, dass man nach den Worten nun auch Taten sehen wolle. Skepsis bleibt also angebracht.

Soweit zur gegenwärtigen Lage, die jedoch noch sehr in Bewegung ist. Sie ist labil, gefährlich und hochexplosiv. Die weitere Entwicklung ist offen.

Während den USA von arabischer Seite lange Zeit Untätigkeit und Parteinahme für Israel vorgeworfen wurde, richteten sich die Blicke in dieser verfahrenen Situation verstärkt auf Europa und insbesondere Deutschland, das sowohl in Israel als auch in der arabischen Welt Sympathien genießt.

Die europäische Option ist allerdings kein Erstz für eine starke US-Rolle, die Washington trotz aller Zurückhaltung letztlich auch im Auge hat, wie die Bush/Powell-Initiative erkennen lässt.

Mangels einer politischen Union gibt es noch keine einheitliche europäische Außenpolitik, vielmehr nur eine koordinierte Position nationaler Politiken in der Gemeinsamen Außen- und Sicherheitspolitik (GASP) – auf dem kleinsten gemeinsamen Nenner –. So wie den USA von arabischer Seite Einseitigkeit zugunsten Israels vorgeworfen wird, so kritisieren die Israelis die Parteinahme zumindest einiger Europäer – u. a. Frankreichs seit 1967, Spaniens und Belgiens – für die Palästinenser, während Großbritannien, die Niederlande und Deutschland für eine ausgewogene Haltung gegenüber dem Nahost-Konflikt eintreten, in der Erkenntnis, dass als Vermittler nur ernst genommen wird, wer für beide Seiten akzeptabel ist.

Neben der Vielstimmigkeit der Akteure leidet die GASP auch an der Unklarheit der Zuständigkeiten. So gibt es den Hohen Vertreter für die gemeinsame Außen-

## 3. DEUTSCHE UND EUROPÄISCHE NAHOSTPOLITIK

und Sicherheitspolitik, Javier Solana, den für die Außenpolitik zuständigen EU-Kommissar, Chris Patten, die EU-"Troika" – Vertreter der gegenwärtigen und künftigen Ratspräsidentschaft und Solana – sowie den Sonderbeauftragten für den Nahen Osten, Miguel Moratinos.

Abgesehen von diesen hausgemachten Schwierigkeiten muss Europa auch desalb bescheiden sein, weil die Mittel zur Durchsetzung einer eigenständigen Politik fehlen.

Die EU ist zwar der größte Handelspartner Israels und der Palästinenser, aber aus ihrer wirtschaftlichen Bedeutung hat sie bisher kein politisches Kapital schlagen können.

Ins Gespräch gebrachte Sanktionen gegen Israel, wie etwa das Aussetzen des Freihandelsabkommens im Rahmen der EU-Mittelmeerzusammenarbeit von 1995, am 01.06.2000 in Kraft getreten, sind in den Augen der meisten EU-Regierungen, zu denen die Bundesregierung zählt, kein geeignetes Mittel, den Weg zum Frieden zu erzwingen – AM-Konferenz in Luxemburg am 15.04.2002 –. Im Gegenteil, sie würden die ohnehin beschränkten Einflussmöglichkeiten der EU schmälern, und da der gesamte Handel zwischen der EU und den Palästinensern über Israel läuft, würden Sanktionen besonders die notleidende Bevölkerung in den Autonomiegebieten treffen. Druck war noch nie ein guter Ratgeber in der Politik, im Nahen Osten noch weniger. Es gibt aber Situationen, in denen der Aufbau einer Drohkulisse gegebüber Diktatoren eher zum Ziel führt als Beschwichtigung.

Meinungsunterschiede in der EU-Nahostpolitik zeigten sich bei veschiedenen Gelegenheiten, so bei der Verurteilung Israels in der Menschenrechts-Kommission, die Deutschland nicht mitgetragen hat. Auch wurden keine palästinensischen "Kämpfer" aus der Geburtskirche in Bethlehem aufgenommen. Politisch haben die Europäer in den vergangenen Jahren, insbesondere seit der Ernennung Solanas, versucht, eigenes Profil im Nahen Osten zu gewinnen, leider bisher ohne großen Erfolg. Der ER verabschiedete am 14.12.2001 eine Nahosterklärung, mit der beide Seiten zur Einstellung ihrer Kampfhandlungen und Arafat – deutlicher als bisher – zur Zerstörung der Terrornetze von Hamas und Islamischem Djihad einschließlich der Verhaftung und gerichtlichen Verfolgung aller Verdächtigen aufgefordert wurden. Israel seinerseits wurde u.a. zum Einfrieren des Siedlungsprogramms aufgefordert. Der Allgemeine Rat wiederholte die Forderungen mit Erklärung vom 28.01.2002. Nach Diskussionen auf dem informellen AM-Treffen am 08./09.02.2002 in Caceres und dem Allgemeinen Rat am 18.02.2002 wurde das Festhalten am EU-Engagement – "Staffeldiplomatie" – in enger Abstimmung mit den USA und anderen Akteuren der internationalen Gemeinschaft – VN-GS, Russland, Nachbarstaaten wie Ägypten und Jordanien – bestätigt. Die Erklärung des ER von Barcelona vom 16.03.2002 zum Nahen Osten fasste die europäische Position noch einmal in 13 Punkten zusammen.

Nach der dramatischen Verschärfung der Lage in der Osterwoche 2002 erging ein gemeinsamer Appell des so genannten "Quartetts" (USA, VN-GS, EU und Rus) am 10. April 2002 in Madrid, die "sinnlosen Kampfhandlungen einzustellen". Israel müsse sich aus den palästinensischen Gebieten und aus Arafats Hauptquartier in Ramallah zurückziehen. Arafat als "anerkannter und gewählter Führer des palästinensischen Volkes" wurde aufgefordert, dass er sofort die größten Anstrengungen unternimmt, um die terroristischen Attentate gegen unschuldige Israels zu verhindern, die terroristische Infrastruktur abbaut und gegen die Finanzierung des Terrorismus vorgeht. Terrorismus sei im Einklang mit Res-SR 1773 illegal. Die Erklärung von Madrid erkennt ausdrücklich das Recht der beiden Staaten, Israel und Palästina, an, in Frieden nebeneinander zu existieren. Auf der Grundlage dieses Mandats trat AM Powell seine Nahostmission an.

Die EU hatte sich wenige Tage zuvor von Israel eine Abfuhr geholt. Sharon hatte den von der EU entsandten Emissären, dem spanischen AM Piqué und dem EU-Beauftragten Solana, am 4. April die kalte Schulter gezeigt, indem er ihnen den Weg zu seinem in Ramallah belagerten Gegenspieler Arafat versperrte. Deutlicher hätte die Demütigung der Europäer nicht ausfallen können. Von israelischer Seite wurde geltend gemacht, dass, "wer sich seit Jahren einseitig zum Fürsprecher Arafats mache und noch am Vortag der jüngsten Friedensmission demonstrativ 10 Mio. Euro an direkter Budget-Hilfe zugunsten der Autonomiebehörde in Ramallah überweise, sich nicht wundern dürfe, wenn er in Jerusalem auf taube Ohren stoße." Übrigens wies die EU israelische Vorwürfe (Naveh Report) zurück, diese Mittel würden für den palästinensischen Terror missbraucht.

So bestätigte sich nach dieser frustrierenden Mission der EU erneut die Einsicht, dass die Europäer die USA politisch nicht ersetzen, sondern nur ergänzen können und – wie in Madrid – sich eng abstimmen müssen.

Die Idee eines stärkeren deutschen Engagements ist ein Lieblingskind arabischer Politik. Das ist zu verstehen. Anders als Großbritannien und Frankreich hat Deutschland im Nahen Osten keine koloniale Vergangenheit und steht auch nicht im Verdacht, eine Hegemonialpolitik zu betreiben. Man bewundert zwar die USA, lehnt sie aber innerlich ab. Könnte nicht Deutschland, so fragen sich viele in der arabischen Welt, das für Israel nach den USA der wichtigste Partner ist und auf beiden Seiten Sympathien genießt, im Sinne eines Ausgleichs vorhandener Ungleichgewichte stärker im Nahen Osten auftreten? Hinzu kommt, dass Deutschland nach der Wiedervereinigung eine neue Rolle mit gewachsenen Rechten und Pflichten in der Staatengemeinschaft übernommen hat. Deutschland ist heute ein geachteter und selbstbewusster Partner in der Welt.

Indessen scheint es vor dem geschichtlichen Himntergrund nicht denkbar, dass Deutschland als aktiver Vermittler im Nahen Osten fungiert, eventuell sogar entscheidenden Druck auf Israel ausüben und den USA ein Gewicht entgegensetzen könnte. Deutschland kann im Prozess eines friedlichen Ausgleichs zwischen Israel und seinen arabischen Nachbarn durchaus behilflich sein, indem es seine guten Dienste anbietet, aber nicht im Alleingang, sondern nur im Rahmen einer koordinierten Nahostpolitik der EU und im weiteren Rahmen der internationalen Staatengemeinschaft.

## 3. Deutsche und Europäische Nahostpolitik 61

### XV. BM Fischers "Ideenpapier" und Sicherheit und Frieden im Nahen Osten

Angesichts der blutigen Auseinandersetzungen im Nahen Osten hat BM Fischer am 9. April 2002 ein Ideenpapier vorgelegt, das man im Auswärtigen Amt nicht als Friedensplan verstanden wissen will, vielmehr als Anstoß, die Diskussion über Lösungsmöglichkeiten zu fördern. Ausgangspunkt ist die Überlegung, dass die gegenwärtigen Akteure nicht fähig sind, aus der verfahrenen Lage aus eigener Kraft heauszufinden – Friedensfähigkeit –, und dass nur mit massiver Einmischung von außen der gefährliche Konflikt noch zu entschärfen und zu lösen sei.

Ausgehend von einem sofortigen Waffenstillstand enthält das Papier folgende Punkte:
- Trennung der Konfliktparteien; Rückzug Israels aus dem Gaza-Streifen und Westjordanland; keine völkerrechtliche Annexion von Territorien; Abbau von Siedlungen.
- Ausrufung, Anerkennung des Palästinensischen Staates – französischer Vorschlag – und seine Festlegung auf eine demokratische Verfassung. Eine endgültige Regelung des Jerusalem-Status als Hauptstadt und der definitiven Staatsgrenzen in Übereinstimmung mit den SR-Rs. 242 und 338, 1397, 1402 und 1403 soll innerhalb von zwei Jahren erfolgen.
- Gegenseitige Anerkennung des Existenzrechts. Uneingeschränkte Verfolgung und Bestrafung von terroristischen Aktivitäten.
- Die internationale Staatengemeinschaft, angeführt durch ein so genanntes "Quartett" – bestehend aus den USA, Russland, EU und den VN – soll den Friedensprozess garantieren .... Darüber hinaus wird die internationale Gemeinschaft den Aufbau demokratischer und wirtschaftlicher Strukturen in Palästina unterstützen und überwachen. Länder, die den Terrorismus oder terroristische Organisationen unterstützen, werden durch die internationale Staatengemeinschaft politisch und ökonomisch isoliert.
- Unter Führung des "Quartetts" sollen innerhalb von zwei Jahren die Verhandlungen über einen umfassenden Frieden und den Endstatus abgeschlossen werden. Im Einzelnen soll es darum gehen, Grundsatzfragen, wie Grenzen, Siedlungen, Hauptstadt, heilige Stätten, Flüchtlinge, Sicherheitskräfte, Wasser, Transit zu lösen. Des Weiteren soll das Verhältnis zu Syrien und den anderen arabischen Nachbarstaaten normalisiert werden.
- Regionale Sicherheit durch eine internationale Konferenz für Sicherheit und Zusammenarbeit im Nahen Osten (KSZNO).
- Dieser Fahrplan soll durch eine VN-SR-Res. indossiert werden.

Auf eine Kurzformel gebracht, enthält Fischers Papier vier Grundelemente:
- Es geht vom Endziel, der Zweistaaten-Lösung aus,
- beschreibt einen Wegeplan und
- einen Zeitplan und
- hält es für notwendig, dass eine Drittpartei die Konfliktparteien zusammenführen muss, da sie es selbst offenbar nicht schaffen.

Auf dem AM-Treffen in Luxemburg am 15. April 2002 unterbreitete Fischer eine leicht überarbeitete Fassung seines Papiers. Eine Klarstellung betrifft Jerusalem, das ausdrücklich als künftige Hauptstadt beider Staaten beschrieben wird. Die EU-Außenminister beurteilten Fischers Nahostpapier zurückhaltend. Der französische AM Védrine nannte es eine "interessante Geste" Deutschlands. Lob kam vom saudiarabischen AM Saud al-Feisal.

In weitgehender Übereinstimmung verlief am 25. April 2002 die Bundestagsdebatte über die Lage im Nahen Osten und unsere Nahostpolitik. Die Opposition setzte jedoch Fragezeichen, was die vom Bundeskanzler ins Gespräch gebrachte Bereitschaft zur Entsendung deutscher Soldaten bei einem möglichen Blauhelmeinsatz im Nahen Osten angeht. Dafür sei die Zeit noch nicht reif. Deutschland sollte also sehr vorsichtig mit solchen Gedankenspielen sein.

Und noch eine Bemerkung: Sicherheit und Frieden gründen sich auf den Ausgleich von Rechten und Interessen. Ein palästinensischer Staat und seine Führung können daher nur das Ergebnis von Verhandlungen und eines demokratischen Prozesses sein. Oktroyierte Lösungen haben noch nie Bestand gehabt. Auch ob eine Staatsbildung wirklich am Anfang stehen sollte, wirft viele berechtigte Fragen auf.

Israel hat zurzeit nicht viele Freunde in der Welt. Aber Deutschland sollte zwischen dem Staat Israel, an dessen Existenzrecht gerade Deutsche keinen Zweifel aufkommen lassen dürfen, und der Politik seiner jeweiligen Regierung unterscheiden. Kritik an der Politik muss erlaubt sein. Das ist ein gutes demokratisches Recht. Aber sie muss frei sein von einseitigen Schuldzuweisungen, die im Nahen Osten ohnehin zu nichts führen, sie muss fair und von Verantwortung getragen sein. Jeder Staat hat das Recht, seine Bevölkerung zu schützen, muss aber militärische Exzesse vermeiden.

Nicht nur Israel hat eine Bringschuld, sondern auch die Araber, deren überzogener Nationalismus in einer Sackgasse endete. Sie könnten auf die Palästinenser einwirken, so wie die westliche Welt auf Israel einwirkt. Verständnis für die Palästinenser, aber nicht für deren Terror. Es gibt kein legitimes Widerstandsrecht, das Menschenrechte verletzt und unschuldige Zivilisten tötet. Der abgrundtiefe Hass muss aus den Köpfen – auch aus den Schulbüchern – verschwinden. Ein Mindestmaß an Vertrauen muss hergestellt werden, bevor man sich wieder an die Lösung der Kernfragen begibt. Das geht nicht von heute auf morgen und ist Millimeterarbeit.

Fortschnitte in Richtung Fieden hat es im Nahen Osten immer nur in Intervallen gegeben, gefolgt von neuen Eruptionen. In Zeiten der Hochspannung öffnete sich immer wieder mit Hilfe interessierter Dritter die Tür für einen Ausgleich der Konzessionen. Die Nahostkonferenz, die Colin Powell vorgeschlagen hat und die im Frühsommer 2002 stattfinden soll, könnte ein solcher Türöffner sein. Vor zu hohen Erwartungen muss aber gewarnt werden. Darauf hat der frühere US-AM Kissinger kürzlich in der "Los Angeles Times" zu Recht hingewiesen. Die Chancen einer solchen Konferenz, aber auch ihre Grenzen müssen erkannt werden. Mit diesem Verständnis könnte sie – wenn sie denn zustande kommt – einen nützlichen Rahmen bilden wie seinerzeit

## 3. Deutsche und Europäische Nahostpolitik

die Madrider Konferenz 1991, aber dieser müsste durch konkrete Schritte, wie z. B. der folgende "Oslo"-Prozess ausgefüllt werden.

An Plänen zur Lösung des Nahostkonfliks gibt es wahrlich genug, ihr Schwachpunkt ist die mangelnde Durchführung und das Fehlen eines Mechanismus, schöne Worte in Realität umzusetzen. Die europäische Aufgabe ist es nicht, durch Produktion immer neue Pläne und Erklärungen bei den Arabern unerfüllbare Erwartungen zu wecken. Damit erschwert Europa nur die Friedensfindung. Vielmehr kommt es darauf an, das Machbare vom Wünschbaren zu trennen. Europa braucht mehr Gewicht in der Waagschale und muss den Parteien klipp und klar vermitteln: Die Israelis werden nicht alles behalten können, was sie haben, und die Araber nicht alles erhalten, was sie haben wollen. Es braucht also mehr als Worte, wenn Europa mit seinem wichtigsten Verbündeten, den USA, auf gleiche Augenhöhe kommen will. Eine Arbeitsteilung könnte durchaus nützlich im Sinne einer Ergänzung der amerikanischen Bemühungen sein. Eine Alternative als "Angebot" wäre unzweifelhaft schädlich.

So bleibt am Ende aller Überlegungen nicht mehr als die Einsicht, dass nur die USA über die Mittel verfügen, die ineinander verkrallten Parteien in Nahost voneinander zu trennen und wieder an den Verhandlungstisch zu bringen. Lösen müssen die Parteien den Konflikt letztlich selbst. Die EU kann ihnen nur dabei helfen. Voraussetzung ist, dass die Akteure auf beiden Seiten friedensfähig und friedenswillig sind. Daran zu zweifeln muss erlaubt sein. Allerdings muss hinzugefügt werden, dass die jeweilige Führungsfrage nur von den Wählern selbst entschieden werden kann. Wenn es diesmal mit der Konferenzidee Powells nicht gelingt, vielleicht erwächst eine Situation, in der neue Männer Macht haben, die weniger die Schlachten der Vergangenheit noch einmal schlagen als vielmehr die Zukunft gestalten wollen. Kriege lösen nicht die Probleme, sondern nur Verhandlungen. Dies kann nur auf der Grundlage des Ausgleichs der legitimen Rechte aller betroffenen Staaten und Völker der Region geschehen. Hier liegt der Kernpunkt des Nahostproblems.

Das waren und sind die großen Linien der Nahostpolitik aller Bundesregierungen, die Deutschland gemeinsam mit den Partnern in Europa erarbeitet hat und weiter verfolgen wird.

# IV Nachtrag

# Aktuelle Lage in Nah- und Mittelost

In diesen Tagen gedenken nicht nur die USA, sondern die ganze Welt des 11. September 2001. Die vor einem Jahr getroffene Feststellung, dass nichts mehr so sei, wie es vorher war, hat sich nicht als leere Floskel erwiesen. Vielmehr hat sich das politische Koordinatensystem weltweit verändert.

"Wir sind heute eine andere Nation: Trauriger und stärker, weniger unschuldig, aber mutiger ... ", schrieb *Präsident Bush* in der "Welt am Sonntag" am 8.9.2002 in einem Exklusivbeitrag zum 11. September. Alle Energie gelte jetzt dem Kampf gegen die Terroristen. Mit "Abenteuern" habe dieser Kampf nichts zu tun, stellte der frühere *US-Außenminister Kissinger* in derselben Ausgabe klar. Nach seiner Analyse könne die Anhäufung von Massenvernichtungsmitteln im *Irak* nicht von der Post-Afghanistan-Phase des Krieges gegen den Terror getrennt werden, da der Irak sich mitten in einer Region befinde, die sich als "Gewächshaus des internatonalen Terrorismus" erwiesen habe und in der auch die Angriffe auf die USA organisiert worden seien. In dieser Situation dürfe Europa nicht tatenlos zusehen. Die Partnerschaft eines halben Jahrhunderts dürfe nicht über Bord geworfen werden.

Von allen drei eingangs erwähnten zentralen Konflikten –Nahost, Golf, Islamismus- ist der *Irak* ganz in den Vordergrund der internationalen Politik gerückt.

*Afghanistan,* die Basis des *islamistischen Terrorismus,* ist zwar weitgehend von Al-Qaida Taliban befreit. Aber der Friede ist, wie neue Anschläge immer wieder zeigen, zerbrechlich. Der Krieg gegen den Terrorismus, der einen langen Atem erfordert, ist noch lange nicht gewonnen. Das internationale Netz des Terrors ist keineswegs zerschlagen. Bedauerlicherweise erweist sich, dass die oft beschworene Anti-Terrorismus-Solidarität brüchig geworden ist. Dies schwächt die gemeinsame Front gegen des Terrorismus und ermutigt diesen zu neuen Taten.

Wir müssen uns zunehmend mit dem Gedanken vertraut machen, dass auch wir innerhalb unserer nationalen Grenzen bedroht sind, Durchsuchungen und Festnahmen in jüngster Zeit, auch in Deutschland, ergaben, dass wir immer mehr zum Stützpunkt für Terroristen geworden sind. Vieles deutet darauf hin, dass die Anschläge am 11. September maßgeblich in Deutschland (insbesondere in Hamburg) geplant worden sind. Mehrere islamistische Organisationen, darunter der "Kalifatstaat", wurden inzwischen verboten. Die Dimension der Bedrohung wird klar, wenn man sich nicht nur die Taten vor Augen führt, sondern sich die dahinterstehende Strategie vergegenwärtigt. Sie zielt, wie Osama bin Laden und seine Gefolgsleute erklärt haben, auf die Errichtung eines weltweiten Gottesstaates, also auf einen neuen Universalstaat. Der gewaltbereite islamistische Terrorismus ist *die* große Herausforderung zu Beginn des 21. Jahrhunderts. Das soll aber nicht heißen, dass wir nun alle Muslime und Araber unter Generalverdacht stellen. Wir werden sorgfältig zu unterscheiden haben. Die zum Stillstand gekommene arabisch-muslimische Erneuerungsbewegung aus den Anfängen des 20. Jahrhundert und ein richtig verstandener Dialog zwischen Orient und Okzident könnten helfen, aus der gefährlichen Krise herausführen, in der sich beide Regionen gegenwärtig befinden.

Im *Nahen Osten* herrscht ein quälender Stillstand. Seit 6 Wochen hat es keinen größeren Selbstmordanschlag mehr gegeben. Gleichwohl bleibt die Lage extrem schwierig. Die Zeit relativer Ruhe ist politisch kaum genützt worden, außer kleineren Schritten auf dem Gebiet der Sicherheit und der Reformen der Palästinenserbehörde. Insbesondere bei der Umsetzung des im August geschlossenen Sicherheitsabkommens für Gaza und Bethlehem zeichnet sich keine Lösung ab.

Seit der Rede von Präsident Bush vom 24.6.2002, die das Konzept einer Zweistaatenlösung erneuerte, und zur Wahl einer unbelasteten palästinensischen Führung aufrief, dh. zur Ablösung Arafats, ruht die Nahostpolitik der *USA* nahezu.

Die Tagungen des *Nahost-"Quartetts"* (USA, EU, RUS, VN) im Sommer dieses Jahres haben trotz intensiver Konsultationen keinen erkennbaren Fortschritt im Friedensprozess gebracht. Am 10.7.2002 hat sich in London eine internationale *"Task Force"* zur Reform der Palästinenserbehörde konstituiert (Quartettmitglieder, Japan, Norwegen, IWF und Weltbank). Sieben vor Ort tätige "Reform Support Groups" (RSG) wurden eingesetzt, die mittlerweile ihre Arbeit aufgenommen haben. Deutschland führt mit der Weltbank den Ko-Vorsitz der RSG für Verwaltungsreform.

Erst am 17. September hat das "Quartett" in Gegenwart israelischer und einiger arabischer Vertreter in New York einen *Drei-Phasen-Plan* vorgelegt. In der ersten Phase (2002/erste Hälfte 2003) sollen Israel und die Palästinenser in den autonomen Gebieten Sicherheitsvereinbarungen treffen. Israel wird aufgefordert, seine Truppen auf die Positionen von vor dem 28.9.2000 zurückzuziehen, sobald die Sicherheitslage sich verbessert. Die Abhaltung von freien, fairen und glaubwürdigen Wahlen Anfang 2003 soll gewährleistet werden. In der zweiten Phase 2003 sollen die provisorischen Grenzen für den künftigen Staat festgelegt und eine palästinensische Verfassung ausgearbeitet werden. In der dritten Phase (2004–5) sollen israelisch-palästinensische Endstatusverhandlungen stattfinden. In Übereinstimmung mit der Vision von Präsident Bush (Koexistenz zweier Staaten) soll die seit 1967 bestehende israelische Besetzung durch ein zwischen den Parteien ausgehandeltes Übereinkommen beendet werden, das auf den SR-Resolutionen 242 und 338 beruht und den israelischen Rückzug auf sichere und anerkannte Grenzen vorsieht. Das "Quartett" wird seine Beratungen über Zeit und Modalitäten einer angestrebten internationalen Konferenz fortsetzen.

Damit hat sich das "Quartett" erstmals auf einen konkreten Fahrplan festgelegt. Das Echo auf den neuen Plan war gemischt. Mit Ausnahme von AM Peres, der den Plan begrüßte, war in der Umgebung von PM Sharon deutliche Zurückhaltung und auf Seiten der Palästinenser überwiegend Enttäuschung zu erkennen.

Aber kaum lag der Friedensplan auf dem Tisch, durchkreuzten neue blutige Selbstmordanschläge radikaler Palästinenser in Tel Aviv und Jerusalem die Absicht des "Quartetts" – ein Verhaltensmuster, das sich ständig wiederholt, wenn auch nur ein Funken Hoffnung aufkommt. Israels Antwort kam prompt: Arafats Amtssitz in Ramallah wurde gegen internationalen Protest weitgehend zerstört. Niemand bestreitet Israel das Recht auf Selbstverteidigung, aber dieses rigorose Vorgehen könnte sich nachteilig auf den Reformprozess auswirken und Wasser auf den Mühlen von Radikalen und Extremisten sein. Es ist zu befürchten, dass dies nicht die letzten Anschläge und Gegenschläge sein werden. Man fragt sich, wie viele Toten (bisher ca.2500) es noch geben muss, bis die Einsicht wächst, dass dieser Krieg nicht zu gewinnen ist und nur der Friede eine Lösung bringen kann. Man kann beiden Völkern nicht auf Dauer jede Hoffnung nehmen: Den Israelis nicht die Hoffnung auf Sicherheit und den Palästinensern nicht die Hoffnung auf Selbstbestimmung.

Auf *europäischer Ebene* hat die Nahosterklärung des ER von *Sevilla* vom 21/22.6.2002 eine baldige internationale Nahostkonferenz und Gründung eines unabhängigen, demokratischen und lebensfähigen palästinensischen Staates auf der Grundlage der Grenzen von 1967 sowie eine Reform der Palästinenserbehörde gefordert. Die Bemühungen der EU um eine politische Perspektive und die Förderung des Reformprozesses in der palästinensischen Selbstverwaltung wurden bei dem informellen Treffen der EU-Außenminister in *Helsingör* am 20/31.8.2002 fortgesetzt.

*BM Fischer* hat sich in seiner Rede vor der Vollversammlung der VN in New York am 14.09.2002 für die baldige Einberufung einer Nahostkonferenz eingesetzt und auf die Bedeutung der Lösung regionaler Konflikte einschließlich des Nahostkonflikts für die Bekämpfung des Terrorismus hingewiesen. Unter dem Gesichtspunkt regionaler Stabilität zieht der deutsche Außenminister den kooperativen Lösungsansatz vor. Viel wichtiger als Krieg gegen den Irak sei die Lösung des arabisch-israelischen Konflikts. Also, Palästina zuerst.

Der Reformanstoß im palästinensischen Legislativrat in Ramallah Anfang September ist recht undeutlich ausgefallen. Um einem Misstrauensvotum des Autonomierats zuvor zukommen, ist am 11.9.2002 gegen den Willen Arafats das gesamte von ihm eingesetzte *Kabinett* zurückgetreten. Zudem musste Arafat den Termin für allgemeine *Wahlen* per Dekret auf den 20.1.2003 festlegen. Damit hat sich Arafat nach langen Auseinandersetzungen der legislative gebeugt und eine empfindliche Niederlage hinnehmen müssen. Ob diese Vorkommnisse ein weiterer Schritt zur Entmachtung Arafats sind, ist noch unklar. Arafats erneuter Friedensappell bei gleicher Gelegenheit wurde von Sharons Sprecher als ebenso "irrelevant" wie Arafat selbst abgelehnt. Demgegenüber betrachtet die EU Arafat weiterhin als legitimen Gesprächspartner auf palästinensischer Seite.

Die israelische Führung hält im Windschatten der weltweiten Terrorbekämpfung an ihrer Politik fest, dass auch regional und lokal der Terror beendet werden müsse. Die israelische Armee betreibt das auch in Israel umstrittene Projekt der *"einseitigen Trennung"* von den Palästinensergebieten durch Errichtung eines Sicherheitszaunes im Norden weiter. Israels Führung hofft offenbar darauf, dass ein realistischer Neubeginn im Nahen Osten erst nach Arafats und Saddam Husseins politischem Ende möglich ist.

Zieht man *Bilanz* haben uns alle Bemühungen auf dem langen Weg zum Frieden nicht vorangebracht. Im Gegenteil, die letzten zwei Jahre seit Camp David II und Beginn der Intifada II waren verlorene Jahre für den Nahen Osten.

Der *Kampf gegen den Terrorismus* hat derzeit absolute Priorität in der amerikanischen Außenpolitik. Als Teil der terroristischen Bedrohung wird von der Administration außer dem Islamismus insbesondere der nationalistische *Irak* ("Achse des Bösen") angesehen. Die USA sehen zwischen Terrorismus und "Schurkenstaaten" einen engen Zusammenhang.

In seiner mit Spannung erwarteten *Grundsatzrede zum Irak* vor der VN-Vollversammlung vom 12.9.2002 bezeichnete Präsident Bush das Regime in Bagdad als "große und wachsende Gefahr" für den Frieden in der Region und in der Welt. Entgegen dem VN-Verbot verfüge der Irak über biologische und chemische Massenvernichtungswaffen und arbeite weiter an der Entwicklung von Nuklearwaffen. Er besitze heute Raketen mit einer Reichweite, die höher sei als von den VN zugelassen. Der Präsident appellierte an die Verantwortung zur Durchsetzung der 16 Sicherheitsratsbeschlüsse zum Irak, die das Regime in Bagdad seit mehr als einem Jahrzehnt missachte. Da Saddam Hussein den VN-Waffeninspekteuren den Zugang zum Irak seit bald vier Jahren verwehrt habe, müsse man annehmen, dass die vom Irak ausgehende Gefahr in diesem Zeitraum noch gewachsen sei.

Der Präsident warnte davor, irgendwelche Illusionen zu haben: Saddam Hussein habe gegen zwei seiner Nachbarn Krieg geführt, nämlich Iran (1980–88) und Kuwait (1990/91) und Iran, Saudi-Arabien, Bahrein und Israel mit Raketen beschossen sowie Giftgas gegen Iran und seine eigene Bevölkerung (in Halabscha) in den Jahren 1987/88 eingesetzt.

Bush erklärte die Bereitschaft der USA in dieser schwierigen Frage mit den VN zusammenarbeiten zu wollen. Sollte das wichtigste Organ der VN, der Sicherheitsrat, den Irak aber nicht zwingen, seine eigenen Beschlüsse zu befolgen, werde man um der Sache der VN willen selbst handeln.

Der Präsident hat mit dieser Rede zurückhaltender als (nach Vizepräsident Cheneys Rede in Nashville vom 29.8.2002) erwartet, aber an die beste angelsächsische Tradition anknüpfend in einer schwierigen Situation kraftvoll und entschlossen gesprochen. Er hat den Ball geschickt ins Feld der VN zurückgespielt und nur bei dessen Unfähigkeit als Ultima ratio einen Alleingang angekündigt.

Die *internationale Reaktion* auf die Rede machte klar, dass die überwiegende Mehrheit der Staatengemeinschaft nicht in den USA (wie von einigen Kreisen behauptet), sondern im irakischen Regime die eigentliche Gefahr sieht. Druck und die Einbindung der VN führten einen Stimmungswechsel herbei.

Neben *Großbritannien*, dem engsten Verbündeten ohnehin, gehörte nun auch *Frankreich* als ständiges Mitglied im VN-Sicherheitsrat zu den Befürwortern eines Ultimatums gegen Irak – gegebenenfalls verbunden mit einer militärischen Drohung (Zweistufen-Plan). Russland und China ließen durchblicken, dass sie eine solche Resolution wohl passieren lassen würden.

Bundeskanzler Schröder erklärte hingegen zu wiederholten Malen, dass *Deutschland* sich militärisch nicht beteiligen werde, unabhängig davon, wie der VN-Sicherheitsrat entscheide. Er hat sich auch gegen neue VN-Forderungen an den Irak ausgesprochen. BM Fischer äußerte sich etwas differenzierter vor der VN-Vollversammlung dahin, dass die Bundesregierung keinen "Automatismus hin zur Anwendung militärischer Zwangsmaßnahmen" wolle. Diese wohl in der aufgeheizten Wahlkampfatmosphäre eingenommene Haltung hat der Bundesregierung innen- und außenpolitisch viel Kritik eingetragen, insbesondere, dass das deutsch-amerikanische Verhältnis, das bisher das Kernstück unserer Außenpolitik gewesen ist, beschädigt und Deutschland sich isolieren werde.

Die Entschlossenheit von Bush hat selbst in der *arabischen Welt*, die ursprünglich ablehnend war, Wirkung gezeigt und –von Ausnahmen abgesehen – ihre Position revidiert. Insbesondere der saudi-arabische Außenminister Prinz Saud al-Feisal hat überraschend angekündigt, *Saudi-Arabien* werde sich einer von den VN sanktionierten Aktion gegen Irak unter gewissen Bedingungen nicht verschließen. Gemeinsam mit der *Arabischen Liga* forderte Saudi-Arabien (ebenso wie Ägypten, Jordanien, Libanon, u.a.) Irak dazu auf, eine Wiederaufnahme von Waffeninspektionen bedingungslos zuzulassen. Die Araber verspürten wenig Lust, sich für Saddam Hussein gegen die USA zu engagieren, Außerdem fürchteten die gemäßigten arabischen Staaten, dass Saddam Hussein ohne diplomatische Rücksichtnahme den *Palästina-Konflikt* hochspielen und so die Stabilität im Nahen Osten bedrohen könne.

Unter wachsendem internationalen Druck –zu seiner Enttäuschung auch von arabischer Seite – hat *Saddam Hussein in totaler Kehrtwendung* seiner bisherigen Politik einstweilen eingelenkt und durch seinen Außenminister Nadschi Sabri in einem Brief an VN Generalsekretär Kofi Annan vom 17.9.2002 seine Bereitschaft erklären lassen, nach vier Jahren Unterbrechung der Rückkehr der Waffeninspekteure nach Irak bedingungslos zuzustimmen, obwohl sein stellvertretender Ministerpräsident Tarik Aziz wenige Tage zuvor noch genau das Gegenteil gesagt hatte.

Die *Reaktionen* auf diese neue *dramatische Volte* irakischer Politik fielen recht unterschiedlich aus. Namentlich die arabische Regierungen atmeten erleichtert auf. Washington und London werteten den Sinneswandel Saddam Husseins als taktischen Schritt, um ein entschlossenes Vorgehen des VN-Sicherheitsrats abzuwenden. Vor allem wurde kritisiert, dass die Zusicherung abzurüsten fehle. Das Weiße Haus erklärte, diese Taktik werde nicht aufgehen. Auf ein neues Katz-und-Maus-Spiel werde man sich nicht einlassen. Es sei jetzt Zeit für den Sicherheitsrat zu handeln. In einer weiteren *Rede* vom 18.9.2002 in Tenessee fügte der *Präsident* hinzu, dass die VN sich am Scheidewege befänden: Entweder sie setzten ihre Beschlüsse durch und blieben die "Vereinten Nationen" oder sie würden zum "Völkerbund" verkommen, der zwischen den beiden Weltkriegen gegenüber der aggressiven Politik der Diktatoren bekanntlich kläglich versagt hat.

Durch den überraschenden Schachzug Saddam Husseins in eine schwierige Lage versetzt, will sich die Administration gleichwohl nicht von ihrem Kurs, der letztlich auf eine Beseitigung des Regimes in Bagdad gerichtet ist, abbringen lassen und sucht innen- wie außenpolitische *Rückendeckung.*

Im *Kongress* hat der Präsident um eine Ermächtigung nachgesucht, die ihm noch vor den Wahlen im November autorisiert, notfalls auch unilateral gegen den Irak vorzugehen, wenn das Land nicht umgehend seine Verpflichtung erfüllt, alle Massenvernichtungswaffen zu beseitigen.[1]

*Im VN-Sicherheitsrat* drängt der Präsident ebenfalls auf eine Verabschiedung einer scharfen ultimativen Resolution, die die Rückkehr der VN-Waffeninspekteure in den Irak verlangt und bei Nichterfüllung nach klaren Fristen militärische Maßnahmen androht. Die letzte SR-Resolution zum Irak vom Dezember 1997 war lückenhaft, da sie zB. die Inspektion der zahlreichen sog. "Präsidentenpaläste" nicht abdeckte.[2]

Wenn eine Resolution nicht zustande kommt, behält sich der Präsident das Recht vor, sich auf Art. 51 SVN zu berufen, demzufolge unilaterale Militäraktionen zur Selbstverteidigung erlaubt sind. Ob auch eine *"präventive Selbstverteidigung"* darunter fällt, ist völkerrechtlich umstritten. Politisch soll es sich offenbar um einen ersten Anwendungsfall der neuen *"Nationalen Sicherheitsstrategie der Vereinigten Staaten"*, die dem Kongreß am 20.9.2002 zugeleitet worden ist, handeln ("amerikanischer Internationalismus" genannt). Diese Doktrin soll die bisherige über Jahrzehnte gültigen Prinzipien amerikanischer Außen- und Sicherheitspolitik ablösen. Freie Gesellschaften, Präventivschläge und Vormachtstellung der USA statt Abschreckung und Eindämmung heißt jetzt die Devise, die sicherlich noch Diskussionen vor allem in Europa auslösen wird.

Auf den Einwand, dass der Generalsekretär der VN, *Kofi Annan*, und der Chefinspekteur *Hans Blix*, baldige Verhandlungen über eine Wiederaufnahme der Waffeninspektionen im Irak anstreben, antwortete der Präsident, es gebe nichts zu verhandeln: "Die Verhandlungen sind vorüber". Er habe kein Vertrauen zu Saddam Hussein, sagte Bush. Russland, das bisher skeptisch hinsichtlich einer neuen Resolution war, hat inzwischen Flexibilität signalisiert.

Am 21. September ging *Saddam Hussein* wieder auf Konfrontation: Er werde keine weitere und härtere Resolution des VN-Sicherheitsrat akzeptieren. Ob unter diesen Umstände überhaupt an eine Wiederaufnahme der Waffeninspektionen zu denken ist, ist fraglich.

---

[1] Das US-Repräsentantenhaus stimmte der Ermächtigung des Präsidenten im Vorgehen gegen Irak am 10./11. 10. 2002 mit großer Mehrheit zu.
[2] Der VN-Sicherheitsrat verabschiedete die Res. 1441 für Waffeninspektionen im Irak am 08. 11.2002 einstimmig und drohte "ernsthafte Konsequenzen" an.

## IV NACHTRAG: AKTUELLE LAGE IN NAH- UND MITTELOST

Vieles deutet darauf hin, dass die USA den Druck auf Irak erhöhen werden und Saddam Hussein seine Politik des fintenreichen Taktierens fortsetzt. Eine *kritische Phase* scheint bevorzustehen.

Von besorgten Zeitgenossen wird gegen ein scharfes Vorgehen gegen den Irak eingewandt, dass dadurch die *Stabilität in der Region* bedroht sei und ausschließlich friedliche Mittel zur Beilegung des Konflikts angewandt werden dürften. Gewiss, das ist ein gewichtiges Argument. Neuer Terrorismus könnte drohen. Aber das haben wir auch 1990/91 gehört (obwohl die Voraussetzungen heute andere sind), ohne dass sich die Schreckensszenarien bewahrheitet haben. In Wirklichkeit wird die Stabilität vom Irak bedroht, und zwar nicht nur durch Massenvernichtungswaffen, das sind *nur* die Mittel, wichtiger ist die dahinterstehende Strategie, die seit den achtziger Jahren des vorigen Jahrhunderts erwiesenermaßen auf Dominanz der ölreichen Golfregion (Irak hat nach Saudi-Arabien die zweitgrößten Erdölreserven) und die Führungsrolle ("Leadership") in der arabischen Welt gerichtet ist, die in den 50er und 60er Jahren schon von Nasser vergeblich angestrebt worden war. Man sollte also nicht Ursache und Wirkung verwechseln. Wer dies leugnet oder verdrängt, ignoriert die Realität.

Hinzu kommt, dass das Regime in Bagdad das israelfeindlichste von allen arabischen Ländern ist. *Israel* heißt im irakischen Sprachgebrauch noch immer "Zionist entity". Der irakische Vorwurf der Asymmetrie der unterschiedlichen Behandlung Israels und Iraks geht schon deshalb fehl, weil Israel eine Demokratie und Irak eine Diktatur ("Republic of Fear", wie ein Buchtitel heißt) ist und Israel im Gegensatz zu Irak keine Massenvernichtungswaffen eingesetzt hat.

Schließlich geht es auch um die Funktion und Glaubwürdigkeit der *Vereinten Nationen* als Hüter des internationalen Rechts und des Friedens. Die Frage lautet: Was ist wichtiger *"Nichtstun oder Handeln"?*

Die Lage erinnert fatal an die *Beschwichtigungspolitik* der dreißiger Jahre des 20. Jahrhunderts ("appeasement", dh. verhandeln ohne effektive Sanktionen), insbesondere an die Zeit zwischen der Konferenz von Stresa 1935 und dem Abkommen von München 1938. Diplomatie ohne Macht hat sich als wirkungslos erwiesen. Geschichte wiederholt sich nicht, aber Parallelen sollten Anlass zum Nachdenken sein. Wir haben gesehen, welch hoher Preis für ein zu spätes Handeln 1939–45 gezahlt werden musste. Wenn Bush sen. 1991 seine Truppen 1991 nicht vor Bagdad angehalten hätte, hätte die Völkergemeinschaft zehn Jahre später ein Problem weniger.

Noch weiß niemand, ob es ungeachtet aller Entschlossenheit der USA, den Gefahrenherd zu bekämpfen, zum Äußersten kommen wird. Noch sind wir gar nicht gefragt, uns an einer fiktiven Militäraktion zu beteiligen.

Gleichwohl wären wir *Europäer* gut beraten, die Diskussion über eine *gemeinsame Irak-Politik* unter Einbeziehung der VN zu intensivieren und uns nicht einem strategischen Dialog zu entziehen. Es gehört zum soliden Handwerk der Diplomatie, keine Option von vornherein auszuschließen. "Es ist ... nicht Brauch", schrieb Lord Palmerston an den britischen Gesandten in St. Petersburg, "Verpflichtungen für alle Fälle einzugehen, die noch nicht akut sind". Andererseits gehörte es zur guten Tradition der Diplomatie, sich, wie Bismarck sagte, nicht das (österreichische oder russische) "Leitseil" umlegen zu lassen und automatische Bündnisverpflichtungen zu übernehmen. "Nibelungentreue" (Reichskanzler v. Bülow 1909) wurde dies später einmal genannt. An diesen Grundsätzen hat sich bis heute nichts geändert. Die Zeit für Gemeinsamkeit ist gekommen. Sonst laufen wir Gefahr, uns zu isolieren und in den hinteren Rang der Weltpolitik versetzt zu werden.

Die neue Regierung in *Deutschland* nach den Wahlen – wie immer sie sich zusammensetzt – wird drängende Fragen beantworten müssen: Wie verhält sie sich, wenn Deutschland Anfang 2003 seinen Sitz im VN-Sicherheitsrat als nichtständiges Mitglied einnehmen wird (nach Art. 25 SVN sind Beschlüsse des Sicherheitsrats verbindlich) und wie stellt sie sich zur Nutzung von US-Basen in Deutschland im Falle eines Konflikts? Es gibt internationale Verpflichtungen. Was geschieht, wenn sich die Bedrohungsanalyse ändert? In einem der Vorträge wurde auf die Gefahr hingewiesen, dass Saddam Hussein versucht sein könnte – wie schon einmal 1991 –, *Israel* in den Konflikt hineinzuziehen. Dann würde auch für Deutschland eine neue Lage entstehen, das sich in besonderer Weise dem Existenz- und Sicherheitsrecht des jüdischen Staates verpflichtet fühlt. Schließlich, was wird aus dem deutsch-amerikanischen Verhältnis, das nach amerikanischen Aussagen belastet ist (Sicherheitsberaterin des Präsidenten Condoleezza Rice: "vergiftet")? Wir verdanken den Vereinigten Staaten nach Weltkrieg II die Demokratie, um die uns viele beneiden, unsere Sicherheit gegenüber dem Osten und maßgeblich die Wiedervereinigung. Wir müssen auch erkennen, dass ohne die USA im Nahen Osten kein Friedensschub in Sicht ist. Ganz gewiß verlangt niemand, dass wir unserem Hauptverbündeten kritiklos folgen, aber unsere Beziehungen bedürfen dringend der Verbesserung.

Die gegenwärtige gefährliche Lage birgt ohne Zweifel *Risiken und Unsicherheiten,* insbesondere dann, wenn *alle Konflikte der Nah- und Mittelostregion* – Islamismus – Nahostkonflikt und die Krise am Golf (Irak) – miteinander *verschmelzen.* Wenn wir uns aber der ersten großen Herausforderung des 21. Jahrhunderts mit Verantwortungsbewusstsein und Augenmaß stellen, könnte die Grundlage für eine neue politische Ordnung in der Region geschaffen werden. Präsident Bush ließ seine Rede vom 12. September mit der Vision ausklingen: "Das irakische Volk kann seine Gefangenschaft abschütteln. Es kann eines Tages einem demokratischen Afghanistan und einem demokratischen Palästina folgen und Reformen in der gesamten islamischen Welt angehen".

Wie die nächste Zukunft der Region aussieht, ist ungewiß. Nur eines ist sicher: Wer Frieden will, muß der Gewalt ein Ende setzen.
Stand: 22.9.2002

# V Anhang

## 1. Auslegung der Sicherheitsratsresolution 242/67

"Rückzug aus besetzten Gebieten" oder "*den* besetzten Gebieten"?
1. Zu der umstrittenen Auslegung der SR-Res.242/67 wird wie folgt Stellung genommen:
2. Die Rückzugsfrage
Die englische Fassung des von *Lord Caradon* eingebrachten Resolutionsentwurfs vom 16.11.1967 spricht in Ziff.1i von "... withdrawal ... from territories occupied ..." Demgegenüber lautet die französische Übersetzung "... des territoires occupés ... ". Angenommen vom SR-VN wurde die englische Fassung, die die Frage des Umfangs der Rückzugsverpflichtung Israels und den Zeitpunkt bewusst *offen* gelassen hat, da der SR-VN sich nicht auf eine Formel einigen konnte.
Vor der Abstimmung im SR-VN erklärte der brit. Vertreter *Lord Caradon*: "Der Resolutionsentwurf stellt ein ausbalanciertes Ganzes dar. *Ihm etwas hinzuzufügen oder etwas davon abzustreichen* würde das *Gleichgewicht* und außerdem das große Maß von Übereinstimmung zerstören, das wir miteinander erreicht haben. Er muss als ein Ganzes angesehen werden so, wie er vorgelegt ist. Ich bin der Meinung dass wir einen Punkt erreicht haben, wo die meisten, wenn nicht alle von uns, diesen Resolutionsentwurf wünschen, den ganzen Resolutionsentwurf und nichts als den Resolutionsentwurf."
(s/PV. 1382, S.31)
Auf Anfrage gab der brit. *AM Michael Stewart* am 17.11.1969 im Parlament folgende Auslegung:
*Frage:* "Welches ist die britische Interpretation der Formulierung der Resolution von 1967? *Versteht der Right Hon. Gentleman sie so, dass sie bedeutet, dass die Israelis aus allen Gebieten sich zurückziehen sollten, die sie im letzten Krieg in Besitz genommen haben?"*
Antwort: "*No, Sir. Das ist nicht der Wortlaut, der in der Resolution verwendet wurde. Die Resolution spricht von sicheren und anerkannten Grenzen.* Diese Worte müssen im Zusammenhang mit der Erklärung über den*Rückzug* gelesen werden."
(Hansard pp.S. 844 – 845)

Der Minister bestätigte seine Auslegung in einer weiteren Erklärung vom 9.12.1969.
AM *George Brown* wurde noch deutlicher:
"Ich habe die Resolution des Sicherheitsrats formuliert. Bevor wir sie dem Rat vorlegten, zeigten wir sie den arabischen Führern. Der Entwurf sagte, "Israel wird sich aus besetzten Gebieten zurückziehen" und nicht von "den Gebieten", was bedeutet, dass Israel sich nicht aus allen Gebieten zurückziehen wird."
(The Jerusalem Post, 20. Januar 1970)
Die *USA* haben diese Auslegung geteilt. So erklärte Präs.*Lyndon Johnson* am 10.9.1968:
"Wir gehören nicht zu denen, die sich anmaßen zu sagen, wo andere Nationen diejenige Linie zwischen sich ziehen sollten, die jedem von ihnen die größte Sicherheit bietet. *Es ist jedoch klar, dass eine Rückkehr zu der Situation des 4. Juni 1967 keinen Frieden mit sich bringen wird.* Es muss sichere, und es muss anerkannte Grenzen geben. Über einige dieser Linien muss Übereinstimmung zwischen den betreffenden Nachbarstaaten bestehen."
(59 Dept of State Bulletin, 1967, S.348)
Der Nahostbeauftragte des State Department *Joseph Sisko* am 12.7.1970:
*"Jene Resolution sprach nicht von "Rückzug auf die Linien vor dem 5. Juni.* Die Resolution besagte, dass die Konfliktparteien *verhandeln müssen,* um eine Abmachung über die sogenannten *endgültigen sicheren und anerkannten Grenzen* zu erzielen. Mit anderen Worten, die *Frage der endgültigen Grenzen* ist eine Angelegenheit der *Verhandlung* zwischen Konfliktparteien".
(N.B.C. "Meet the Press", 12. Juli 1970)
So auch Prof. *Eugene V. Rostow,* der 1967 US-Unterstaatssekretär und Berater Präs. Kennedys war:
"... § 1 (i) der Resolution fordert den Rückzug der israelischen Streitkräfte "aus Gebieten, die während des kürzlichen Konflikts" besetzt wurden. *Wiederholte Versuche, diesen Satz zu verändern durch Einfügung des Wortes "die" erhielten nicht die Unterstützung des Sicherheitsrats. Es ist deshalb juristisch nicht möglich zu behaupten,* dass die Resolution, von Israel den Rückzug aus "allen nun besetzten Gebieten" fordert, unter Berufung auf die Feuereinstellungsresolution über die Waffenstillstandslinien."
(American Journal of International Law, Bd.64, September 1970, S.69)
Der sowjetische *Entwurf* vom 13.6.1967 ("Rückzug hinter die Waffenstillstandslinien") und vom 20.11.1967 ("... auf die Positionen zurückziehen sollen, die sie vor dem 5. Juni 1967 gehalten haben") und die Forderung der *VAR* vom 7.11.1967 ("von *allen* Territorien") fanden keine Zustimmung im SR-VN.
Die Haltung *Frankreichs* war mit diesen Formeln im wesentlichen identisch: zuerst vollständiger *Rückzug,* dann *Friedensvertrag.*
Nachdem es den *Arabern* (und ihren Schutzmächten und Verbündeten) nicht gelungen war, den bestimmten Artikel "die" vor das Wort "Gebiete" zu setzen, stimmten

# 1. AUSLEGUNG DER SICHERHEITSRATSRESOLUTION 242/67

sie schließlich dem britischen Entwurf zu, um die Annahme einer Res. sicherzustellen, die zumindest ein gewisses Maß von Rückzug vorsah.

(a) Annexionsverbot
Es ist richtig, dass die Präambel der Res. unter Bezug auf Art. 2 Abs. 4 SVN klarstellt, dass Israel auf Grund militärischer Besetzung ("durch Krieg") territoriale Gewinne nicht erzielen darf. Es ist auch richtig, dass dieses *Annexionsverbot* in Zusammenhang mit der *Rückzugsverpflichtung* zu sehen ist.

Die *vage Formulierung* der Rückzugsverpflichtung lässt andererseits die Deutung zu, dass weder *Umfang* noch *Zeitpunkt* des Rückzugs rechtsverbindlich festgelegt sind. Nach Erklärung (political statement) des brit. VN-Vertreters in der GV-VN vom 2.11.1970 sollte es sich dabei allerdings nur um "*minor rectifications*" der Feuereinstellungslinien handeln.

(b) Feuereinstellungsresolution
Die Res. war nicht als *Grenzfestsetzungsresolution* gedacht, die das Ergebnis einer Friedensregelung vorwegnehmen wollte, vielmehr handelt es sich um eine *Feuereinstellungsresolution* als ersten Schritt in Richtung auf eine Friedenslösung, die Gegenstand von *Verhandlungen* sein sollte. *SR-Res.338*, die sich auf SR-Res.242 bezieht, arbeitete dies in Ziff.3 klar heraus.

Für die *offene Grenzfrage* spricht auch die Ziff.1ii der Res. 242, die "*sichere und anerkannte Grenzen*" fordert. Wenn der Sicherheitsrat beide unbestimmten Rechtsbegriffe von vornherein mit einem konkreten Inhalt hätte ausfüllen wollen, hätte er gesagt, was darunter zu verstehen sei. Der sowjetische Vertreter, *Wassilij Kuznetsow*, bemerkte dazu in den Diskussionen, die der Annahme der Res. 242 vorangingen:

"… Es gibt sicherlich viel Raum für unterschiedliche Interpretationen, die Israel das Recht vorbehalten, neue Grenzen zu ziehen und seine Truppen nur bis zu solchen Linien zurückzuziehen, die es als annehmbar betrachtet".
(S/PV.1373, S.112)

Sicherlich kann Israel darüber nicht einseitig befinden. Denn die Formulierung "anerkannt" setzt *Willenserklärungen aller betroffenen Parteien* voraus, die nur in *Verhandlungen* miteinander in Einklang gebracht werden können.

3. Resolution nach Kap. VI SVN
Wie *Lord Caradon* bei der Vorlage des brit. Entwurfs erläuterte, handelt es sich um eine Entschließung des SR-VN nach Kap. VI (*friedliche Streitbeilegung*), nicht um eine Res. nach Kap. VII SVN (Zwangsmaßnahmen als Folge von Friedensbedrohung und Friedensbruch). Die Beschlüsse des SR sind nach Art. 25 SVN zwar auszuführen, aber nur soweit sie verbindlich sind. Rechtlich unverbindliche Empfehlungen, die der Regelung von Streitigkeiten nach Kap. VI SVN dienen, fallen nicht darunter.

Die Res. wendet sich nicht unmittelbar an die Konfliktparteien, sondern an einen *VN-Vermittler* (Ziff.3), der bei seinen Bemühungen um Streitbeilegung bestimmte

Verhandlungsrichtlinien zu beachten hat. Als Sonderbeauftragter wurde der schwedische *Botschafter Jarring* vom GS-VN ernannt, der allerdings erfolglos blieb.

4. Ergebnis:

Rückzug aus *allen* Gebieten war eine Forderung der Araber und ihrer Schirmherren und Verbündeten, der der SR-VN nicht gefolgt ist. Der SR-VN einigte sich vielmehr ganz bewußt auf die *Kompromissformel "aus Gebieten"*. Die Grenzfrage blieb also offen.

Als zweites Grundprinzip stipulierte die SR-Res. das *Recht jedes Staates innerhalb "sicherer und anerkannte Grenzen" in Frieden zu leben.* Diese Grenzen sollten im Rahmen einer allgemeinen Regelung durch *Verhandlungen* festgelegt werden. Aufgabe des *VN-Vermittlers* sollte es sein, im Rahmen der ihm mit der Res. erteilten Richtlinien einen Frieden mit den Konfliktparteien auszuhandeln.

Die britischen Autoren der Res. haben immer wieder auf den Gedanken der *Ausgewogenheit* aller Elemente der Res. hingewiesen.

Die *Bundesregierung* hat sich in ihren Stellungnahmen gleichfalls vom Grundsatz der ausgewogenen Verwirklichung der tragenden Elemente der Res. (Frieden und Rückzug) leiten lassen. (Vgl. Interview des Bundeskanzlers vom Dez. 1969 und Erklärung des Sprechers der Bundesregierung vom 1.4.1971.

In *Kurzfassung* lautet die SR-Res. 242 in Verbindung mit SR-Res. 338: Rückzug der israelischen Truppen auf sichere und anerkannte Grenzen, die nach Maßgabe der Verhandlungsrichtlinien durch Verhandlungen unter Mitwirkung einer VN-Vermittlers festgelegt werden müssen.

Der Europäische Rat hat sich in der Erklärung vom 21./22.6.2002 in Sevilla zur britischen Auslegung der Res. 242 bekannt. Die Formel lautet:

"Das Ziel (von Verhandlungen) besteht in der Beendigung der Besetzung und der baldigen Schaffung eines demokratischen, existenzfähigen und friedlichen Staates auf der Grundlage der Grenzen von 1967, wobei die Parteien erforderlichenfalls geringfügige Anpassungen vereinbaren können".

Da Frankreich sich dieser Auslegung angeschlossen hat, ist der Auslegungsstreit auf europäischer Seite beendet.

## 2. Literaturhinweise

**Astor/Yorke:** Frieden in Nahost? Eine grundlegende Analyse der Friedensmöglichkeiten vor und nach Camp David, kommentiert und ergänzt von Eberhard Piltz, Dokumente, München 1978

**Auswärtiges Amt (Hg.):** Die Bundesrepublik Deutschland und der Nahe Osten. Dokumentation. Bonn 1987

**Avineri, Shlomo:** Ein Kompromiß liegt in weiter Ferne. Israel unter Sharon nach Camp David, Internationale Politik, Nr.8, 2001, S.7 – 13

**Ayman al Zawahiri:** Knights under the Prophet's Banner, Al-Sharq al-Awsat, London 2001

**Bar-Zohar, Michael:** Ben Gurion, 40 Jahre Israel. Die Bibliographie des Staatsgründers, Bergisch Gladbach 1988

**Bauer, Kirsten:** 50 Jahre Israel, München 1998

**Berggötz, Sven:** Nahostpolitik in der Ära Adenauer. Möglichkeiten und Grenzen 1949 – 1963, München 1998

**Birrenbach, Kurt:** Meine Sondermissionen. Rückschau auf zwei Jahrzehnte bundesdeutscher Außenpolitik, Düsseldorf/Wien 1984

**Blasius, Rainer:** Geschäftsfreundschaft statt diplomatischer Beziehungen. Zur Israel-Politik 1962/63. In: Ders.: Von Adenauer zu Erhard, München 1994

**Büttner, Friedemann / Hünseler, Peter:** Die politischen Beziehungen zwischen der Bundesrepublik Deutschland und den arabischen Staaten: Entwicklung, Stand und Perspektiven. In Kaiser / Steinbach S. 112 – 152

**Bull, Hedly:** The Revolt against the West, in Ders./ Adam Watson (Hg.), The Expansion of international Society, Oxford 1984

**Deutschkron, Inge:** Israel und die Deutschen, Köln 1983

**Eban, Abba:** Mein Land. Das moderne Israel, Zürich 1977

**Elger, Ralf:** Kleines Islam-Lexikon, Bamberg 2001

**Ende / Steinbach** (Hg.): Der Islam in der Gegenwart, München 1996

**Fiedler, Heinz:** Die islamitische Herausforderung, Außenpolitik 1, 1997, S. 71 – 90

**Grosbard, Ofer:** Israel auf der Couch, Düsseldorf 2001

**Hansen, Niels:** Aus dem Schatten der Katastrophe – Die deutsch-israelischen Beziehungen in der Ära Konrad Adenauer und David Ben Gurion, Düsseldorf 2002

**Heine, Peter:** Terror in Allahs Namen. Extremistische Kräfte im Islam, Freiburg-Basel-Wien 2001

**Hoffmann, Bruce:** Terrorismus. Der unerklärte Krieg, Frankfurt/M 2001

**Hottinger, Arnold / Giesling, Erich:** Krisenherd Nahost, Zürich 1991

**Hubel, Helmut:** Das Ende des Kalten Krieges im Orient, München 1995

**Hünseler, Peter:** Die außenpolitischen Beziehungen der Bundesrepublik Deutschland zu den arabischen Staaten von 1949 – 1980, Frankfurt/M 1990

**Huntington, Samuel P.:** Kampf der Kulturen, München-Wien 1996

**Informationen zur politischen Bildung, Hg. Bundeszentrale für politische Bildung, Bonn:**
- Der Islam im Nahen Osten, 1993
- Israel, Geschichte – Wirtschaft – Gesellschaft, 1995

**Internationale Politik,** Hg. DGAP:
- Frieden im Nahen Osten? Nr.7, 1999
- Krieg oder Frieden im Nahen Osten. Nr.8, 2001
- Terrorismus. Nr.12, 2001
- Die Welt der Muslime. Nr.3, 2002

**Jaeger, Kinan:** "Quadratur des Dreiecks", die deutsch-israelischen Beziehungen und die Palästinenser, Schwalbach/Ts 1997

**Kaiser / Steinbach (Hg .):** Deutsch-arabische Beziehungen, München 1981

**Kamel, Mohammed Ibrahim:** The Camp David Accords. A testimony by Sadat's Foreign Minister, London 1986

**Kepel, Gilles:** Allah im Westen, München 1996

**Kissinger, Henry:** So könnte es Frieden geben , Lösungen im Nah-Ost Konflikt, Welt am Sonntag, 12.05.2002

**Khoury, Adel, Theodor:** Der Islam und die westliche Welt, religiöse und politische Grundfragen, Darmstadt 2001

**Kogelmann, Franz:** Die Islamisten Ägyptens in der Regierungszeit von Anwar as-Sadat, Berlin 1994

**Kollek, Teddy:** Jerusalem und ich, Memoiren, Frankfurt/M 1995

## 2. LITERATURHINWEISE

**Krämer, Gudrun:** – Ägypten unter Mubarak. Eine Bestandsaufnahme, Ebenhausen 1983
– Geschichte Palästinas. Von der osmanischen Eroberung bis zu Gründung des Staates Israel, München 2002

**Krapf, Thomas M.:** Israel zwischen Krieg und Frieden, Bleicher 1996

**Kruse, Hans:** Islamische Völkerrechtslehre, Bochum 1979

**Lerch, Wolfgang Günter:** – Kein Frieden für Allahs Völker. Die Kriege am Golf. Geschichte, Gestalten, Folgen, Frankfurt/M 1991
– Brennpunkt Naher Osten. Der lange Weg zum Frieden, München / Berlin 1996

**Meier, Andreas:** – Politische Strömungen im modernen Islam, Bonn 1995

**Meir, Golda:** Mein Leben, Hamburg 1975

**Meroz, Johannan:** In schwieriger Mission. Als Botschafter Israels in Bonn, Berlin/Frankfurt/M 1986

**Niemetz, Alexander:** Brennpunkt Nahost, München 1991

**Osterheld, Horst:** Außenpolitik unter Bundeskanzler Ludwig Erhard 1963 – 1966, Ein dokumentarischer Bericht aus dem Kanzleramt, Düsseldorf 1992

**Pawelka, Peter:** Der Vordere Orient und die Internationale Politik, Stuttgart/Berlin/Köln 1993

**Peres, Shimon:** – Die Versöhnung. Der neue Nahe Osten, Siedler 1993
– Zurück nach Israel. Eine Reise mit Theodor Herzl, München 1998

**Perthes, Volker (Hrg.):** Deutsche Nahostpolitik, Interessen und Optionen, Schwalbach/Ts. 2001

**Pohly, Michael / Khalid Duran:** Osama bin Laden und der internationale Terrorismus mit einem Vorwort von Rolf Tophoven, München 2001

**Pohl, Dietrich F. R .:** Islam und Friedensvölkerrechtsordnung. Forschungen aus Staat und Recht 84, Wien/New York 1988

**Pott, Marcel / Schimkoreit-Pott, Renate:** – Beirut, zwischen Kreuz und Koran, Braunschweig 1985
– Allahs falsche Propheten. Die arabische Welt in der Krise, Bergisch-Gladbach 2001

**Primor, Avi:** ... mit Ausnahme Deutschlands. Als Botschafter in Bonn, Berlin 1997

**Qutb, Sayyid:** Der Weltfrieden und der Islam, Kairo-Ausgabe 1992

**Rabin, Yitzhak:** Feldherr und Friedensstifter, Hg: David Horovitz, Berlin 1996

**Raddatz, Hans-Peter:** Von Gott zu Allah? Christentum und Islam in der liberalen Fortschrittsgesellschaft, München 2001

**Rashed, Abdel Hamid:** Arabische Einheit-Hoffnung für die Zukunft, Struktur und Funktion der Liga der arabischen Staaten, Tübingen 1974

**Sadat, Anwar el-:** Unterwegs zur Gerechtigkeit, Wien u.a. 1979

**Samir al-Khalil:** Republic of Fear, the politics of Modern Iraq, London 1989

**Schiffauer, Werner:** Die Gottesmänner. Türkische Islamisten in Deutschland, Frankfurt/M 2000

**Schmid, Claudia:** der Israel-Palästina Konflikt und die Bedeutung des Vorderen Orients als sicherheitspolitische Region nach dem Ost-West-Konflikt, Baden-Baden 1993

**Schoeps, H. Julius:** Theodor Herzl. Wegbereiter des politischen Zionismus, Göttingen (u.a.) 1955

**Scholl-Latour, Peter:** – Das Schlachtfeld der Zukunft. Zwischen Kaukasus und Pamir, Siedler 1996
– Lügen im heiligen Land, Siedler 1997

**Schreiber, Friedrich / Wolfsohn, Michael:** Nahost, Geschichte und Struktur des Konflikts, Opladen 1996

**Schwarz, Hans Peter** (Hg): Handbuch der deutschen Außenpolitik, München 1976

**Steinbach, Udo:** Der Islam und die Krise des Nahen Ostens, Bonn 1982

**Tibi, Bassam:** – Islamischer Fundamentalismus, Frankfurt 1992
– Im Schatten Allahs, München 1994
– Der wahre Imam, München 1996
– Pulverfaß Nahost. Eine arabische Perspektive , Stuttgart 1997
– Kreuzzug und Djihad, München 1999
– Fundamentalismus im Islam , Darmstadt 2000
– Die neue Weltordnung, München 2001
– Islamische Zuwanderung, München 2002

**Timm, Angelika:** Hammer, Zirkel, Davidstern, Bonn 1997

**Tophoven, Rolf:** Der israelisch-arabische Konflikt, Bundeszentrale für politische Bildung, 5. Auflage, Bonn 1999

## 2. Literaturhinweise

**Ulfkotte, Udo:** Propheten des Terrors. Das geheime Netzwerk der Islamisten, München 2001

**Veit, Winfried:** Mit Sharon in eine ungewisse Zukunft, Friedrich-Ebert Stiftung, Bonn 2001

**Volle, A. und Weidenfeld, W.:** Frieden im Nahen Osten? Bonn 1997

**Waldmann, Peter:** Terrorismus. Provokation der Macht. Bundeszentrale für politische Bildung, Bonn 1998

**Weidenfeld, Werner** (HG): Europa und der Nahe Osten, Gütersloh 1985

**Wolfsohn, Michael:** – Frieden Jetzt. Nahost im Umbruch. München 1994
– Nahost. Geschichte und Struktur des Konflikts, Opladen 1996
– Wem gehört das heilige Land? Die Wurzeln des Konflikts zwischen Juden und Arabern, München 1997

**Zimmermann, Moshe:** Festungsmentalität und Verfolgungswahn. Die israelische Gesellschaft und der Friedensprozeß, Internationale Politik, Nr.4, 1998, S.49–56

## 3. Zeittafel des Nahost-Konflikts und des Nahost-Friedensprozesses

1882 Beginn der zionistischen Einwanderung in Palästina (Erste Aliya), 1882–1903/04
1896 Theodor Herzls Schrift "Der Judenstaat"
1897 Erster Zionistischer Kongress in Basel
1915–1916 Mc Mahon – Hussein – Briefwechsel
16.05.1916 Sykes-Picot-Abkommen
02.11.1917 Balfour-Deklaration
1917/18 Britische Eroberung Palästinas
Januar 1919 Feisal-Weizmann-Abkommen; Beginn der Pariser Friedenskonferenz
08.03.1920 Ausrufung Emir Feisals zum König von Damaskus; im Juli 1920 von französischen Truppen vertrieben; im März 1921 mit Irak abgefunden; sein Bruder Abdallah erhält das Emirat Transjordanien
April 1920 Konferenz von San Remo, Einigung des Obersten Alliierten Rates über die Aufteilung der britischen und französischen Mandatsgebiete, im Juli 1920 vom Völkerbund ratifiziert
Juli 1922 Der Völkerbundsrat in London billigt das britische Mandat über Palästina und verfügt im September 1922 die Ausnahme Transjordaniens von der Balfour-Deklaration
September 1923 Das britische Mandat über Palästina und das französische Mandat über Syrien treten offiziell in Kraft
1923 Die Golan-Höhen werden dem französischen Mandatsgebiet Syrien zugeschlagen (nach 1921 und 1923 die zweite Teilung Palästinas)
September 1928 Zusammenstöße an der Klagemauer
August 1929 Schwere Unruhen, die jüdische Gemeinde von Hebron wird evakuiert
März 1930 Shaw-Bericht, Simpson-Bericht (August 1930) und brit. Weißbuch (Oktober 1930)
April 1936 Beginn des arabischen Aufstands (bis 1939)
Juli 1937 Teilungsplan der Peel-Kommission
Januar 1938 Woodhead-Kommission und
Mai 1939 Mac Donald-Weißbuch. Keine Teilung Palästinas nach gescheiterter St. James-Konferenz Februar – März 1939. Proarabische Tendenz
Mai 1942 Biltmore-Konferenz
1944 Beginn des zionistischen Aufstandes gegen die brit. Mandats-Macht
1945 Gründung der Arabischen Liga
29.11.1947 Teilungsresolution 181 der GV-VN
14./15.05.1948 Ende des brit. Mandats. Gründung des Staates Israel. Erster arabisch-israelischer Krieg. Frühjahr 1949 Waffenstillstandsabkommen mit einzelnen arabischen Staaten nach Verhandlungen auf Rhodos. Chaim Weizmann erster isr. Präsident, David Ben Gurion Ministerpräsident

## 3. Zeittafel des Nahost-Konflikts

23.07.1953  Revolution der "freien Offiziere" in Ägypten unter General Naguib, starker Mann Gamal Abdel Nasser

Oktober/November 1956  Verstaatlichung des Suez-Kanals. Zweiter Nahost-Krieg Israels, Frankreichs und Großbritanniens gegen Ägypten. Nasser militärischer Verlierer, aber politischer Sieger. Israel erreicht Aufhebung der Blockade der Straße von Tiran. Garantie hält bis Mai 1967

05.–10.06.1967  Dritter Nahost-Krieg (so genannter Sechs-Tage-Krieg) als Folge der Sperrung der Straße von Tiran durch Nasser. Präventivschlag Israels und Besetzung des Sinai, des Westjordanlandes sowie der Golan-Höhen

01.09.1967  Arabische Gipfelkonferenz in Khartoum ("drei Nein")

22.11.1967  VN-SR-Resolution 242 fordert Rückzug Israels aus besetzten Gebieten (Tausch Land gegen Frieden), Grundlage aller Lösungspläne

1970  Allon-Plan, Rückgabe von Teilen der Westbank an Jordanien vorgeschlagen

1970  "Schwarzer September". Nach Verlust ihrer Stützpunkte in Jordanien neue Kampfbasis der PLO im Libanon

Oktober 1973  Yom-Kippur-Krieg (vierter Nahost-Krieg)

22.10.1973  VN-SR-Resolution 338 (Aufforderung zu Verhandlungen)

Oktober 1974  Anerkennung des Alleinvertretungsanspruchs der PLO durch ar. Gipfel in Rabat

November 1974  Rede Arafats vor der VN-GV in New York. Internationale Aufwertung der PLO

19.11.1977  Präs. Sadats Reise nach Jerusalem

17.09.1978  Camp David. Sadat und Begin vereinbaren "Rahmen für einen Frieden im Nahen Osten"

26.3.1979  Unterzeichnung des israelisch-ägyptischen Friedensvertrages

13.06.1980  Grundsatzerklärung des ER zu Nahost von Venedig

07.06.1981  Zerstörung des irakischen Atomreaktors bei Bagdad durch die israelische Luftwaffe

Juni 1982  "Friede für Galiläa" (fünfter Nahost-Krieg). Zerschlagung der politischen und militärischen Präsenz der PLO im Libanon, die im Gefolge der israelischen Offensive den Libanon verlassen und nach Tunis ausweichen muss

September 1982  Reagan-Plan. Weg zum Frieden durch "Assoziierung" der autonomen Palästinensergebiete. 12. Arabischer Fez-Gipel. Implizite – wenngleich gegenüber dem Fahd-Plan (August 1981) abgeschwächte – Anerkennung des Existenzrechts Israels. Sowjetischer Nahostplan. Forderung nach internationaler Nahostkonferenz

09.12.1987  Beginn der Intifada I

31.07.1988  Erklärung des jordanischen Königs Hussein, auf sämtliche Souveränitätsansprüche auf das Westjourdanland verzichten zu wollen

15.11.1988  Arafat ruft Palästinensischen Staat aus. Außerdem erklärt Arafat, er akzeptiere SR-Res. 242 als Grundlage für eine internationale Konferenz und eine friedliche Lösung des Nahostkonflikts

02.08.1990   Irak besetzt Kuwait. Arafat ergreift Partei für Saddam Hussein. PLO im Abseits. 1991 Befreiung Kuwaits
06.03.1991   Nahostinitiative von Präsident Bush und AM Baker ("Land für Frieden")
31.10.1991   Friedenkonferenz von Madrid zur Lösung aller Probleme des Nahost-Konflikts unter Schirmherrschaft von Bush und Gorbatschow
Juni 1992   Machtwechsel in Israel (von Shamir zu Rabin)
13.09.1993   Nach Geheimverhandlungen in Oslo zwischen Israel und der PLO Unterzeichnung einer Grundsatzerklärung in Wshington. Rahmenabkommen einer Autonomieregelung für die Palästinenser im Westjordanland und Gazasteifen. Endgültige Friedensregelung bis 1999 ("Oslo I")
04.05.1994   Gaza-Gericho-Abkommen von Kairo
26.10.1994   Friedensvertrag zwischen Israel und Jordanien
28.09.1995   Abkommen über die zweite Phase der Autonomie ("Oslo II") in Washington unterzeichnet. Rückzug aus Westjordanland in mehreren Phasen (A-, B- und C-Gebiete)
04.11.1995   Ermordnung Rabins
29.05.1996   Rabins Nachfolger Shimon Peres verliert die vorgezogene Knesset-Wahl gegen Benjamin Netanyahu
14.01.1997   Abkommen über Abzug der israelischen Truppen aus Hebron
23.10.1998   Abkommen zur Wiederbelebung des stagnierenden Friedens-Prozesses von Wye Plantation
20.11.1998   Israel setzt die erste Stufe des Abkommens um und räumt zwei Prozent des Westjordanlandes
02.12.1998   Netanyahu stoppt den Truppenabzug mit der Bgründung, dass die Palästinenser ihre Sicherheitsgrantien nicht erfüllt hätten
14.12.1998   Der Palästinensische Nationalrat (PNC) erklärt die Bestimmungen der PLO-Charta für ungültig, in denen die Zerstörung des Staates Israel gefordert wird
25.03.1999   Grundsatzerklärung des ER zu Nahost von Berlin
17.05.1999   Netanyahu unterliegt in der vorgezogenen Wahl Ehud Barak, der die Wiederbelebung des Friedensprozesses verspricht
04.09.1999   Unterzeichnung des Abkommens von "Wye II", in dem ein isr. Truppenabzug aus 11 % des Westjordanlandes in drei Stufen bis 20.01.2000 vorgesehen ist. Neuer Zeitplan für Endstatusverhandlungen 13.09.2000
12. – 25.07.2000   Die Nahostverhandlungen in Camp David scheitern
10.09.2000   Die Führung der Palästinenser verschiebt die geplante Ausrufung eines eigenen Staates um zwei Monate, um Zeit für Verhandlungen zu gewinnen
28.09.2000   Likud-Politiker Ariel Sharon besucht demonstrativ den Tempelberg in Jerusalem. Beginn der "Al Aqsa-Intifada" (Intifada II), die bis heute andauert und über 2.500 Tote gefordert hat
04.10.2000   Erfolgloser Nahost-Gipfel in Paris
16.10.2000   Sonder-Gipel von Sharm el-Sheikh

## 3. Zeittafel des Nahost-Konflikts

23.12.2000  Nahostrede Präs. Clintons
21.01.2001  Aufnahme der isr.-pal. Verhandlungen in Taba, die ohne Ergebnis enden
06.02.2001  PM-Direktwahlen in Israel, der Likud-Kandidat Ariel Sharon gewinnt
03.03.2001  Erklärung PM Sharons bei Amtseinführung vor der Knesset
21.05.2001  Präsentation des Mitchell-Berichts vom 30.04.2001
01.06.2001  Terroranschlag auf Diskothek in Tel Aviv
13.06.2001  Tenet-Plan zur Erzielung eines Waffenstillstands
09.08.2001  Hamas-Bombenattentat in Jerusalemer Pizzeria. Schließung des Orient-Hauses
1.–18.09.2001  Isr. Einheiten dringen in Jenin ein
19.11.2001  US-AM Colin Powell hält Nahost-Rede in Louisville, Kentucky
26.11.2001  US-Entsandter General Zinni trifft in Israel ein, Januar 2002 erneuter Besuch
13.12.2001  Isr. Kabinett beschließt, Arafat sei "irrelevant"
04.01.2002  Waffenschiff "Karin A" wird im Roten Meer aufgebracht
18.02.2002  NYT-Interview von Friedman mit saudi-arabischem Kronprinzen Abdallah über dessen Initiative zu Frieden zwischen Israel und den arabischen Ländern gegen Rückzug auf die Grenzen von 1967
15./16.03.2002  Erklärung des ER von Barcelona zu Nahost
27.03.2002  Terror-Anschlag auf Pessach-Seder in Netanya
28.03.2002  Isr. Kabinett beschließt Isolierung Arafats und Operation "Schutzwall", in derem Zuge alle pal. Westbank-Städte (außer Jericho und Hebron) von Israel besetzt werden. Beiruter Erklärung des ar. Gipfels
10.04.2002  Madrid-Erklärung des Nahost-Quartetts auf AM-Ebene
15.04.2002  BM Fischer führt deutschen 7-Punkte-Plan ("Ideenpapier") vom 09.04.2002 in den Allgemeinen Rat der EU ein
02.05.2002  VN-GS Kofi Annan verkündet Auflösung des Jenin-Prüfungsausschusses der VN und gemeinsame Presseerklärung von Colin Powell, Kofi Annan, Josep Piqué und Javier Solana
07.05.2002  Anschlag auf Rishon LeZion
10.05.2002  nach 36 Tagen endet Krise um Geburtskirche in Bethlehem
05.06.2002  schwerer Busanschlag südlich von Afula
18./19.06.2002  Schwere Anschläge in Jerusalem
20.06.2002  Beginn des isr. Einsatzes "Entschlossener Weg" ("Schutzwall II")
21./22.06.2002  Nahosterklärung des ER von Sevilla
24.06.2002  US-Präsident Bush hält Nahost-Rede, die in Israel auf große Zustimmung stößt. Forderung nach neuer palästinensischer Führung ohne Arafat
28.06.2002  G-8-Gipfel in Kanada ruft zu Wahlen und wirtschaftlichen sowie institutionellen Reformen in den Autonomiegebieten auf
15.07.2002  Isr. Truppen dringen in Gaza ein
16.07.2002  Nahostquartett trifft sich in New York

23.07.2002   Isr. Luftangriff auf Gaza, bei dem Hamas-Führer Salah Shehade getötet wird
31.07.2002   Isr. Sicherheitskabinett beschließt Maßnahmen zur Abschreckung von Selbstmordattentätern. Bombenanschlag in Cafeteria der Hebräischen Universität in Jerusalem
02.08.2002   Isr. Einmasch in Nablus im Kampf gegen Hamas-Infrastruktur
04.08.2002   Bombenanschlag auf Linienbus Meron-Kreuzung in Nord-Israel
18.08.2002   "Gaza zuerst"-Sicherheitsabkommen
22./23.08.2002   Internationale "Task Force" berät in Paris über Reform für Palästinensische Behörde
26.08.2002   US-Vizepräsident Cheney fordert Irak-Intervention und Sturz Saddam Husseins
01.09.2002   Informelles Treffen der EU-Außenminister in Helsingör. Unterschiedliche Positionen der EU und USA zu einem Militäreinsatz im Irak
05.09.2002   Anschlag mit 600-kg-Bombe in Israel vereitelt
12.09.2002   Grundsatzrede von Präsident Bush zur US-Irak-Politik vor der Vollversammlung der VN
Oktober 2002   Terroranschläge mit islamistischem Hintergrund gegen französischen Tanker "Limburg", auf Bali und in Moskau
Oktober 2002   Burns-Nahost-Mission (3-Stufenplan) steht ganz im Schatten des Irak-Konflikts
10./11.10.2002   US-Repräsentantenhaus stimmt der Ermächtigung des Präsidenten im Vorgehen gegen Irak mit großer Mehrheit zu
04.11.2002   Erdogans gemäßigte islamistische Partei AKP erringt bei türkischen Parlamentswahlen die absolute Mehrheit
05.11.2002   Republikaner gewinnen in beiden Häusern des US-Kongresses bei Zwischenwahlen die Mehrheit und stärken die Stellung von Bush
06.11.2002   Regierungskrise in Israel beendet. Der frühere PM Netanyahu wird an Stelle von Peres Außenminister
Vorgezogene Neuwahlen am 28.01.2003. Rechtsruck und härteres Vorgehen gegen die Palästinenser erwartet
08.11.2001   VN-SR-Res 1441 zur Wiederaufnahme der Waffen-Inspektionen im Irak nach vierjähriger Unterbrechung einstimmig verabschiedet. Festsetzung konkreter Fristen. Androhung "ernsthafter Konsequenzen" bei Nichterfüllung.
13.11.2002   Saddam Hussein stimmt der Res. 1441 zu, nachdem das irakische Parlament die Ablehnung und die Arabische Liga die Annahme empfohlen hatte. Das Weiße Haus gibt Saddam Hussein eine "letzte Chance" und will "Taten" sehen. Keine Aufgabe der wichtigsten US-Ziele: Kampf gegen den Terrorismus und die Massenvernichtungswaffen der "Schurkenstaaten" sowie Sicherung der wichtigsten Ölförderregionen
November 2002   In einer offenbar authentischen Tonbandaufnahme hat Bin Laden

den USA und anderen westlichen Ländern, darunter Deutschland, mit neuen Anschlägen gedroht

16./17.11.2002  Erschießung von zwölf Israelis in Hebron. Israelische Armee besetzt Hebron wieder vollständig. Sharon erklärt das Hebron-Abkommen von 1997 für irrelevant

## 4. Abkürzungen

| | |
|---|---|
| AL | Arabische Liga |
| AM | Außenminister |
| BK | Bundeskanzler |
| BM | Bundesminister |
| EAD | Europäisch-Arabischer Dialog |
| EPZ | Europäische Politische Zusammenarbeit |
| ER | Europäischer Rat |
| EU | Europäische Union |
| FAZ | Frankfurter Allgemeine Zeitung |
| GASP | Gemeinsame Außen- und Sicherheitspolitik |
| GS | Generalsekretär |
| GV-VN | Generalversammlung (Vollversammlung) der Vereinten Nationen |
| IBG | Israelisch besetzte Gebiete |
| isr. | Israelisch |
| IWF | Internationaler Währungsfonds |
| PA | Palestinian Authority |
| pal. | Palästinensisch |
| PM | Premierminister |
| Res. | Resolution |
| RUS | Russland |
| SAR | Saudi-Arabien |
| SVN | Satzung der Vereinten Nationen |
| SR-VN | Sicherheitsrat der Vereinten Nationen |
| VN | Vereinte Nationen |

# 5. Dokumente

Vereinte Nationen  S/RES/242 (1967)

**Sicherheitsrat**

**Resolution 242 (1967)**
vom 22. November 1967

*Der Sicherheitsrat,*

*mit dem Ausdruck* seiner anhaltenden Besorgnis über die ernste Situation im Nahen Osten,

*unter Betonung* der Unzulässigkeit des Gebietserwerbs durch Krieg und der Notwendigkeit, auf einen gerechten und dauerhaften Frieden hinzuarbeiten, in dem jeder Staat der Region in Sicherheit leben kann,

*ferner unter Betonung dessen*, dass alle Mitgliedstaaten mit der Annahme der Charta der Vereinten Nationen die Verpflichtung eingegangen sind, in Übereinstimmung mit Artikel 2 der Charta zu handeln,

1. *erklärt*, dass die Verwirklichung der Grundsätze der Charta die Schaffung eines gerechten und dauerhaften Friedens im Nahen Osten verlangt, der die Anwendung der beiden folgenden Grundsätze einschließen sollte:

    i) Rückzug der israelischen Streitkräfte aus (den)* Gebieten, die während des jüngsten Konflikts besetzt wurden;

    ii) Beendigung jeder Geltendmachung des Kriegszustands beziehungsweise jedes Kriegszustands sowie Achtung und Anerkennung der Souveränität, territorialen Unversehrtheit und politischen Unabhängigkeit eines jeden Staates in der Region und seines Rechts, innerhalb sicherer und anerkannter Grenzen frei von Androhungen oder Akten der Gewalt in Frieden zu leben;

2. *erklärt ferner*, dass es notwendig ist,

    *a)* die Freiheit der Schifffahrt auf den internationalen Wasserwegen in der Region zu garantieren;

    *b)* eine gerechte Regelung des Flüchtlingsproblems herbeizuführen;

---

* E: from territories; F: des territoires (Anm. d. Übers.).

---

Übersetzung: Deutscher Übersetzungsdienst, Vereinte Nationen, New York.

**S/RES/242 (1967)**

c) die territoriale Unverletzlichkeit und politische Unabhängigkeit eines jeden Staates der Region durch Maßnahmen zu garantieren, die auch die Schaffung entmilitarisierter Zonen einschließen;

3. *ersucht* den Generalsekretär, einen Sonderbeauftragten zu ernennen, der sich in den Nahen Osten begeben soll, um mit den beteiligten Staaten Verbindung aufzunehmen und zu unterhalten, mit dem Ziel, eine Einigung zu fördern und die Bemühungen zur Herbeiführung einer friedlichen und akzeptierten Regelung im Einklang mit den Bestimmungen und Grundsätzen dieser Resolution zu unterstützen;

4. *ersucht* den Generalsekretär, dem Sicherheitsrat baldmöglichst über den Stand der Bemühungen des Sonderbeauftragten Bericht zu erstatten.

*Auf der 1382. Sitzung des Sicherheitsrats einstimmig verabschiedet.*

Vereinte Nationen  S/RES/338 (1973)

# Sicherheitsrat

**Resolution 338 (1973)**
vom 22. Oktober 1973

*Der Sicherheitsrat,*

1. *fordert* alle an den gegenwärtigen Kampfhandlungen Beteiligten *auf*, sofort, spätestens 12 Stunden nach dem Zeitpunkt der Verabschiedung dieses Beschlusses, in den von ihnen jetzt besetzten Stellungen jedes Feuer einzustellen und jede militärische Aktivität zu beenden;

2. *fordert* die beteiligten Parteien *auf*, sofort nach Einstellung des Feuers damit zu beginnen, die Resolution 242 (1967) des Sicherheitsrats in allen ihren Teilen durchzuführen;

3. *beschließt*, dass sofort und gleichzeitig mit der Feuereinstellung Verhandlungen zwischen den beteiligten Parteien unter geeigneter Schirmherrschaft mit dem Ziel aufgenommen werden, einen gerechten und dauerhaften Frieden im Nahen Osten herzustellen.

*Auf der 1747. Sitzung des Sicherheitsrats
mit 14 Stimmen ohne Gegenstimme verabschiedet*[1].

---

[1] Ein Mitglied (China) nahm an der Abstimmung nicht teil.

Übersetzung: Deutscher Übersetzungsdienst, Vereinte Nationen, New York.

# 4. Erklärungen der Europäischen Gemeinschaft zur Nahost-Politik

## 4.1. Erklärung des Europäischen Rates über den Nahen Osten vom 13. Juni 1980 in Venedig

1. Die Staats- und Regierungschefs sowie die Außenminister hatten einen eingehenden Meinungsaustausch über die gegenwärtige Lage im Nahen Osten in allen ihren Elementen, einschließlich des gegenwärtigen Stands der Verhandlungen im Anschluß an die von Ägypten und Israel im März 1979 unterzeichneten Abkommen. Sie waren sich darin einig, daß die wachsenden Spannungen in dieser Region eine ernsthafte Gefahr darstellen und eine umfassende Lösung des israelisch-arabischen Konflikts notwendiger und dringender denn je machen.

2. Die neun Länder der Europäischen Gemeinschaft sind der Auffassung, daß die zwischen Europa und dem Nahen Osten bestehenden traditionellen Bindungen und gemeinsamen Interessen es ihnen zur Pflicht machen, eine besondere Rolle zu spielen und sie heute dazu veranlassen, sich in konkreter Weise für den Frieden einzusetzen.

3. Hierbei stützen sich die neun Länder der Gemeinschaft auf die Entschließungen 242 und 338 des Sicherheitsrats und auf die Positionen, die sie mehrfach zum Ausdruck gebracht haben, insbesondere in ihren Erklärungen vom 29. Juni 1977, vom 19. September 1978, vom 26. März und 18. Juni 1979 sowie in der in ihrem Namen am 25. September letzten Jahres von dem Außenminister Irlands von der 34. Generalversammlung der Vereinten Nationen gehaltenen Rede.

4. Ausgehend von diesen Grundlagen ist der Augenblick gekommen, die Anerkennung und Verwirklichung der beiden von der Völkergemeinschaft weltweit bejahten Prinzipien zu fördern: des Existenzrechts und des Rechts auf Sicherheit aller Staaten der Region einschließlich Israels sowie der Gerechtigkeit für alle Völker, was die Anerkennung der legitimen Rechte des palästinensischen Volkes beinhaltet.

5. Alle Länder der Region haben das Recht, innerhalb sicherer, anerkannter und garantierter Grenzen in Frieden zu leben.
Die Garantien für die Friedensregelung sollten auf Beschluß des Sicherheitsrats durch die Vereinten Nationen und gegebenenfalls auf der Grundlage anderer gegenseitig vereinbarter Verfahren gegeben werden. Die Neun erklären sich bereit, sich im Rahmen einer umfassenden Regelung an einem System konkreter und bindender internationaler Garantien, einschließlich solcher an Ort und Stelle, zu beteiligen.

6. Das Palästinenserproblem, bei dem es sich nicht lediglich um ein Flüchtlingsproblem handelt, muß endlich eine gerechte Lösung finden. Das palästinensische Volk, das sich

bewußt ist, als solches zu existieren, muß in die Lage versetzt werden, durch einen geeigneten und im Rahmen der umfassenden Friedensregelung definierten Prozeß sein Selbstbestimmungsrecht voll auszuüben.

7. Voraussetzung für die Verwirklichung dieser Ziele sind Zustimmung und Mitwirkung aller beteiligten Parteien hinsichtlich der Friedensregelung, die die Neun auf der Grundlage der in den oben erwähnten Erklärungen definierten Prinzipien sich zu fördern bemühen. Diese Prinzipien gelten für alle betroffenen Parteien, so auch für das palästinensische Volk und für die PLO, die an der Verhandlung beteiligt werden muß.

8. Die Neun erkennen die besondere Bedeutung der Jerusalem-Frage für alle betroffenen Parteien an. Die Neun betonen, daß sie keinerlei einseitige Initiative hinnehmen, deren Ziel die Änderung des Status von Jerusalem wäre, und daß jede Vereinbarung über den Status der Stadt das Recht auf freien Zugang zu allen heiligen Stätten garantieren sollte.

9. Die Neun erinnern an die Notwendigkeit, daß Israel, wie es dies hinsichtlich eines Teils von Sanai schon getan hat, die territoriale Besetzung beendet, die es seit dem Konflikt von 1967 aufrechterhält. Sie sind zutiefst überzeugt, daß die israelischen Siedlungen den Friedensprozeß im Nahen Osten ernsthaft behindern. Die Neun sind der Ansicht, daß diese Siedlungen ebenso wie die Änderungen in der Bevölkerungs- und Grundstücksstruktur in den besetzten arabischen Gebieten nach Völkerrecht ungesetzlich sind.

10. Ihrem Anliegen gemäß, der Gewalt ein Ende zu setzen, sind die Neun der Auffassung, daß nur der Verzicht auf Gewalt und auf Gewaltandrohung von seiten aller Parteien zu einem Klima des Vertrauens in der Region führen kann und dadurch ein Grundelement für eine umfassende Regelung des Nahost-Konflikts schafft.

11. Die Neun haben beschlossen, mit allen betroffenen Parteien die erforderlichen Kontakte aufzunehmen. Diese Kontakte haben zum Ziel, Aufschluß über die Haltung der verschiedenen Parteien zu den in dieser Erklärung definierten Grundsätzen zu geben und im Lichte der Ergebnisse dieser Konsultation die Form, die eine von ihnen zu ergreifende Initiative annehmen könnte, festzulegen.

## 4.2.2. Erklärung des Europäischen Rats zum Nahen Osten vom 1. Dezember 1980

Der Europäische Rat hat die Bilanz der von den Neun seit der Annahme der Erklärung von Venedig zum Nahen Osten durchgeführten Aktion gezogen.

Der Rat hörte den Bericht von Herrn Thorn über die Mission, die er im Namen der Neun in Anwendung der Ziffer 11 der Erklärung von Venedig durchgeführt hat. Er stellte fest, bei dieser Mission habe sich gezeigt, welch großes Interesse die Stellungnahme Europas hervorgerufen habe, und daß sie in dieser Hinsicht ein Erfolg gewesen sei.

Die Ergebnisse der Mission bestätigen, daß die Grundsätze der Erklärung von Vendig die erforderlichen Bestandteile einer umfassenden, gerechten und dauerhaften Regelung enthalten, die zwischen den betroffenen Parteien auszuhandeln ist. Sie bestärken die Neun in ihrer Entschlossenheit, bei der Suche nach einer solchen Regelung ihren Beitrag zu leisten.

In diesem Sinne hat der Europäische Rat den Beschluß der Außenminister gebilligt, Überlegungen anzustellen zur Klärung und Konkretisierung der Grundsätze von Venedig. Das Ergebnis dieser Überlegungen ist ein Bericht über die Hauptprobleme im Zusammenhang mit einer umfassenden Regelung; der Bericht enthält folgende Kapitel: Räumung, Selbstbestimmung, Sicherheit im Nahen Osten, Jerusalem.

Der Bericht hebt hervor, daß die Maßnahmen, die unter diesen vier Kapiteln vorzusehen wären, eine geschlossene Einheit bilden, also sorgfältig aufeinander abgestimmt sein müßten.

Der Europäische Rat hat diesem Ansatz zugestimmt.

Er hat vermerkt, daß verschiedene Formeln denkbar sind, um einige der Grundsätze von Venedig in die Praxis umzusetzen, insbesondere hinsichtlich der Dauer der Übergangszeit vor der Verwirklichung der Selbstbestimmung, der Bestimmung der vorläufigen Oberhoheit über die geräumten Gebiete, der Voraussetzungen und Modalitäten der Selbstbestimmung, der Sicherheitsgarantien und Jerusalems.

Um eine gründlichere Ausleuchtung dieser Formeln zu ermöglichen, und in dem Willen, ein günstigeres Klima für Verhandlungen zu fördern, hat der Europäische Rat es für notwendig erachtet, daß parallel zur Fortsetzung der internen Überlegungen weitere Kontakte zu den betroffenen Parteien aufgenommen werden.

Der Europäische Rat hat folglich die amtierende Präsidentschaft beauftragt, diese Kontakte im Benehmen mit den Außenministern aufzunehmen.

Im übrigen hat der Rat die Minister ersucht, ihre Überlegungen im Lichte der Entwicklung der Lage fortzuführen und ihm Bericht zu erstatten.

Der Europäische Rat hat dieses Tätigkeitsprogramm festgelegt, um über eine geschlossene Plattform zu verfügen, durch die eine Annäherung zwischen den betroffenen Parteien begünstigt werden kann.

### 4.2.3. Erklärung der Außenminister der Europäischen Gemeinschaft zum Golan-Gesetz am 15. Dezember 1981

Die Außenminister der Mitgliedsstaaten der Europäischen Gemeinschaft bedauern die Entscheidung der israelischen Regierung und der Knesset zutiefst, den Geltungsbereich des israelischen Rechts, der Rechtsprechung und Verwaltung auf besetztes syrisches Gebiet in den Golan-Höhen auszudehnen. Dieses Vorgehen, welches einer Annexion gleichzuachten ist, verstößt gegen das Völkerrecht und ist deshalb in unseren Augen ungültig. Dieser Schritt schadet einer möglichen Implementierung der Sicherheitsresolution Nr. 242 und wird mit Sicherheit die Suche nach einer umfassenden Friedensregelung im Nahen Osten, der wir verpflichtet bleiben, weiter erschweren.

## NAHOST-FRIEDENSPROZESS

Die Staats- und Regierungschefs der Europäischen Union bekräftigen erneut ihre Unterstützung für eine Verhandlungslösung im Nahen Osten, mit der die Grundsätze von "Land für Frieden" widergespiegelt und sowohl die kollektive als auch die individuelle Sicherheit des israelischen und des palästinensischen Volkes gewährleistet werden. In diesem Zusammenhang begrüßt die Europäische Union die Entscheidung des Palästinensischen Nationalrats und der mit ihm verbundenen Gremien, die Annullierung der Bestimmungen der PLO-Charta, in denen zur Zerstörung Israels aufgerufen wird, zu bekräftigen, und ihre Verpflichtung zur Anerkennung Israels und ein friedliches Miteinander aufrechtzuerhalten. Die Europäische Union ist jedoch weiterhin besorgt über den gegenwärtigen Stillstand des Friedensprozesses und ruft die Parteien dazu auf, die Vereinbarung von Wye River uneingeschränkt und unverzüglich umzusetzen.

Die Europäische Union ruft die Parteien ferner dazu auf, ihr Engagement für die Grundsätze zu bekräftigen, die im Rahmen der Abkommen von Madrid und Oslo sowie in Folgevereinbarungen festgelegt wurden, in Übereinstimmung mit den Resolutionen 242 und 338 des Sicherheitsrats der Vereinten Nationen. Sie ruft die Parteien nachdrücklich dazu auf, sich auf eine Verlängerung der in den Vereinbarungen von Oslo festgelegten Übergangsfrist zu verständigen.

Die Europäische Union fordert insbesondere eine baldige Wiederaufnahme der Verhandlungen über den endgültigen Status, die in den kommenden Monaten beschleunigt betrieben, zu einem zügigen Abschluß gebracht und nicht endlos verlängert werden sollen. Nach Auffassung der Europäischen Union sollte es möglich sein, die Verhandlungen innerhalb eines Jahres zum Abschluß zu bringen. Sie erklärt sich bereit, zur Erleichterung eines baldigen Verhandlungsabschlusses beizutragen.

Die Europäische Union ruft beide Parteien nachdrücklich dazu auf, alle Handlungen zu unterlassen, die dem Ergebnis der Verhandlungen über den endgültigen Status vorgreifen, und jede Handlung zu unterlassen, die gegen das Völkerrecht verstößt einschließlich jeder Siedlungstätigkeit, sowie gegen Aufwiegelung und Gewalt vorzugehen.

Die Europäische Union bekräftigt das dauerhafte und uneingeschränkte Recht der Palästinenser auf Selbstbestimmung einschließlich der Option für einen Staat und sieht einer baldigen Verwirklichung dieses Rechtes erwartungsvoll entgegen. Sie ersucht beide Parteien, sich aufrichtig und unbeschadet dieses Rechtes, das keinem Veto unterliegt, um eine Verhandlungslösung auf der Grundlage der bestehenden Vereinbarungen zu bemühen. Die Europäische Union ist der Überzeugung, daß die Schaffung eines demokratischen, existenzfähigen und friedlichen souveränen palästinensischen Staates auf der Grundlage bestehender Vereinbarungen und auf dem Verhandlungsweg die beste Garantie für die Sicherheit Israels und für seine Anerkennung als gleichwertiger Partner in der Region ist. Die Europäische Union erklärt sich bereit, die Anerkennung eines palästinensischen Staates im Einklang mit den oben genannten Grundsätzen zu gegebener Zeit in Erwägung zu ziehen.

Die Europäische Union ruft ferner zu einer baldigen Wiederaufnahme von Verhandlungen auf den Syrien und Libanon betreffenden Schienen des Friedensprozesses im Nahen Osten auf, die zur Umsetzung der Resolutionen des Sicherheitsrats der Vereinten Nationen 242, 338 und 425 führen sollen.
Quelle: http://europa.eu.int/council/off/conclu/mar99_de.htm#MO

## 5. DOKUMENTE

**Nahost**

86. Der Europäische Rat bekräftigt nach den Wahlen in Israel seine Erklärung von Berlin (25. März 1999) und unterstreicht die Bedeutung einer Verhandlungslösung in Nahost. Er ruft die israelische und palästinensische Seite auf, das Wye-River-Memorandum voll und unverzüglich umzusetzen und Verhandlungen über den endgültigen Status so bald wie möglich wiederaufzunehmen mit dem Ziel, einen umfassenden, gerechten und dauerhaften Frieden in der Region zu schaffen.

87. Der Europäische Rat begrüßt ferner die Absicht des neugewählten israelischen Premierministers, mit Palästinensern und Syrien Verhandlungen wiederaufzunehmen und in diesem Zusammenhang seine Pläne, eine rasche Lösung für den Abzug israelischer Truppen aus dem Libanon zu suchen. Der Europäische Rat unterstützt ferner die multilaterale Ebene im Friedensprozeß und ermutigt die Arbeitsgruppen, ihre Arbeit an dem Ausbau regionaler Kooperation und Integration auszurichten. Der Europäische Rat bekräftigt erneut die Entschlossenheit der Europäischen Union, ihre Rolle im Friedensprozeß voll wahrzunehmen und anerkennt die Arbeit des Sonderbeauftragten der Europäischen Union, Herrn Moratinos.
Quelle: http://europa.eu.int/council/off/conclu/june99/june99_de.htm

## Rede des israelischen Ministerpräsidenten, Ariel Sharon, bei seiner Amtseinführung vor der Knesset am 7. März 2001 in Jerusalem (gekürzt)

......

Die schwierige Sicherheitslage und die Herausforderungen auf internationaler Ebene, der tiefe Graben, der durch unser Volk verläuft, grundloser Hass – all dies schreit nach nationaler Einheit. Nicht nur nach einer verbalen Einheit. Nicht nur nach der Vereinigung der verschiedenen politischen Kräfte und unterschiedlichen Glaubensrichtungen. Wir haben ein dringendes Bedürfnis nach wirklicher Einheit, einer Einheit der Herzen, nach nationaler Versöhnung.

Wir alle teilen das gleiche Schicksal. Unsere Kinder teilen dieselbe Zukunft. Wir haben hier einen jüdischen und demokratischen Staat, nach 2000 Jahren des Exils und der Verfolgung. Dies ist der einzige Ort auf der ganzen Welt, an dem die Juden sich verteidigen können, sich selbst verteidigen können. Wir leben in einem der fortschrittlichsten Länder der Welt – in den Bereichen Wissenschaft, Technologie, Bildung, Recht und Kultur. Wenn wir es nicht verstehen, uns zu vereinen, sind all diese wunderbaren Dinge, die wir hier aufgebaut haben, in Gefahr. Lasst uns keine Fehler machen – unsere Gemeinsamkeiten, die Dinge, die uns lieb und teuer sind, sind viel größer als das, was uns trennt.

In den letzten Jahren sind wir in sinnlose interne Streitigkeiten geraten. Jetzt ist der Zeitpunkt gekommen, die Richtung zu ändern. Jetzt ist der Zeitpunkt gekommen, Reife und nationale Verantwortung zu zeigen.

Diese Art von Verantwortung legten Shimon Peres – ein verdienter, führender und erfahrener Politiker – und die Arbeitspartei insgesamt an den Tag. Als sie mit den Herausforderungen konfrontiert wurden, die jetzt vor uns liegen, haben sie ihre Meinungsverschiedenheiten überwunden und beschlossen, im nationalen Kampf um Sicherheit und Frieden mit uns zusammenzuarbeiten.

Die erzielte Einheit ist ein Gewinn für unsere Nation, und wir sind verpflichtet, alles zu tun, um das Erreichte zu schützen. Die Regierung, die ich heute Abend hier vorstellen werde, wird breite Unterstützung bei den Abgeordneten der Knesset und der israelischen Öffentlichkeit finden. Die Sicherheitslage verpflichtet uns zu einer Beschleunigung der Regierungsbildung. Ich werde damit fortfahren und die Koalition auf andere Parteien ausweiten. Die Bildung einer möglichst umfassenden Regierung hat für mich oberste Priorität, damit wir alle Kräfte gegen die Bedrohungen und Herausforderungen einen und die Chancen und Möglichkeiten wahrnehmen können, die noch vor uns liegen.

Während der Koalitionsverhandlungen habe ich mich dagegen gewehrt, einzelne Personen oder Parteien auszuschließen. Jeder, der bereit ist, sich den entscheidenden Auseinandersetzungen zu stellen, die vor uns liegen, um Sicherheit und Frieden für Israel zu erreichen

## 5. Dokumente    99

und die gesellschaftlichen Gräben zu schließen, ist uns willkommen. Ferner beabsichtige ich, den Dialog zu eröffnen und einen Informationsaustausch mit den Parteien, die der Koalition nicht beitreten werden, und mit dem Oppositionsführer, dem Abgeordneten Yossi Sarid, zu beginnen, wie es das Gesetz vorsieht.

Ich glaube an den ständigen öffentlichen Dialog in dem Bestreben, Abkommen zu erzielen, wann immer dies möglich ist, anstatt anderen etwas aufzwingen zu wollen. Wir müssen uns auch darüber im Klaren sein, wie wir Debatten führen: Wir müssen die öffentliche Streitkultur verändern, die Streitereien reduzieren und uns gegenseitig Respekt zollen.

Außerdem rufe ich die Mitglieder dieses Hauses auf: Lasst uns dem Volk beweisen, dass wir uns anders benehmen können höflich, zivilisiert, mit gutem Willen und gegenseitigem Respekt. Ich bin überzeugt, dass eine andere Atmosphäre der Versöhnung und des Verständnisses entstehen wird, wenn wir der Öffentlichkeit erst mit gutem Beispiel vorangehen.

Sehr geehrte Abgeordnete der Knesset, die Richtlinien dieser Regierung und der Koalitionsverträge liegen Ihnen vor. Die Grundlagen dieser Regierung wurden in dem Versuch niedergeschrieben, breite nationale Zustimmung zu finden, und sollten gleichzeitig an die Meinungsverschiedenheiten erinnern, die zwischen den einzelnen Koalitionspartnern bestehen. Die wichtigste Aufgabe der neuen Regierung besteht darin, die Sicherheit Israels zu stärken, die persönliche Sicherheit der Bürger Israels zu garantieren und dabei zugleich gegen Gewalt und Terror vorzugehen und Stabilität zu erzielen.

Ich wende mich nun an unsere palästinensischen Nachbarn: Durch den ständigen Konflikt zwischen uns haben beide Völker viel gelitten. Die Zukunft kann und muss anders werden. Unsere beiden Völker sind dazu bestimmt, Seite an Seite in diesem kleinen Land zu leben. Diese Tatsache können wir nicht ändern. Ich glaube jedoch, dass wir fähig sind, vom Weg des bitteren Blutvergießens abzuweichen, auf den wir zusteuern, wenn auf beiden Seiten der Wille dazu vorhanden ist. Wir strecken unsere Hand nach Frieden aus. Unser Volk fühlt sich dem Frieden verpflichtet. Wir wissen, dass Frieden schmerzvolle Kompromisse auf beiden Seiten erfordert. Leider haben wir in den vergangenen Jahren trotz der bedeutenden Zugeständnisse, die wir auf dem Weg zum Frieden gemacht haben, die alle Regierungen Israels gemacht haben, keine Bereitschaft zur Versöhnung und zum wahren Frieden bei der anderen Seite finden können.

Heutzutage ist es wichtig, daran zu erinnern: Die Grundlage des Friedensprozesses ist das Prinzip, Streitigkeiten mit friedlichen Mitteln beizulegen und dabei den Einsatz von Gewalt zu vermeiden. Wir halten an diesem grundlegenden Prinzip fest. Wir fordern die Palästinenser auf, auf Gewalt, Terror und Aufhetzung zu verzichten, und wir fordern die palästinensischen Behörden auf, ihren Pflichten nachzukommen und den gegen Israel, seine Bürger und Soldaten gerichteten Terrorismus zu bekämpfen.

Wir werden mit den Palästinensern verhandeln, um politische Abkommen zu erzielen – allerdings nicht unter dem Druck von Terror und Gewalt.

Ich verstehe das Leiden des palästinensischen Volkes. Ich glaube, dass wir uns mit einem Ansatz, der auf gegenseitigem Respekt und Vertrauen zwischen den beiden Seiten beruht, Schritt für Schritt dem Frieden nähern können. Wir sind bereit, die verschiedenen Überlegungen zu prüfen, um den Dialog, den Frieden voranzubringen und die Not des palästinensischen Volkes zu lindern. Dies kann jedoch nicht unter dem Druck von Terror und Gewalt geschehen.

Wenn unsere palästinensischen Nachbarn den Weg des Friedens, der Versöhnung und der guten nachbarschaftlichen Beziehungen wählen, werden sie feststellen, dass ich und die Regierung, die ich anführe, ehrliche und zuverlässige Partner sind. Wir haben genug von den Kämpfen und Kriegen, die uns aufgezwungen werden, und wir alle kennen und schätzen den Wert des Friedens. Das breite Spektrum der neuen Regierung wird diese Sehnsucht nach

Frieden zum Ausdruck bringen und darauf hinarbeiten, Frieden mit realistischen politischen Abkommen zu erzielen.

Ferner möchte ich den Frieden, die guten nachbarschaftlichen Beziehungen und die Normalisierung unseres Verhältnisses zu Ägypten und Jordanien festigen und nach wahrem Frieden mit den arabischen Ländern streben, in erster Linie mit Syrien und Libanon.

Die Regierung wird sich unter meiner Leitung engagiert dafür einsetzen, alles zu tun, was möglich ist, um Sicherheit und Stabilität wiederherzustellen. Aber wir werden uns bzw. die Öffentlichkeit nicht darüber hinwegtäuschen, dass auch schwierige Zeiten vor uns liegen. Wir alle werden Durchhaltevermögen beweisen und den festen nationalen Willen mobilisieren müssen, der für unser Volk charakteristisch ist.

Ich hatte das Privileg, in den Regierungen des verstorbenen Menachem Begin dienen zu dürfen, dessen Führung ein Beispiel für Nationalstolz, Überwindung und Streben nach Frieden war. Einen Tag nach der Gründung des Staates, als die Araber sich erhoben, um ihn zu zerstören, sagte Herr Begin Folgendes: „Es war schwierig, unseren Staat zu gründen, aber es steht fest, dass es sich als noch schwieriger erweisen wird, für das Fortbestehen unseres Staates zu sorgen. ... Wir, d.h. jeder einzelne von uns, brauchen die geistige Stärke, ohne Zögern angesichts schwerer Verluste durchhalten zu können, die Waffe des festen Willens, ohne Rückzug, angesichts von Bedrohungen und Versuchungen."

In den Zeiten, die vor uns liegen, werden wir ebenfalls Entschlossenheit, Durchhaltevermögen und geistige Stärke brauchen. In den Zeiten, die vor uns liegen, werden wir auch weiterhin an dem Glauben festhalten, dass wir hier in Frieden mit unseren Nachbarn leben können, und wir werden auf eine bessere Zukunft für unsere Kinder hinarbeiten. Die Regierung, die ich leite, wird die Flagge des Zionismus hochhalten – bei der Bildung, der Eingliederung von Einwanderern und der Besiedlung. Ich glaube von ganzem Herzen, dass der Staat Israel kein höheres Gut hat als seine Bürger, als das jüdische Volk. Wir werden die Beziehungen und Verbindungen zu den Juden der Diaspora sowie die zionistische Unterweisung in unserem Schulwesen verstärken. Wir werden darauf hinarbeiten, Massen jüdischer Einwanderer nach Israel zu bringen und sie im Land einzugliedern. Wir müssen unseren Kindern Werte beibringen: Respekt für andere, die Gleichheit aller Menschen, den Nationalstolz und die Liebe zum Vaterland.

Kurz nach der Gründung des Staates sagte der erste Ministerpräsident des Staates Israel David Ben-Gurion, Gott hab ihn selig, mit dem ich zur Verteidigung der Nation zusammenarbeiten durfte, Folgendes: „Der Staat Israel wurde nicht für Kämpfe und militärische Eroberungen gegründet. Es war nicht einmal unsere Absicht, allein seinen Bürgern Frieden und Wohlergehen zu garantieren. Der Staat Israel unterliegt einer ganz besonderen Verantwortung, zumindest in unseren Generationen, ohne die er kein Recht auf seine Existenz hat, nämlich das Land aufzubauen und in der Diaspora lebende Menschen aufzunehmen, Ortschaften aufzubauen sowie Einwanderung in großem Ausmaß zu ermöglichen – das sind die wichtigsten Aufgaben unseres Staates."

Ich würde meine Pflichten vernachlässigen, wenn ich die Generationen unserer Eltern und Großeltern nicht erwähnen würde, deren zionistische Vision sie ins Heimatland brachte. Sie kamen hierher und gründeten mit ihren eigenen Händen ein mächtiges Siedlungsunternehmen. Ich wurde in einer dieser Siedlungen geboren und bin dort aufgewachsen, nämlich in Kfar Malal, und ich bin untrennbar mit ihr verbunden. Das ist wichtig für den Staat Israel und liegt mir persönlich am Herzen. Ich werde alles tun, um dies zu erhalten und zu verstärken.

Wir werden darauf hinarbeiten, unsere besonderen Beziehungen zu unserem großen Freund und Verbündeten, den Vereinigten Staaten, zu vertiefen, und wir streben danach, das Band zwischen dem Staat Israel und den Nationen dieser Welt zu festigen.

## 5. Dokumente 101

Der Staat Israel ist ein Rechtsstaat und das ist auch eine Quelle seiner Stärke. Durch die Bildung einer auf dem Gesetz beruhenden Regierung und den Schutz der Unabhängigkeit des Rechtssystems, durch die Gewährleistung des demokratischen Systems in Israel, müssen wir – d.h. alle Mitglieder der Regierung – danach streben, eine ordnungsgemäße Regierung, eine öffentliche Verwaltung aufrechtzuerhalten, die für das Wohlergehen ihrer Bürger arbeitet, und zugleich sicherstellen, dass die Aktivitäten der Regierung immer im gesetzlichen Rahmen liegen.

Die Regierung wird nach Frieden, Sicherheit und Stabilität streben und zugleich den sozialen und wirtschaftlichen Bedürfnissen und den Sorgen der Schwächeren gerecht werden und dabei den gesellschaftlichen Zusammenhalt stärken. ...

Meine Regierung wird in ihren Beziehungen mit den nichtjüdischen Bürgern von Israel ein neues Kapitel aufschlagen, mit dem Ziel, eine wahre Partnerschaft und ein Gefühl der Gleichheit zwischen allen Bürgern des Staates herzustellen. Ich möchte diese Gelegenheit nutzen, um den israelischen Arabern anlässlich des Id el-Adha-Feiertags meine besten Wünsche auszusprechen. Und ich möchte meine besten Wünsche auf unseren Freund, den Minister Salah Tarif, ausdehnen, den ersten nichtjüdischen Minister in der Geschichte des Landes, der aus der Gemeinde der drusischen Minderheit stammt.

Ob wir die Gräben in der israelischen Gesellschaft schließen können, hängt unter anderem von unserer Fähigkeit ab, nachhaltigen wirtschaftlichen Wohlstand zu erzielen. Die israelische Wirtschaft verfügt über die Möglichkeiten und Fähigkeiten, den Wohlstand der israelischen Gesellschaft zu gewährleisten. Die Regierung ist dafür verantwortlich, dass sie die israelische Gesellschaft zum wirtschaftlichen Wohlstand führen kann.

Dieser Wohlstand kann nur erreicht werden, wenn wir einen verantwortungsbewussten Staatshaushalt führen. Wir werden Mittel zur Investition in die Infrastruktur und die Bildung bereitstellen. Wir werden versuchen, die Steuerlasten für die Bürger des Staates zu verringern und ihre finanzielle Grundlage zu erweitern. Wir werden die Privatisierung und den Strukturwandel in der Wirtschaft vorantreiben. So werden wir eine offene und moderne Wirtschaft gründen, die in die Weltwirtschaft integriert werden kann und wettbewerbsfähig ist. Um diese Ziele zu erreichen, beabsichtige ich die Bildung eines Wirtschaftskabinetts.

Sehr geehrte Abgeordnete der Knesset, jede Regierung hat ihre Diplomatie-, Verteidigungs-, Wirtschafts- und Sozialpläne. Aber die wichtigste Aufgabe jeder Regierung besteht in erster Linie darin, die ewigen Werte der Nation zu verteidigen, welche die Verbindung zu unserer nationalen Existenz darstellen.

Jerusalem ist der größte Traum, nach dem sich die Juden in jeder Generation gesehnt und für den sie in jeder Generation gebetet haben. Wenn wir Jerusalem den Rücken zukehren – seinen Symbolen und unseren heiligen Stätten –, stellen wir unsere eigene Zukunft und unser eigenes Schicksal in Frage.

Der verstorbene Yigal Allon, der Befehlshaber der Palmach und einer der brillantesten Feldherren im Unabhängigkeitskrieg, sagte einmal: „Ein Volk, das seine Vergangenheit nicht achtet, dessen Gegenwart ist sinnlos und dessen Zukunft ist ungewiss."

Jerusalem ist und bleibt die ewige Hauptstadt des jüdischen Volkes. Israelische Ministerpräsidenten haben diese Verpflichtung immer in ihren Reden anlässlich der Amtseinführung hervorgehoben, auch der verstorbene Yitzhak Rabin, und zwar mit den Worten des Schwurs: „Vergesse ich dein, oh Jerusalem, so werde ich meiner Rechten vergessen." ...

Meine Ansichten zur Bedeutung der Golan-Höhen, des Jordan-Tals und anderer Sicherheitszonen, in denen unter den verschiedenen israelischen Regierungen jüdische Siedlungen entstanden sind, sind hinlänglich bekannt. Zugleich bin ich mir darüber im Klaren, dass es in der neuen Regierung verschiedene Standpunkte gibt, und die Richtlinien der Regierung beinhalten, dass während der Amtszeit dieser Regierung keine neuen Siedlungen gegründet werden. Selbst in diesen festlichen Augenblicken müssen wir derer gedenken, die in den Kriegen Israels gefallen sind, sowie der Opfer des Terrors und ihrer Familien.

Ich möchte diese Gelegenheit nutzen, um nochmals auf die Verpflichtung der Regierung hinzuweisen, alles zu tun, was nur möglich ist, um die Freilassung der Gefangenen und Vermissten zu erreichen und sich für all diejenigen einzusetzen, die im Namen der Sicherheit der Nation tätig waren, um sie alle nach Hause zurückzuholen. ...

Die Regierung, die ich Ihnen gerade vorgestellt habe, ist die bis heute breitgefächertste Regierung und repräsentiert die verschiedenen Teile der israelischen Gesellschaft. Eine kleine und homogene Regierung wäre einfacher zu führen gewesen, aber meiner Meinung nach wäre der Preis, den wir dafür zahlen müssten, in vielen Bereichen weitaus höher.

Ich weiß, dass es Schwierigkeiten und Meinungsverschiedenheiten geben wird. Ich hoffe, dass wir in uns die Stärke und Geduld finden werden, Einigungen zu erzielen und diese Einheit zu erhalten. Und ich möchte es so klar wie möglich sagen: Wir werden als Partner zusammenarbeiten. Wenn wir „wie ein Mann mit einem einzigen Herzen" zusammenstehen, können wir alle Herausforderungen meistern, die vor uns liegen. Das ist für mich ein sehr bedeutender Augenblick. Mein Leben ist dem Dienst an der Nation und ihrer Sicherheit gewidmet. Ich übernehme das Amt mit großer Ehrfurcht und sehe es als weiteres Glied in einer langen Kette der Geschichte eines großartigen Volkes. ...

Quelle: Israelische Botschaft, Berlin; <http://www.israel.de/Presse/080301.htm>.

## 5. Dokumente

## Erklärung des Vorsitzes im Namen der Europäischen Union zur Eskalation der Gewalt im Nahen Osten, veröffentlicht am 18. April 2001 in Brüssel

Die Europäische Union ist zutiefst besorgt über die gefährliche Eskalation der Gewalt im Nahen Osten. Der israelische Angriff auf syrische Ziele in Libanon, der erste seit vielen Jahren, als ein Vergeltungsschlag für die Angriffe der Hisbollah-Miliz auf die Cheeba-Farmen war eine exzessive und unverhältnismäßige Reaktion. Darüber hinaus haben der exzessive Truppeneinsatz und die unverhältnismäßige Reaktion Israels auf Angriffe mit Mörsergranaten aus den palästinensischen Autonomiegebieten auf israelische Ziele zu einer weiteren Eskalation der Gewalt und zu einer Verschärfung des Konflikts geführt. Das Eindringen israelischer Truppen in die palästinensischen Autonomiegebiete ist illegal und darf sich nicht wiederholen.

Die Spirale der Gewalt muss durchbrochen werden. Sonst könnte der von den Völkern der Region zu zahlende Preis hoch sein. Die Europäische Union ruft alle Parteien nachdrücklich dazu auf, größtmögliche Zurückhaltung zu üben, die Ruhe wiederherzustellen und alles in ihren Kräften Stehende zu tun, um Maßnahmen, die neue Opfer fordern könnten, zu verhindern.

Die Europäische Union ist auch weiterhin davon überzeugt, dass es keine Alternative zu einer Verhandlungslösung gibt, die auf dem Völkerrecht, insbesondere den UN-Resolutionen 242 und 338, und dem Grundsatz Land für Frieden beruht. Die Union fordert beide Seiten dazu auf, ernsthafte Bemühungen zu unternehmen, um in dieser kritischen Lage eine Verhandlungslösung herbeizuführen, und begrüßt die im Hinblick darauf unternommenen Anstrengungen, wie z. B. die ägyptisch-jordanische Initiative.

Quelle: Rat der Europäischen Union, Generalsekretariat, Brüssel; Mitteilung an die Presse 7897/01 (Presse 152), 18. 4. 2001.

## Rede des amerikanischen Außenministers, Colin L. Powell, am 19. November 2001 in Louisville/Kentucky (Auszug)
Betrifft: Lage im Nahen Osten – Zwei-Staaten-Lösung – Friedensvision.

......
Der Nahe Osten ist eine Region, die sich riesigen Problemen gegenüber sieht. Die in Madrid erwachsene Hoffnung ist geschwunden. Im vorigen Monat jährte sich das Datum der Konferenz von Madrid zum zehnten Mal – ein Zeitpunkt, um in die Zukunft ebenso zu blicken wie in die Vergangenheit. Wir blicken nun nach vorn, indem wir versuchen, den Geist von Madrid zu erhalten und ein erneuertes Gefühl der Hoffnung und ein gemeinsames Ziel für die Völker des Nahen Ostens zu schaffen. Amerika hat eine positive Vision im Hinblick auf diese Region, eine Vision, die wir mit unseren Freunden in Israel und in der arabischen Welt teilen möchten.

Wir haben die Vision einer Region, in der Israelis und Araber in Frieden, Sicherheit und Würde zusammen leben können. Wir haben die Vision einer Region, in der zwei Staaten, Israel und Palästina, Seite an Seite innerhalb sicherer und anerkannter Grenzen leben. Wir haben die Vision einer Region, in der alle Menschen haben, die es ihnen erlaubt, Brot auf den Tisch zu legen, ein Dach über dem Kopf zu haben und ihren Kindern eine anständige Erziehung anzubieten. Wir haben die Vision einer Region, in der alle Menschen im Geiste von Toleranz und Verständnis zu Gott beten. Und wir haben die Vision einer Region, in der die Achtung vor der Heiligkeit des Individuums, vor der Rechtsstaatlichkeit und der gleichberechtigten Teilhabe von Tag zu Tag stärker wird. Eine solche Vision scheint heute in weiter Ferne zu liegen. In großen Teilen des Nahen Ostens sind die wirtschaftlichen Herausforderungen riesig. Ein zu geringes wirtschaftliches Wachstum schafft zu wenig Arbeitsplätze für eine explodierende Bevölkerung. Und zu viel Bürokratie und regierungsamtliche Kontrolle ersticken privates Unternehmertum und Initiative.

In großen Teilen der Region geben politische Systeme den Bürgern kein angemessenes Mitspracherecht darüber, wie sie regiert werden. Sie weisen den Menschen keinen Weg, um im friedlichen Wettbewerb Bedürfnisse und Visionen für ihre Zukunft zu entwickeln. Nur durch harte Arbeit, Gemeinsinn, Ehrlichkeit und Kompromissbereitschaft wird es Lösungen für diese Probleme geben. Sie werden nicht erreicht, indem man Hass und Trennung lehrt, noch werden sie in einem Umfeld von Gewalt und Krieg entstehen.

Um Amerika dabei zu helfen, diese positive Vision zu erkennen, werden wir uns weiterhin engagieren. Amerika möchte seine positive Vision erkennen und allen in der Region dabei helfen, diese positive Vision ebenfalls zu erreichen. Amerika wird auch weiterhin die Ausweitung wirtschaftlicher Chancen in der Region, politische Offenheit und Toleranz nachdrücklich unterstützen, es wird Bemühungen unterstützen, um regionale Lösungen für Sicherheitsprobleme zu finden, und wir werden eine ernsthafte Diplomatie betreiben, die darauf gerichtet ist, den Regionalkonflikt zu lösen. Der Nahe Osten hat immer ein aktives Engagement der Amerikaner gebraucht, damit es Fortschritte gab, und wir werden dies an den Tag legen, wie wir es seit mehr als einem halben Jahrhundert getan haben. Die größte diplomatische Herausforderung, der wir uns im Nahen Osten gegenüber sehen, besteht darin, einen gerechten und dauerhaften Frieden zwischen Israel und seinen arabischen Nachbarn zu erreichen. Solange Israel und alle seine Nachbarn keinen Frieden haben, so lange wird unsere Vision eines friedlichen Nahen Ostens nur ein ferner Traum sein. Präsident Bush und ich selbst sind überzeugt, dass der arabisch-israelische Konflikt gelöst werden kann, doch wird dies nur geschehen, wenn wir alle, insbesondere Israelis und Palästinenser, uns über einige grundlegende Wahrheiten klar werden.

Zunächst einmal müssen die Palästinenser akzeptieren, dass die Israelis, wenn es wirklich Frieden geben soll, in der Lage sein müssen, ihr Leben frei von Terror und auch frei von Krieg zu leben. Die palästinensische Führung muss hundertprozentige Anstrengungen unternehmen, um Gewalt und Terror ein Ende zu setzen. Es muss echte Ergebnisse geben, nicht nur Worte und Erklärungen. Die Terroristen müssen gestoppt werden, bevor sie handeln. Die palästinensische Führung muss die Urheber terroristischer Akte festnehmen, anklagen und bestrafen. Die Palästinenser müssen gemäß den Vereinbarungen handeln, zu deren Einhaltung sie sich verpflichtet haben. Sie müssen zur Rechenschaft gezogen werden, wenn sie dies nicht tun.

Wie berechtigt auch die Gründe für die palästinensische Enttäuschung und Wut unter der Besetzung sein mögen, so steckt die Intifada jetzt fest in einem Treibsand von Gewalt und Terror, die gegen Israel gerichtet sind. Die Palästinenser müssen verstehen, dass sie sich, wie legitim ihre Forderungen auch sein mögen, durch Gewalt kein Gehör verschaffen können. Und wie Präsident Bush es sehr klar gesagt hat: keine nationalen Ansprüche, kein in Erinnerung gerufenes Unrecht kann jemals vorsätzlichen Mord an Unschuldigen rechtfertigen. Terror und Gewalt müssen aufhören, und sie müssen jetzt aufhören. (Beifall).

Die Palästinenser müssen erkennen, dass die Gewalt eine furchtbare Auswirkung auf Israel gehabt hat. Das Lynchen israelischer Soldaten in Ramallah, die Ermordung des Ministers und das Töten israelischer Kinder hat die tiefsten Zweifel Israels bekräftigt, ob die Palästinenser wirklich Frieden wollen. Die zahllosen Botschaften der Aufhetzung und des Hasses gegen Israelis und Juden, die von so vielen palästinensischen und arabischen Medien verbreitet werden, bestärken diese Befürchtungen noch. Niemand kann sich auf eine Verpflichtung zum Frieden berufen, wenn er gleichzeitig Hass sät, der nur zu Gewalt führen kann. Die Aufhetzung muss aufhören.

Die Palästinenser müssen akzeptieren, dass sie ihre Ziele nur durch Verhandlungen erreichen können. Dies war der Kern der Vereinbarungen, die zwischen Israelis und Palästinensern in Madrid und erneut 1993 in Oslo getroffen wurden. Es gibt keinen anderen Weg als direkte Verhandlungen in einer Atmosphäre von Stabilität und Abwesenheit von Gewalt.

Gleichzeitig müssen auch die Palästinenser sicher sein und Kontrolle über ihr individuelles Leben und ihre gemeinsame Sicherheit haben. Angesichts eines fehlenden Friedens ist die israelische Besetzung der West Bank und Gazas eine harte Realität für die Palästinenser geworden, die dort seit mehr als drei Jahrzehnten leben, länger, als die meisten dort lebenden Palästinenser alt sind.

Die überwiegende Mehrheit der Palästinenser in der West Bank und in Gaza ist aufgewachsen mit Kontrollposten, Razzien und Demütigungen. Nur zu oft erlebten sie, dass ihre Schulen geschlossen und ihre Eltern erniedrigt wurden. Auch Palästinenser brauchen Sicherheit. Viel zu viele unschuldige Palästinenser, darunter Kinder, sind getötet und verwundet worden. Auch das muss aufhören. (Beifall).

Die Besatzung verletzt die Palästinenser, sie hat aber auch Auswirkungen auf die Israelis. Die traurige Wahrheit ist, dass es junge Menschen sind, die an der Kampflinie des Konflikts Dienst tun und der Gefahr ausgesetzt sind. Verbitterte junge Palästinenser schleudern Steine, und junge israelische Soldaten auf der anderen Seite lernen daraus nichts anderes, als dass Palästinenser zu fürchten und als Feinde anzusehen sind. Eine Sache, die ich im Laufe meines Lebens gelernt habe, ist, dass der sicherste Weg zum Verständnis darin besteht, Menschen mit Respekt und Würde zu behandeln. Beide Seiten müssen den anderen mit Respekt behandeln. Erniedrigung und Mangel an Respekt sind lediglich ein weiterer Weg hin zu Konfrontation.

Die israelischen Siedlungsaktivitäten haben das Vertrauen und die Hoffnung der Palästinenser empfindlich untergraben. Sie nehmen das Ergebnis von Verhandlungen vorweg und beeinträchtigen so die Chancen für wirklichen Frieden und Sicherheit. Die Vereinigten Staaten haben sich seit langem gegen Siedlungsaktivitäten ausgesprochen. In Übereinstimmung mit dem von Senator George Mitchell geleiteten Ausschuss müssen diese Siedlungsaktivitäten aufhören.

Zum Nutzen sowohl der Palästinenser als auch der Israelis muss die Besatzung beendet werden. Und sie kann nur beendet werden durch Verhandlungen. Israelis und Palästinenser müssen eine auf gegenseitiger Toleranz und Achtung begründete Beziehung eingehen, damit die Verhandlungen fortgeführt werden können.

Meine Freunde, angesichts dieser Realitäten sollte es klar sein, dass der Weg zurück zu einem politischen Prozess weder schnell noch leicht sein wird. Das ist die schlechte Nachricht. Die gute Nachricht ist, dass ein Rahmenwerk für eine Lösung bereits existiert. Es beruht auf den Kernprinzipien der Sicherheitsratsresolutionen 242 und 338 der Vereinten Nationen, die auf dem Konzept Land gegen Frieden beruhen. Madrid fordert auch einen umfassenden arabisch-israelischen Frieden, einschließlich Abkommen mit Syrien und Libanon.

Skeptiker sagen nun, dass es bei den jahrelangen Bemühungen, diese Ziele zu erreichen, keinen Fortschritt gegeben hat. Sie haben Unrecht. Im Laufe des letzten Jahrzehnts haben Araber und Israelis bewiesen, dass Verhandlungen möglich sind und zu Ergebnissen führen können. So in Madrid im Oktober 1991, so durch den 1993 begonnenen Oslo-Prozess, so durch den israelisch-jordanischen Friedensvertrag von 1994. Und auch im vergangenen Jahr gab es Hoffnung, als Israelis und Palästinenser über Fragen des permanenten Status verhandelten. Die Fragen erwiesen sich als außerordentlich schwierig, aber lange ausgeklammerte Fragen wurden schließlich angegangen. Nach einem Jahr der Gewalt und der Erschütterung einen Weg nach vorn zu finden, wird nicht leicht sein. Es wird Zeit beanspruchen, es wird Vertrauen brauchen. Doch die Werkzeuge zur Wiedererrichtung von Vertrauen und zur Neubelebung eines politischen Prozesses sind vorhanden, und sie sind jetzt vorhanden. Sie sind zu finden in dem von CIA-Direktor George Tenet ausgehandelten Sicherheitsplan und und dem Bericht des Mitchell-Ausschusses, die beide von der israelischen Regierung und von der palästinensischen Autonomiebehörde akzeptiert und die von der gesamten internationalen Gemeinschaft nachdrücklich unterstützt worden sind.

Die Schritte, die sie empfehlen, weisen Israelis und Palästinensern den Weg zu einem Waffenstillstand und zu einem Ende der Gewalt. Solche Schritte müssen eine Beendigung von Abriegelungen umfassen, um eine spürbare Verbesserung im Alltagsleben der Palästinenser und eine rasche Wiederbelebung der wirtschaftlichen Hoffnung in jedes palästinensische Haus zu bringen. Die Umsetzung des Mitchell-Berichts weist den Weg zur Wiederherstellung von Vertrauen und Zuversicht und zu einer raschen Wiederaufnahme von Verhandlungen.

Wir werden alles tun, was wir können, um den Prozess voranzubringen. Wir werden drängen, wir werden anspornen. Wir werden Ideen präsentieren. Zum Beispiel gibt es eine Reihe von wirtschaftlichen und politischen Schritten in den bestehenden Übereinkommen – es gibt sie bereits – die, wenn wir sie umsetzen, beitragen könnten zu einer Bewegung in Richtung Frieden. Doch trotz allem, was wir tun, ist es letztlich die Bevölkerung in der Region, die das Risiko auf sich nimmt und schwierige Entscheidungen trifft und den Weg nach vorn finden muss. Der einzige dauerhafte Frieden wird der Frieden sein, den die Parteien selbst schließen.

Beide Seiten werden sich über einige einfache Wahrheiten klar werden müssen hinsichtlich der Richtung dieses Prozesses, wenn sie sich den Herausforderungen zuwenden, die mit der Aushandlung von Fragen des permanenten Status verbunden sind. Die Palästinenser müssen jeden Zweifel daran ausräumen, ein für allemal, dass sie die Legitimität von Israel als jüdischem Staat anerkennen. Sie müssen deutlich machen, dass ihr Ziel in einem palästinensischen Staat neben Israel, nicht an Stelle von Israel besteht, der den Sicherheitsbedürfnissen Israels voll Rechnung trägt.

Die palästinensische Führung muss die Gewalt beenden, die Aufhetzung stoppen und ihre Bevölkerung auf die zukünftigen, schmerzlichen Kompromisse vorbereiten. Alle in der arabischen Welt müssen durch ihr eigenes Handeln unmissverständlich klar machen, dass sie Israel anerkennen und dass sie sich auf eine Verhandlungslösung verpflichten.

Israel muss bereit sein, seine Besatzung zu beenden entsprechend den in den Sicherheitsratsresolutionen 242 und 338 enthaltenen Prinzipien, und muss einen lebensfähigen palästinensischen Staat akzeptieren, in dem die Palästinenser auf ihrem eigenen Boden über ihre eigene Zukunft bestimmen und wo sie in Würde und Sicherheit leben können. Auch sie werden schmerzliche Kompromisse machen müssen.

Schließlich werden beide Seiten sich mit den sehr, sehr schwierigen Fragen des permanenten Status beschäftigen müssen. Die Zukunft Jerusalems ist eine Herausforderung, die beide Seiten nur gemeinsam auf dem Verhandlungsweg lösen können, unter Einbeziehung der religiösen und politischen Vorbehalte, die beide zur Sprache bringen werden. Jede Lösung wird auch die religiösen Interessen von Juden, Christen und Muslimen in der ganzen Welt beschützen müssen.

Was die palästinensischen Flüchtlinge betrifft, so müssen beide Seiten nach einer gerechten Lösung suchen, die für beide fair und realistisch ist. Um es noch einmal zu sagen: Wenn es zu einem dauerhaften Frieden kommen soll, müssen beide Seiten Verhandlungen über diese und über andere schwierige Fragen führen. Das Ziel kann nichts geringeres sein als ein Ende ihres Konflikts und eine Regelung offener Ansprüche. Wie wir es seit einem halben Jahrhundert getan haben, so sind die Vereinigten Staaten bereit, eine aktive Führungsrolle zu spielen, um beiden Seiten zu helfen, den Weg in eine hoffnungsvollere Zukunft zu finden. ...

Quelle: Amerikanisches Außenministerium, Washington; über <http://usinfo.state.gov>;
Übersetzung aus dem Englischen: *Internationale Politik*.

## Rede an die Nation des israelischen Ministerpräsidenten, Ariel Scharon, vom 3. Dezember 2001

Bürger Israels! Zuerst möchte ich in meinem Namen und im Namen der Regierung den Familien der Ermordeten mein Beileid aussprechen und den vielen Verletzten, die sich noch in den Krankenhäusern befinden, eine schnelle Genesung wünschen. Ich bin heute nach einem Gespräch mit Präsident Bush aus den Vereinigten Staaten zurückgekehrt. Der Präsident bat mich, dem israelischen Volk sein Mitgefühl und aufrichtiges Beileid auszudrücken. Er versicherte mir, dass die Vereinigten Staaten ein wahrer Freund und Partner des Staates Israel sind. So wie in Zeiten des Friedens, stehen Israel und die Vereinigten Staaten auch heute Seite an Seite in ihrem gemeinsamen Kampf gegen den Terror.

Bürger Israels! Wir haben viele Kriege geführt und wir haben sie alle gewonnen. Wir haben unsere Feinde besiegt und wir haben Frieden geschlossen. Wir haben zum Schwert gegriffen – und wir haben die Wüste zum Blühen gebracht. Wir haben Städte errichtet, Industrien gegründet und eine Landwirtschaft aufgebaut. Wir haben aus dem Staat Israel ein Vorbild und ein Symbol für andere Staaten in der Welt gemacht.

Wir setzen dieses Werk tagtäglich fort und werden nie damit aufhören. Nie.

Ein Krieg wurde uns aufgezwungen. Ein Terrorkrieg. Ein Krieg, der täglich unschuldige Opfer fordert. Dieser Terrorkrieg wird systematisch und in organisierter Form geführt.

Fragt ihr mich nach dem Ziel dieses Krieges, antworte ich: Diejenigen, die diesen Terrorkrieg führen, die Terroristen, ihre Helfer und Drahtzieher sowie diejenigen, die ihnen ermöglichen, ihre Aktionen in aller Ruhe und ungestört durchzuführen, beabsichtigen nichts anderes, als uns von hier zu vertreiben. Ihr Ziel ist, uns in völlige Verzweiflung zu bringen, damit wir unsere Hoffnung und die uns leitende Vision verlieren, „ein freies Volk in unserem Lande Zion und Jerusalem" zu sein.

Bürger Israels – das wird nicht geschehen. Es gibt kein Volk in der Welt, das so viel Reife und Durchhaltevermögen bewiesen hat. Ich bin stolz, Teil dieses Volkes zu sein. Ich bin mir bewusst, dass wir auch in anderen Lebensbereichen mit Schwierigkeiten konfrontiert sind, doch auch hier zeigen wir Integrität und Stärke.

Die Terroristen haben bereits verstanden, dass sie nicht erfolgreich sein werden. Sie haben bereits verstanden, dass unsere Nation stärker und unser Widerstandswille fester ist, als sie sich jemals vorstellen konnten. Deshalb fahren sie fort, Kinder, Jugendliche, Männer und Frauen, Bürger Israels und anderer Länder, abzuschlachten, nur des Tötens und des Mordes willen.

Und ich sage Euch von dieser Stelle aus, vom vereinigten Jerusalem, der ewigen Hauptstadt des jüdischen Volkes. Ich sage es Euch und all denen, die in der ganzen Welt zuhören. Wer sich über uns erhebt, um uns zu töten, dessen Blut wird an seinen Händen kleben.

Wir werden uns so wie die Vereinigten Staaten verhalten, die mit ihrer ganzen Macht einen Krieg gegen den internationalen Terrorismus führen. Wir werden dies mit unserer ganzen Kraft, unserer ganzen Entschlossenheit und allen bisher eingesetzten sowie neuen, uns zur Verfügung stehenden Mitteln tun.

Schenkt keinen falschen Prophezeiungen Gehör und lasst Euch nicht von Versprechen, dass es unmittelbare Erfolge geben werde, in die Irre führen. Dieser Kampf wird nicht leicht, dieser Kampf wird nicht kurz sein, doch wir werden ihn gewinnen.

Israel beginnt keine Kriege. Dieser Terrorkrieg – wie die Kriege der Vergangenheit – wurde uns aufgezwungen. Wir wissen, wer ihn uns aufgezwungen hat. Wir wissen, wer die Schuld trägt. Wir wissen, wer verantwortlich ist.

Arafat ist für alles verantwortlich, was hier passiert. Arafat hat eine strategische Wahl getroffen, als er sich entschied, den Weg des Terrors zu beschreiten, durch Mord politische Gewinne zu erzielen und zuzulassen, dass unschuldige Bürger erbarmungslos umgebracht werden.

Lange hat die Welt nicht erkannt, wofür Arafat steht, doch in letzter Zeit ist es in dieser Hinsicht zu einer bedeutenden Veränderung gekommen. Unsere Haltung stößt auf mehr Verständnis. Alle beginnen, den wahren Arafat zu entdecken.

Arafat ist das größte Hindernis für Frieden und Stabilität im Nahen Osten. Wir haben dies in der Vergangenheit gesehen, erkennen dies heute und leider wird auch die Zukunft hier keine Veränderung bringen. Doch Arafat wird diese Regierung nicht täuschen. Diesmal wird ihm das nicht gelingen.

## 5. Dokumente

Das palästinensische Volk muss wissen: Die Palästinenser sind die Hauptopfer dieser Situation, in die sie Arafat gebracht hat.

Und ich sage Euch: Wir werden die für den Terror verantwortlichen Täter verfolgen. Wir werden sie jagen, bis wir sie fassen und sie werden den Preis für ihre Taten bezahlen.

Ich habe heute unmittelbar nach meiner Rückkehr eine Sondersitzung der Regierung einberufen, an der auch die Spitzen der Sicherheitskräfte teilnehmen werden. Diese Sitzung wird in wenigen Minuten beginnen. Wir werden bei dieser Gelegenheit Beschlüsse über eine Erweiterung unseres Kampfes gegen den Terror fassen.

Dies ist nicht der Ort, um diese Wege zu diskutieren. Ich bin sicher, dass die Tragweite der heute zu fassenden Beschlüsse eine Sondersitzung der gesamten Regierung erforderlich macht. Ich stehe an der Spitze einer Regierung der Nationalen Einheit. Wir befinden uns heute in einer Zeit des Notstands und in solchen Zeiten ist eine Regierung der Nationalen Einheit, welche die gesamte israelische Öffentlichkeit vertritt, von allergrößter Bedeutung.

Vereint werden wir uns allen kommenden Herausforderungen stellen.

Quelle: Israelische Botschaft, Berlin, <http://www.israel.de/Presse/041201.html>.

Erklärung des Europäischen Rates zur Lage im Nahen Osten.
Anlage III der Schlussfolgerungen des Europäischen Rates
von Laeken am 14. und 15. Dezember 2001

Angesichts der äußerst ernsten Lage muss sich jeder seiner Verantwortung stellen: Die Beendigung der Gewalt ist zwingend erforderlich. Grundlage für den Frieden können nur die Resolutionen 242 und 338 der Vereinten Nationen sein sowie
- die Bekräftigung und die uneingeschränkte Anerkennung des unwiderruflichen Rechts Israels, innerhalb international anerkannter Grenzen in Frieden und Sicherheit zu leben;

## 5. Dokumente

- die Schaffung eines lebensfähigen, unabhängigen und demokratischen palästinensischen Staates sowie die Beendigung der Besetzung der palästinensischen Gebiete.

Für die Verhandlungen und für die Zerschlagung des Terrorismus sowie zur Schaffung des Friedens braucht Israel die Palästinensische Behörde und ihren gewählten Präsidenten Yasser Arafat als Partner. Seine Fähigkeit, den Terrorismus zu bekämpfen, darf nicht geschwächt werden. Die Europäische Union ruft die Palästinensische Behörde erneut auf, alles zu tun, um Terrorakte zu verhindern.

Die Europäische Union erinnert daran, dass von den Parteien folgende Verpflichtungen erwartet werden:
- von der Palästinensischen Behörde: Auflösung der Terrornetze der Hamas und des Islamischen Dschihad einschließlich der Verhaftung und gerichtlichen Verfolgung aller Verdächtigen; öffentlicher Aufruf in arabischer Sprache zur Beendigung der bewaffneten Intifada;
- von der israelischen Regierung: Rückzug ihrer Militärkräfte und Einstellung der außergerichtlichen Hinrichtungen; Aufhebung der Blockaden und sämtlicher dem palästinensischen Volk auferlegter Beschränkungen; Stopp der Siedlungspolitik und Einstellung der gegen die palästinensischen Infrastrukturen gerichteten Operationen.

Die Erfüllung dieser Verpflichtungen erfordert ein entschlossenes Handeln sowohl vonseiten der Palästinensischen Behörde als auch vonseiten Israels.

Die unverzügliche und bedingungslose Umsetzung des Tenet-Plans für einen Waffenstillstand und der Empfehlungen der Mitchell-Kommission stellt nach wie vor den Weg zu einer Wiederaufnahme des politischen Dialogs dar.

Die Europäische Union bleibt der Überzeugung, dass die Schaffung eines unparteiischen Überwachungsmechanismus im Interesse beider Seiten läge. Sie ist bereit, sich an einem solchen Mechanismus aktiv zu beteiligen.

Es ist unerlässlich und dringend geboten, dass die Europäische Union, die Vereinten Nationen, die Vereinigten Staaten und die Russische Föderation sowie die am stärksten betroffenen arabischen Länder entschlossen und konzertiert handeln. Zu diesem Zweck hat der Europäische Rat den Hohen Vertreter Javier Solana beauftragt, die entsprechenden Gespräche weiter zu führen.

Die Union misst einem Programm zur Wiederankurbelung der Wirtschaft, bei dem der Schwerpunkt auf Palästina liegt, zur Förderung des Friedens große Bedeutung bei.

Die Europäische Union wird sich weiterhin darum bemühen, dass zwei Staaten, Israel und Palästina, in Frieden und Sicherheit nebeneinander leben können.

Der Frieden im Nahen Osten kann nur dann umfassend sein, wenn auch Syrien und Libanon einbezogen sind.

Quelle: Rat der Europäischen Union, Brüssel: über: <http://www.eu2001.be/>.

## 18/02/2002 Crown Prince Abdullah's plan for Palestinian/Israeli peace process
Riyadh, 18th February 2002

Thomas Friedman, a columnist of New York Times, has stated that Crown Prince Abdullah bin Abdul Aziz, the Deputy Premier and Commander of the National Guard, had planned to deliver a speech before the next Arab Summit focusing on the idea of a full Israeli withdrawal from all the occupied territories in accord with UN Resolutions, including Al-Quds, in exchange for full normalization of relations but the Crown Prince changed his mind after Sharon escalated violence and oppression to an unprecedented level.

The US columnist disclosed this in an article, which was published by the New York Times yesterday. The following is the full text of Thomas Friedman's interview with Crown Prince Abdullah:

"Earlier this week, I wrote a column suggesting that the 22 members of the Arab League, at their summit in Beirut on March 27 and 28, would make a simple, clear-cut proposal to Israel to break the Israeli-Palestinian impasse: in return for a total withdrawal by Israel to the June 4, 1967, lines, and the establishment of a Palestinian state, the 22 members of the Arab League would offer Israel full diplomatic relations, normalized trade and security guarantees. Full withdrawal, in accord with UN Resolution 242, for full peace between Israel and the entire Arab world. Why not?

"I am currently in Saudi Arabia on a visit - part of the Saudi opening to try to explain themselves better to the world in light of the fact that 15 Saudis were involved in the September 11 attacks. So I took the opportunity of a dinner with Saudi Arabia's Crown Prince, and de facto ruler, Abdullah bin Abdul Aziz Al-Saud, to try out the idea of this Arab League proposal. I knew that Jordan, Morocco and some key Arab League officials had been talking about this idea in private but had not dared to broach it publicly until one of the big parties - Saudi Arabia or Egypt - took the lead.

"After I laid out this idea, the Crown Prince looked at me with astonishment and said: "Have you broken into my desk?" "No," I said, wondering what he was talking about. "The reason I ask is that this is exactly the idea I had in mind - full withdrawal from all the occupied territories, in accord with UN Resolutions, including Al-Quds, for full normalization of relations," he said. "I have drafted a speech along those lines. My thinking was to deliver it before the Arab Summit and try to mobilize the entire Arab world behind it. The speech is written, and it is in my desk. But I changed my mind about delivering it when Sharon took the violence, and the oppression, to an unprecedented level."

"But I tell you," the Crown Prince added, "if I were to pick up the phone now and ask someone to read you the speech, you would find it virtually identical to what you are talking about. I wanted to find a way to make clear to the Israeli people that the Arabs don't reject or despise them. But the Arab people do reject what their leadership is now doing to the Palestinians, which is inhumane and oppressive. And I thought of this as a possible signal to the Israeli people." Well, I said, I'm glad to know that Saudi Arabia was thinking along these lines, but so many times in the past we've heard from Arab leaders that they have just been about to do this or that but that Ariel Sharon or some other Israeli leaders had gotten in the way. After a while, it's hard to take seriously. So I asked, what if Mr. Sharon and the Palestinians agreed to a cease-fire before the Arab Summit?

"Let me say to you that the speech is written, and it is still in my drawer," the Crown Prince said. "I pass all of this on as straightforwardly as I can, without hype or unrealistic hopes".

What was intriguing to me about the Crown Prince's remarks was not just his ideas , which, if delivered, would be quite an advance on anything the Arab League has proposed before, but the fact that they came up in the middle of a long, off-the-record conversation. I suggested to the Crown Prince that if he felt so strongly about this idea, even in a draft form, why not put it on the record; only then would anyone take it seriously. He said he would think about it. The next day his office called, reviewed the Crown Prince's quotations and said, go ahead, put them on the record. So here they are. Crown Prince Abdullah is known as a staunch Arab nationalist. He has a strong Arab following inside and outside the Kingdom, and if he ever gave such a speech, it would have a real impact on Arab and Israeli public opinions. Crown Prince Abdullah seemed to be signalling that if President Bush took a new initiative for Middle East peace, he and other Arab leaders would be prepared to do so as well.

"I also used the interview with the Saudi leader to ask why his country had never really apologized to America for the fact that 15 Saudis were involved in 9/11? "We have been close friends for so long, and we never expected Americans to doubt us," he said. "We saw this attack by bin Laden and his men as an attack on us, too, and an attempt to damage the US-Saudi relationship," the Crown Prince said. "We were deeply saddened by it and we never expected it to lead to tensions between us. But we've now learned that we respond to events differently. . . . It is never too late to express our regrets."

As for the "axis of evil" and reports of a possible US military strike against Iraq, the Saudi leader said: "Any attack on Iraq or Iran should not be contemplated at all because it would not serve the interests of America, the region or the world, as there is no current evidence [against them]. Iraq is contemplating the return of the inspectors, and the US should pursue this line because inspectors can determine if Iraq is complying with the UN Resolutions."

Source: SPA

## Schlussfolgerungen des Rates der Außenminister der Europäischen Union vom 28. Januar 2002 in Brüssel (Auszüge zum Nahen Osten und zu Afghanistan)

### Naher Osten

Die Lage im Nahen Osten ist kritisch. Die derzeitige Spirale der Gewalt muss unverzüglich gestoppt und das Leiden der Bevölkerung auf beiden Seiten beendet werden. Der Rat verurteilt entschieden die jüngsten Terroranschläge gegen unschuldige Zivilpersonen in Jerusalem.

Die Europäische Union bekräftigt die Erklärung des Europäischen Rates von Laeken und appelliert nachdrücklich an die Konfliktparteien, alles zu tun, um den Tenet-Plan für einen Waffenstillstand und die Empfehlungen der Mitchell-Kommission unverzüglich und bedingungslos umzusetzen. Um Frieden zu schaffen, müssen Sicherheitsmaßnahmen und politische Maßnahmen parallel und einander verstärkend durchgeführt werden.

Für die Zerschlagung des Terrorismus sowie zur Schaffung des Friedens braucht Israel die Palästinensische Behörde und ihren gewählten Präsidenten Yasser Arafat als Verhandlungspartner. Deren Fähigkeit, den Terrorismus zu bekämpfen, darf nicht geschwächt werden.

Die Palästinensische Behörde und ihr gewählter Präsident Yasser Arafat müssen alles tun, um den Terrorismus und die bewaffnete Intifada zu beenden, alle Terrornetze aufzulösen und Personen, die Terroranschläge verübt haben, zu verhaften und gerichtlich zu verfolgen. Die Europäische Union drängt auf einen zügigen Abschluss der Arbeit der von der Palästinensischen Behörde eingesetzten Untersuchungskommission, die die Hintergründe der Affäre um die „Karine A." aufklären soll. Die Europäische Union würde es außerdem begrüßen, wenn die Arbeit der Untersuchungskommission unter internationaler Beteiligung stattfände.

Von der israelischen Regierung wird gefordert, dass sie ihre Streitkräfte zurückzieht und die außergerichtlichen Hinrichtungen einstellt, die Blockaden und alle der palästinensischen Bevölkerung und ihrer Führung auferlegten Beschränkungen aufhebt und den Siedlungsbau stoppt.

## 5. Dokumente

Die Europäische Union ist äußerst besorgt über die Zerstörung palästinensischer Infrastrukturen und Einrichtungen zur Förderung der wirtschaftlichen, sozialen und humanitären Entwicklung der Palästinenser, die von der Europäischen Union und anderen Geldgebern finanziert wurden. Die Europäische Union appelliert dringend an die Regierung Israels, dieser Vorgehensweise ein Ende zu setzen und behält sich das Recht vor, an geeigneter Stelle Entschädigung zu verlangen.

Es ist unerlässlich und dringend geboten, dass die Europäische Union, die Vereinten Nationen, die Vereinigten Staaten und die Russische Föderation sowie die am stärksten betroffenen arabischen Länder entschlossen und konzertiert handeln, um den Weg zu politischen Verhandlungen wieder frei zu machen.

### Afghanistan

Der Rat erörterte die Lage in Afghanistan und insbesondere das befriedigende Ergebnis der Internationalen Geberkonferenz vom 21./22. Januar 2002 in Tokio. Er bekräftigte den Willen der Union, der durch ihren Beitrag in Tokio als größter Einzelgeber unterstrichen wurde, beim Wiederaufbau Afghanistans eine entscheidende Rolle zu spielen und den in Bonn vereinbarten politischen Prozess zu unterstützen.

Quelle: Europäische Union. Brüssel; <http://ue.eu.int/pressData/de/gena/69405.pdf>.

Vereinte Nationen

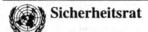
**Sicherheitsrat**

S/RES/1397 (2002)

Verteilung: Allgemein
12. März 2002

## Resolution 1397 (2002)

**verabschiedet auf der 4489. Sitzung des Sicherheitsrats am 12. März 2002**

*Der Sicherheitsrat,*

*unter Hinweis* auf alle seine früheren einschlägigen Resolutionen, insbesondere die Resolutionen 242 (1967) und 338 (1973),

*in Bekräftigung* der Vision einer Region, in der zwei Staaten, Israel und Palästina, Seite an Seite innerhalb sicherer und anerkannter Grenzen leben,

*mit dem Ausdruck* seiner tiefen Besorgnis über die seit September 2000 anhaltenden tragischen und gewaltsamen Ereignisse, insbesondere über die jüngsten Angriffe und die gestiegene Zahl der Opfer,

*betonend*, dass alle beteiligten Parteien die Sicherheit der Zivilbevölkerung gewährleisten müssen,

*sowie betonend*, dass die allgemein anerkannten Normen des humanitären Völkerrechts geachtet werden müssen,

*unter Begrüßung* der diplomatischen Bemühungen, die die Sonderbotschafter der Vereinigten Staaten von Amerika, der Russischen Föderation und der Europäischen Union, der Sonderkoordinator der Vereinten Nationen und andere unternehmen, um einen umfassenden, gerechten und dauerhaften Frieden im Nahen Osten herbeizuführen, und diese Bemühungen *befürwortend*,

*unter Begrüßung* des Beitrags des saudi-arabischen Kronprinzen Abdullah,

1. *verlangt* die sofortige Einstellung aller Gewalthandlungen, namentlich aller Akte des Terrors, der Provokation, der Aufwiegelung und der Zerstörung;

2. *fordert* die israelische und die palästinensische Seite und ihre Führer *auf*, bei der Umsetzung des Tenet-Arbeitsplans und der Empfehlungen des Mitchell-Berichts zusammenzuarbeiten, mit dem Ziel, die Verhandlungen über eine politische Regelung wieder aufzunehmen;

---

Vorauskopie des Deutschen Übersetzungsdienstes, Vereinte Nationen, New York. Der endgültige amtliche Wortlaut der Übersetzung erscheint nach eingehender Abstimmung aller Sprachfassungen und redaktioneller Überarbeitung im Offiziellen Protokoll der Generalversammlung bzw. des Sicherheitsrats.

3. *bekundet* seine Unterstützung für die Bemühungen, die der Generalsekretär und andere unternehmen, um den Parteien dabei behilflich zu sein, die Gewalttätigkeiten zu beenden und den Friedensprozess wieder aufzunehmen;

4. *beschließt*, mit der Angelegenheit befasst zu bleiben.

## ERKLÄRUNG VON BARCELONA ZUM NAHEN OSTEN

1. Der Nahe Osten wird von einer äußerst schweren Krise geschüttelt. Die Europäische Union ruft beide Seiten auf, unverzüglich wirksame Maßnahmen zu ergreifen, um dem Blutvergießen Einhalt zu gebieten. Eine militärische Lösung für den Konflikt gibt es nicht. Frieden und Sicherheit können nur durch Verhandlungen erreicht werden.

2. Um einen Ausweg aus der derzeitigen Situation zu finden, ist es unumgänglich, den Sicherheitsaspekt sowie den politischen und den wirtschaftlichen Aspekt als untrennbare und unauflösliche Elemente eines einzigen Prozesses zu behandeln. Es ist notwendig, erneut eine positive politische Perspektive herzustellen und parallel dazu politische Maßnahmen und Sicherheitsmaßnahmen in einer sich gegenseitig verstärkenden Weise durchzuführen. Der Europäische Rat begrüßt nachdrücklich die Annahme der Resolution 1397 des Sicherheitsrates der Vereinten Nationen, in der das starke diesbezügliche Engagement der internationalen Gemeinschaft zum Ausdruck kommt.

3. Diese Resolution muss dringlich umgesetzt werden, insbesondere die Forderung nach unverzüglicher Einstellung aller Gewalthandlungen, einschließlich aller Akte des Terrors, der Provokation, der Aufwiegelung und der Zerstörung, sowie die Forderung, dass die israelische und die palästinensische Seite und ihre Führer bei der Umsetzung des Tenet-Plans und der Empfehlungen des Mitchell-Berichts zusammenarbeiten, um die Verhandlungen über eine politische Lösung wiederaufzunehmen.

4. Die wahllosen Terrorangriffe in den letzten Wochen sowie die Tötung und Verletzung unschuldiger Zivilpersonen sind zu verurteilen. Als rechtmäßige Autorität trägt die Palästinensische Behörde die volle Verantwortung für die Bekämpfung des Terrorismus mit allen ihr zur Verfügung stehenden rechtmäßigen Mitteln. Ihre diesbezügliche Fähigkeit darf nicht geschwächt werden. Israel muss ungeachtet seines Rechts, den Terrorismus zu bekämpfen, unverzüglich seine Streitkräfte aus den unter der Kontrolle der Palästinensischen Behörde stehenden Gebieten zurückziehen, die außergerichtlichen Hinrichtungen einstellen, die Blockaden und Einschränkungen aufheben, die Siedlungspolitik stoppen und das Völkerrecht einhalten. Beide Seiten müssen die internationalen Menschenrechtsnormen wahren. Das Übermaß an Gewaltanwendung ist nicht zu rechtfertigen. Die gegen ärztliche und humanitäre Einrichtungen und deren Angehörige gerichteten Maßnahmen sind in keiner Weise hinnehmbar. Diese Einrichtungen müssen in der Lage sein, ihre Aufgabe uneingeschränkt zu erfüllen.

5. **DOKUMENTE**

5. Der Europäische Rat nimmt Kenntnis von dem Beschluss der israelischen Regierung, den Hausarrest des Präsidenten der Palästinensischen Behörde, Herrn Arafat, in Ramallah aufzuheben, und fordert dazu auf, alle noch verbleibenden Einschränkungen seiner Bewegungsfreiheit unverzüglich zu beenden.

6. Der Europäische Rat begrüßt den Beschluss des Präsidenten der Vereinigten Staaten von Amerika, den Sonderbeauftragten Zinni wieder in die Region zu entsenden. Die Europäische Union ist bereit, ihre Bemühungen, insbesondere über ihren Sonderbeauftragten, Botschafter Moratinos, mit denen des amerikanischen Sonderbeauftragten, des Sonderbeauftragten der Russischen Föderation und des Sonderkoordinators der Vereinten Nationen zusammenzuführen.

7. Der Europäische Rat ist nach wie vor davon überzeugt, dass ein unabhängiger Überwachungsmechanismus beiden Seiten helfen würde, ihre diesbezüglichen Bemühungen fortzusetzen, und fordert sie dringend auf, die Vorschläge zur Zulassung von Beobachtern zu prüfen. Die Europäische Union und ihre Mitgliedstaaten sind bereit, sich an einem solchen Mechanismus zu beteiligen.

8. Die Europäische Union ist entschlossen, sich zusammen mit den Konfliktparteien, den Ländern in der Region, den Vereinigten Staaten, den Vereinten Nationen und Russland an der Suche nach einer Lösung zu beteiligen, die sich auf die Resolutionen 242, 338 und 1397 des VN-Sicherheitsrates und die Grundsätze der Madrider Konferenz, des Abkommens von Oslo sowie späterer Abkommen stützt und die es zwei Staaten - Israel und Palästina - gestatten würde, in Frieden und Sicherheit zu leben und ihre Rolle in der Region uneingeschränkt wahrzunehmen. Der Hohe Vertreter, Javier Solana, wird seine regelmäßigen Konsultationen mit allen auf internationaler Ebene beteiligten Akteuren fortsetzen.

9. Die generelle Zielsetzung im israelisch-palästinensischen Konflikt ist zweifacher Art: Schaffung eines demokratischen, lebensfähigen und unabhängigen Staates Palästina nach Beendigung der Besetzung von 1967 und Anerkennung des Rechts Israels, innerhalb sicherer Grenzen zu leben, das durch die entsprechende Verpflichtung der Völkergemeinschaft und insbesondere der arabischen Länder garantiert ist.

10. Der Europäische Rat begrüßt die jüngste Initiative des saudi-arabischen Kronprinzen Abdullah, die im Einklang mit den VN-Resolutionen auf dem Konzept der vollständigen Normalisierung und des vollständigen Rückzugs beruht und eine einmalige Chance bietet, die im Interesse einer gerechten, dauerhaften und umfassenden Lösung des arabisch-israelischen Konflikts ergriffen werden sollte. Er hofft, dass die Arabische Liga diese Initiative auf ihrem bevorstehenden Gipfeltreffen in Beirut voranbringen wird und dass die israelische Regierung und das israelische Volk darauf positiv reagieren werden.

11. Der Europäische Rat zollt denjenigen Anerkennung und Hochachtung, die sich im Friedenslager der israelischen wie der palästinensischen Gesellschaft weiterhin unermüdlich für Frieden einsetzen, und unterstützt die direkten Kontakte und den Dialog zwischen beiden Seiten.

12. In Fortführung ihrer derzeitigen Bemühungen wird die EU einen uneingeschränkten, substanziellen wirtschaftlichen Beitrag zur Friedenskonsolidierung in der Region leisten, der darauf abzielen wird, die Lebensbedingungen des palästinensischen Volkes zu verbessern, die Palästinensische Behörde zu festigen und zu unterstützen, die wirtschaftliche Basis des künftigen Staates Palästina zu stärken sowie Entwicklung und regionale Wirtschaftsintegration zu fördern. In dieser Hinsicht ist die EU bereit, zum Wiederaufbau der palästinensischen Wirtschaft als integralem Bestandteil der Regionalentwicklung beizutragen.

13. Die EU ist nach wie vor überzeugt, dass nur ein umfassender Frieden im Nahen Osten auch dauerhaft sein kann.

Vereinte Nationen S/PRST/2002/9

**Sicherheitsrat**

Verteilung: Allgemein
10. April 2002
Deutsch
Original: Englisch

## Erklärung des Präsidenten des Sicherheitsrats

Auf der 4511. Sitzung des Sicherheitsrats am 10. April 2002 gab der Präsident des Sicherheitsrats im Zusammenhang mit der Behandlung des Punktes "Die Situation im Nahen Osten, einschließlich der palästinensischen Frage" im Namen des Rates die folgende Erklärung ab:

"Der Sicherheitsrat unterstützt die dem Rat vom Generalsekretär übermittelte, am 10. April 2002 in Madrid herausgegebene Gemeinsame Erklärung (S/2002/369) des Generalsekretärs, der Außenminister der Russischen Föderation, der Vereinigten Staaten und Spaniens sowie des Hohen Vertreters für die Gemeinsame Außen- und Sicherheitspolitik der Europäischen Union, die dieser Erklärung als Anlage beigefügt ist. Der Sicherheitsrat fordert die Regierung Israels, die Palästinensische Behörde und alle Staaten der Region auf, bei den Anstrengungen zur Verwirklichung der in der Gemeinsamen Erklärung gesetzten Ziele zusammenzuarbeiten, und besteht auf der sofortigen Durchführung der Resolutionen 1402 (2002) und 1403 (2002)."

---

Vorauskopie des Deutschen Übersetzungsdienstes, Vereinte Nationen, New York. Der endgültige amtliche Wortlaut der Übersetzung erscheint nach eingehender Abstimmung aller Sprachfassungen und redaktioneller Überarbeitung im Offiziellen Protokoll der Generalversammlung bzw. des Sicherheitsrats.

S/PRST/2002/9

**Anlage**

**Gemeinsame Erklärung**

Der Generalsekretär der Vereinten Nationen, Kofi Annan, der Außenminister der Russischen Föderation, Igor Iwanow, der Außenminister der Vereinigten Staaten, Colin Powell, der Außenminister Spaniens, Josep Piqué, und der Hohe Vertreter für die Gemeinsame Außen- und Sicherheitspolitik der Europäischen Union, Javier Solana, sind heute in Madrid zusammengetreten. Wir haben die sich ausweitende Konfrontation im Nahen Osten geprüft und sind übereingekommen, unser Vorgehen zur Lösung der gegenwärtigen Krise abzustimmen.

Wir bekunden unsere tiefe Besorgnis über die derzeitige Situation, namentlich über die zunehmende humanitäre Krise und über die wachsenden Risiken für die regionale Sicherheit. Wir bekräftigen unsere gemeinsame Verurteilung von Gewalt und Terrorismus, bekunden unsere tiefe Betroffenheit über den Verlust unschuldiger palästinensischer und israelischer Menschenleben und sprechen den Angehörigen der Getöteten und Verletzten unser tiefempfundenes Mitgefühl aus. In der Auffassung, dass es zu viel Leid und zu viel Blutvergießen gegeben hat, fordern wir die Führer Israels und der Palästinensischen Behörde auf, im Interesse ihres eigenen Volkes, der Region und der internationalen Gemeinschaft zu handeln und diese sinnlose Konfrontation sofort zu beenden.

In dieser Hinsicht bekunden wir unsere tiefe Besorgnis über die jüngsten Angriffe, die von Libanon aus über die von den Vereinten Nationen festgelegte Blaue Linie hinweg durchgeführt wurden. Das Quartett fordert alle Parteien auf, die Blaue Linie zu achten, alle Angriffe einzustellen und höchste Zurückhaltung zu üben. Es darf nicht zugelassen werden, dass der Konflikt sich ausweitet und die Sicherheit und Stabilität der Region bedroht.

Die Vereinten Nationen, die Europäische Union und Russland bekunden ihre nachdrückliche Unterstützung für die Mission von Außenminister Powell und fordern Israel und die Palästinensische Behörde nachdrücklich auf, bei seiner Mission wie auch bei den fortgesetzten Bemühungen, die sie zur Wiederherstellung der Ruhe und zur Wiederaufnahme eines politischen Prozesses unternehmen, in vollem Umfang zu kooperieren.

Wir betonen erneut, dass es keine militärische Lösung des Konflikts gibt und fordern die Parteien auf, sich auf eine politische Lösung ihrer Streitigkeiten auf der Grundlage der Resolutionen 242 und 338 des Sicherheitsrats der Vereinten Nationen und des Grundsatzes "Land gegen Frieden" zuzubewegen – die die Grundlage der Konferenz von Madrid im Jahr 1991 bildeten. Wir bekräftigen unsere Unterstützung für das von Präsident Bush zum Ausdruck gebrachte und in der Resolution 1397 des Sicherheitsrats ausgeführte Ziel von zwei Staaten, Israel und Palästina, die Seite an Seite innerhalb sicherer und anerkannter Grenzen leben. Wir begrüßen aufs wärmste die Friedensinitiative von Kronprinz Abdullah von Saudi-Arabien, die in Beirut von der Arabischen Liga unterstützt wurde, als wichtigen Beitrag in Richtung auf einen umfassenden Frieden, der auch Syrien und Libanon einschließt.

Um Fortschritte in Richtung auf die von uns geteilten Ziele zu ermöglichen, bekräftigen wir, dass die Resolution 1402 des Sicherheitsrats unverzüglich in vollem Umfang durchgeführt werden muss, wie in der Resolution 1403 gefordert. Wir fordern Israel auf, seine Militäroperationen unverzüglich zu beenden. Wir fordern eine sofortige, echte Waffenruhe und einen sofortigen israelischen Rückzug aus den palästinensischen Städten, einschließlich Ramallahs und namentlich des Hauptquartiers des Vorsitzenden Arafat. Wir fordern Israel auf, die internationalen humanitären Grundsätze voll einzuhalten und humanitären Organisationen und Diensten vollen und ungehinderten Zugang einzuräumen. Wir fordern Israel auf, übermäßige Gewaltanwendung zu unterlassen und alles daran zu setzen, den Schutz von Zivilpersonen sicherzustellen.

Wir fordern den Vorsitzenden Arafat, den anerkannten und gewählten Führer des palästinensischen Volkes, auf, sofort die größtmöglichen Anstrengungen zu unternehmen, um den Terroranschlägen gegen unschuldige Israelis Einhalt zu gebieten. Wir fordern die Palästinensische Behörde auf, entschlossen zu handeln und alles in ihrer Macht Stehende zu tun, um die terroristische Infrastruktur, einschließlich der Finanzierung des Terrorismus, abzubauen und der Aufstachelung zur Gewalt ein Ende zu setzen. Wir fordern den Vorsitzenden Arafat auf, das volle Gewicht seiner politischen Autorität einzusetzen, um das palästinensische Volk davon zu überzeugen, dass sämtliche Terroranschläge gegen Israelis sofort beendet werden müssen, und seine Vertreter dazu zu ermächtigen, die Koordinierung mit Israel in Sicherheitsfragen sofort wieder aufzunehmen.

Terrorismus, einschließlich Selbstmordattentate, ist illegal und unmoralisch, hat den legitimen Bestrebungen des palästinensischen Volkes schwer geschadet und muss verurteilt werden, wie dies in der Resolution 1373 des Sicherheitsrats gefordert wird.

Wir fordern Israel und die Palästinensische Behörde auf, ohne weitere Verzögerung eine Einigung über die von General Zinni vorgelegten Vorschläge für eine Waffenruhe zu erzielen. Wir würdigen die von General Zinni bisher unternommenen Bemühungen zur Erreichung dieses Ziels.

Das Quartett hält sich bereit, den Parteien bei der Durchführung ihrer Vereinbarungen behilflich zu sein, insbesondere des Tenet-Arbeitsplans betreffend Sicherheitsfragen und der Mitchell-Empfehlungen, namentlich durch einen Mechanismus unter Einschaltung Dritter, dem die Parteien zugestimmt haben.

Wir betonen, dass der Tenet- und der Mitchell-Plan voll durchgeführt werden müssen, einschließlich der Beendigung jeglicher Siedlungstätigkeiten. Wir betonen, dass es eine sofortige, parallele und beschleunigte Bewegung in Richtung auf kurzfristige und greifbare politische Fortschritte geben muss, und dass es eine Reihe klar definierter Schritte geben muss, die zu einem dauerhaften Frieden führen – unter Einschluss der Anerkennung, der Normalisierung und der Sicherheit zwischen den Seiten, einer Beendigung der israelischen Besatzung und einer Beendigung des Konflikts. Dies wird es Israel gestatten, dauerhaften Frieden und dauerhafte Sicherheit zu genießen, und es wird dem palästinensischen Volk gestatten, seine Hoffnungen und Bestrebungen in Sicherheit und Würde zu verwirklichen.

In Unterstützung dieser Ziele fordern wir die internationale Gemeinschaft, insbesondere die arabischen Staaten, auf, die Palästinensische Behörde zu erhalten, zu stärken und zu unterstützen, namentlich durch Anstrengungen zum Wiederaufbau ihrer Infrastruktur und ihrer Sicherheits- und Regierungskapazitäten. Wir fordern außerdem die Gebergemeinschaft und die internationalen Finanzinstitutionen auf, sich erneut zur Bereitstellung von humanitärer Soforthilfe für das palästinensische Volk zu verpflichten und beim wirtschaftlichen und institutionellen Wiederaufbau behilflich zu sein. Wir würdigen die mutigen Bemühungen der humanitären Organisationen.

**S/PRST/2002/9**

Wir sind übereingekommen, dass das Quartett die Situation im Nahen Osten auf höchster Ebene durch regelmäßige Konsultationen weiterverfolgen muss. Unsere Sonderbotschafter werden sich weiterhin vor Ort darum bemühen, den Parteien bei der Beendigung der Konfrontation und bei der Wiederaufnahme der politischen Verhandlungen behilflich zu sein.

*Madrid, 10. April 2002*

## 5. DOKUMENTE

Interview von Bundesaußenminister Joschka Fischer zur deutschen Nahost-Politik, erschienen in der Wochenzeitung „Die Zeit" am 11. April 2002

*Frage:* Herr Fischer, der Weg zum Krieg in Nahost wurde mit Vermittlungs- und Friedensvorschlägen gepflastert: von A wie Abdallah bis Z wie Zinni. Jetzt haben Sie mit Ihrem Siebenpunktepapier einen neuen Vorstoß gemacht. Aktionismus oder Mut der Verzweiflung?

*Antwort:* Weder noch. Es ist der gefährlichste Konflikt in unserer unmittelbaren Nachbarschaft, der den ganzen Nahen Osten in Brand setzen könnte. Zudem haben wir Israel gegenüber besondere Beziehungen, die sich aus unserer Geschichte ergeben. Als Europäer, als Deutsche haben wir ein Interesse daran, dass der Konflikt zwischen Israel und den Palästinensern nicht eskaliert, sondern zumindest zu einer Koexistenz, wenn nicht gar zu einem Miteinander der beiden Völker führt.

Der 11. September hat die Notwendigkeit der Lösung dieses Konflikts noch verstärkt. Das ist der Ausgangspunkt, von dem aus wir anfangen weiterzudenken: Was folgt am Ende der israelischen Militäroperation? An erster Stelle geht es um den Erfolg der Powell-Mission: Waffenstillstand, Rückzug der Armee, Umsetzung der einschlägigen Sicherheitsratsresolutionen müssen der erste Schritt sein.

*Frage:* Noch im Februar haben Sie gesagt, alle weiter gehenden Pläne würden das „Stadium des bedruckten Papieres nie verlassen". Warum denken Sie im April 2002 anders?

*Antwort:* Weil sich die Lage dramatisch verändert hat. Im Februar stellte sich die Frage, ob die beiden an der Spitze ...

*Frage:* ... Scharon und Arafat ...

*Antwort:* ... in der Lage sind, den notwendigen politischen Willen zu mobilisieren, aufeinander zuzugehen. Dann kam eine erneute schreckliche Anschlagsserie. Der Ausstieg aus der Spirale der Gewalt ist nicht gelungen. Und es ist völlig klar: Das israelische Volk war und ist nicht bereit, die Gewalt hinzunehmen. Keine Regierung würde das hinnehmen können. Jetzt stellt sich die Frage: Schaffen es die beiden Parteien noch aus sich selbst heraus? Das sieht nicht so aus. Wir brauchen das Engagement einer dritten Partei. An erster Stelle die USA, aber auch die Europäer und andere Mitglieder der internationalen Staatengemeinschaft wie Russland und der UN-Generalsekretär.

*Frage:* Wieweit ist Ihr Siebenpunktepapier mit jenen „anderen Mitgliedern der Staatengemeinschaft" abgesprochen worden?

*Antwort:* Es ist ein Ideenpapier. Wir haben einen Prozess der Diskussion in der EU. Dafür ist das Papier der Versuch eines weiteren Anstoßes. Selbstverständlich haben wir alle wichtigen Partner informiert.

*Frage:* Welche Reaktionen gab es? Nach der Devise: Es ist alles schon probiert worden, da kann ein neuer Plan nichts schaden?

*Antwort:* Darum geht es nicht. Von allen denkbaren Optionen ist nur eine akzeptabel. Das ist die Koexistenz der beiden Völker. Koexistenz bedeutet zwei Staaten, verbunden in gemeinsamer Sicherheit. Die Frage ist: Wie kommen wir dorthin? Rein bilateral werden sie die Kraft dazu nicht haben. Zu dritt, mit einem „ehrlichen Makler"? Das ist auch fraglich.

*Frage:* Siehe Camp David im Sommer 2000.

*Antwort:* Es ist notwendig, dass sich die internationale Staatengemeinschaft, an erster Stelle die USA, auf eine gemeinsame Position einigt und sich dann auch voll engagiert. Das ist unser Ansatz. Er geht in die Richtung einer Trennung, einer Staatsgründung, dann Verhandlungen über einen Endstatus.

*Frage:* Kern Ihres Vorschlags ist auch die „uneingeschränkte Waffenruhe". Eine solche ist aber nie eingehalten worden. Henry Kissinger hat vor kurzem erklärt, warum: Die Palästinenser werden einen Waffenstillstand nicht akzeptieren, weil das Momentum auf ihrer Seite ist. Und die Israelis nicht, weil sie um ihre Existenz fürchten. Wird damit nicht jedem „weiter gehenden Plan" das Fundament entrissen?

*Antwort:* Umgekehrt, obwohl ich Kissinger in der Analyse nicht widerspreche. Nur die Perspektive einer dauerhaften Friedenslösung kann einen haltbaren Waffenstillstand herbeiführen. Man muss freilich immer wieder betonen, und da geht mir die Einseitigkeit bei manchem in unserer Öffentlichkeit völlig gegen den Strich, dass sich Israel nicht eine einzige Niederlage erlauben darf. Israel ist der einzige Staat, dessen Existenz bei einer einzigen strategischen Niederlage sofort infrage gestellt ist. Das darf man nie vergessen, ich zumindest vergesse das nie. Deswegen ist auch völlig klar: Israel wird niemals eine Situation der Schwäche akzeptieren, weil dieses eine existenzielle Gefahr für Staat und Bürger bedeutet.

*Frage:* Und die Palästinenser?

*Antwort:* Die tun sich schwer, einen Waffenstillstand zu akzeptieren, solange sie nicht das Endziel vor Augen haben, wohin der Prozess sich entwickeln wird und wann. Sie brauchen einen Wege- und einen Zeitplan. Denn ohne Zeitplan fürchten sie, dass die Umsetzung auf den Sankt-Nimmerleins-Tag verschoben wird.

*Frage:* Das Endziel lag doch schon im Sommer 2000 in Camp David auf dem Tisch.

*Antwort:* Richtig. Und nicht zugegriffen zu haben, halte ich für einen riesigen Fehler. Dennoch glaube ich, dass wir einen neuen Anlauf machen müssen. Die Krise ist hochgefährlich. Vielleicht aber bietet gerade die jetzige furchtbare Situation Chancen, die genutzt werden sollten. Für Israel ist der Terror die entscheidende Frage. Um den zu besiegen, bedarf es aber nicht nur der Festigkeit im Abwehrkampf, sondern auch eines politischen Friedens. Beide Elemente gehören zusammen. Ich weiß, das ist sehr schwer. Aber was ist die Alternative?

## 5. Dokumente

*Frage:* Nach der Waffenruhe ist der nächste Schritt in Ihrem Papier die „vollständige Trennung". Aber wie? Als sich die Israelis Anfang 2000 „trennten", sich aus dem Südlibanon zurückzogen, war das die Einladung zu weiterer Gewalt durch die Hizbullah. Der Rückzug hat außerdem, wie palästinensische Stimmen erkennen ließen, die Intifada II mit ausgelöst ...
*Antwort:* ... ich teile voll Ihre Meinung.
*Frage:* ... in dem Sinne: „Die Israelis sind demoralisiert." Wenn sich die Israelis also unter Beschuss zurückziehen – wird das nicht eher die Extremisten anstacheln, statt sie zu besänftigen?
*Antwort:* Ein einseitiger Rückzug à la Libanon hätte in der Tat diese Wirkungen. Nur geht es hier nicht um einen einseitigen Rückzug, bei dem die Territorien und die Palästinenser sich selbst überlassen werden; das wäre nicht ein Mehr an Stabilität.
*Frage:* Wie zwingt man 200 000 Siedler zur Aufgabe? Müsste in letzter Konsequenz die israelische Armee Krieg gegen die eigenen Leute führen?
*Antwort:* Dieses Problem wird die israelische Demokratie selbst lösen. Israel hat auch in der Vergangenheit schon sehr schwierige Fragen im Rahmen seiner demokratischen Verfassung gelöst.
*Frage:* Bei der Räumung des Sinai wurden aus der Kleinstadt Jamit 2000 Leute mit Gewalt entfernt. Hier ginge es um 200 000.
*Antwort:* Das ist eine Entscheidung, die von der Regierung und dem Parlament Israels zu treffen ist.
*Frage:* Sie haben keine Sorge vor einem israelischen Bürgerkrieg?
*Antwort:* Israel ist eine starke Demokratie, die sich bisher jeder Situation gewachsen gezeigt hat.
*Frage:* Ein weiterer Kernpunkt Ihres Planes sind die internationalen Garantien, eine „Sicherheitskomponente", die bereitgestellt werden soll durch die USA, die EU, Russland und die UN. Konkret heißt das?
*Antwort:* Bevor wir zur Sicherheitskomponente kommen, möchte ich einen anderen entscheidenden Punkt nennen: Bislang haben alle Beteiligten zu wenig Wert gelegt auf den demokratischen Charakter der Institutionen, die in den Autonomiegebieten aufgebaut werden müssten, also Gewaltenteilung, unabhängige Justiz, eine Polizei, und zwar eine und nicht fünf oder sechs. Demokratien sind oft unbequemer, aber auch berechenbarer, gerade, wenn es um gemeinsame Sicherheit geht. Das ist das erste Element.
*Frage:* Und das zweite, die „Sicherheitskomponente"? Wer stellt sie? Eine Armee? Wie groß? Mit welchem Auftrag?
*Antwort:* Das muss aus der konkreten Situation heraus entwickelt werden.
*Frage:* In einer Situation, wo beide Seiten das Gefühl haben, es gehe um ihre Sicherheit, ist doch das Wie und Was dieser Sicherheitskomponente das A und O aller Überlegungen. Sie kommt auch vor der Frage nach der Demokratie. Soll das eine richtige Kampftruppe sein? Können Sie sich vorstellen, dass die Deutschen, die Amerikaner Truppen an den gefährlichsten Ort der Welt schicken?
*Antwort:* Das sind nachvollziehbare, gegenwärtig aber abstrakte Fragen.
*Frage:* Nein, sehr konkrete.
*Antwort:* Sie sind deswegen abstrakter Natur, weil wir uns jetzt in einen Bereich zwar notwendiger, aber gleichwohl abstrakter Spekulationen begeben würden. Es muss eine effektive Sicherheitskomponente sein. Dabei aber will ich es belassen und nicht weiter öffentlich spekulieren.
*Frage:* Bei Ihrem Lieblingsthema, der demokratischen Entwicklung, gibt es ein Problem. Die Autonomiebehörde ist keine demokratische Organisation, sondern eine Mischung aus Ein-

parteienstaat und Warlord-Verbund. Wie kann die Außenwelt hier Demokratie schaffen? Durch Reeducation unter geladenen Kanonen, wie weiland in Deutschland nach 1945?
*Antwort:* Die demokratische Institutionenbildung ist ein sehr mühseliges, aber notwendiges Geschäft. Das müssen die Betroffenen an erster Stelle selbst machen. Aber die internationale Gemeinschaft kann und muss assistieren, dazu gibt es international genügend Erfahrungen.
*Frage:* Wie schafft man demokratische Institutionen?
*Antwort:* Das ist vor allem eine Frage der palästinensischen Verfassung. Unterschätzen Sie die demokratischen Kräfte gerade im palästinensischen Volk nicht! Die Bereitschaft ist groß, auch wegen der Nähe zu Israel. Dazu gehört auch, dass Hasspropaganda auf beiden Seiten eingestellt wird, Vorurteile abgebaut werden. Deswegen schlagen wir ja auch die Bildung von Historikerkommissionen, Schulbuchkommissionen und Medienkommissionen vor.
*Frage:* Die Prinzipien sind alle richtig. Nur: Wie kommt man in dieser Situation von A nach B?
*Antwort:* Genau das versuchen wir zu skizzieren.
*Frage:* Bedeutet die Beendigung von Hasspropaganda EU-Zensoren in allen Redaktionen, Schulen und Verlagen?
*Antwort:* Aber nein. Die Palästinenser schauen sich sehr genau an, was in Israel stattfindet. Viele sprechen hebräisch, in Israel auch viele arabisch. Beide Nachbarn bekommen also mit, was der jeweils andere tut. Und exakt darüber wird man dann zu sprechen haben.
*Frage:* Ein weiterer Kernpunkt ist die „Unterdrückung aller terroristischen Organisationen". Doch scheint Yasser Arafat dazu weder willens noch in der Lage zu sein.
*Antwort:* Von entscheidender Bedeutung ist die Staatsbildung. Gibt es erst mal einen Staat und einen überschaubaren Zeitplan für eine abschließende Lösung im Rahmen einer internationalen Konferenz, wie wir das vorschlagen, entsteht eine völlig andere Perspektive. Dann ist die Zuordnung der Unterdrückung von Terror und Gewalt und des Verbots der Organisationen eine völlig andere als heute.
*Frage:* Wie überzeugt man die Al-Aksa-Brigaden, Hamas und Dschihad, den Terror aufzugeben, zumal es ihnen nicht nur um Hebron, sondern auch um Haifa geht, also um eine „Einstaatenlösung"?
*Antwort:* Hamas hat das erklärte Ziel, Israel zu zerstören. Der Islamische Dschihad verfolgt dasselbe Ziel. Das sind die Herausforderungen, mit denen eine palästinensische Demokratie wird fertig werden müssen. Terror und Frieden schließen sich aus. Eine Politik, die darauf hinausläuft, Israel zu zerstören, würde unseren entschiedensten Widerstand herausfordern. Das gilt für die Staatengemeinschaft insgesamt.
*Frage:* In Deutschland kippt die öffentlich artikulierte Meinung der politischen Klasse. Wenn zum Beispiel der Vizevorsitzende der FDP Möllemann Israel als „Aggressor" bezeichnet und kaum verbrämt der Terror gegen Israel rechtfertigt ...
*Antwort:* ... billigt ...
*Frage:* ... und Sie des „lahmen Gelabers" bezichtigt und der „liebedienerischen Politik" gegenüber Israel. Dieser Mann könnte im kommenden Herbst Regierungsmitglied sein.
*Antwort:* Ich möchte auf diese Polemik nicht eingehen. Möllemann disqualifiziert sich damit selbst. Andererseits empfinde ich auch einen gewissen Schmerz darüber, dass die Partei Walter Scheels und Hans-Dietrich Genschers solche Positionen heute akzeptiert und nicht aufschreit. Israel ist ein Staat, der in seiner Existenz nach wie vor bedroht ist. Es gibt gegenwärtig kein Land, auf das so viel Katjuschas und Raketen gerichtet sind wie auf Israel. Und ich wiederhole nochmals: Israel darf sich nicht eine militärische Niederlage erlauben. Deswegen muss man aber nicht alles richtig finden, was die israelischen Entscheidungsträger tun. Israel weiß, dass es sich auf Deutschland verlassen kann. Mit uns wird es hier kein Wackeln

## 5. DOKUMENTE

geben. Allerdings: In der Verengung der israelischen Sicherheit auf die militärische Auseinandersetzung sehe ich ein Risiko. Sicherheit gründet sich auf Frieden und den Ausgleich von Interessen.
*Frage:* Es ist nicht nur der nationale Flügel der Liberalen, der so redet wie Möllemann. Der außenpolitische Sprecher der Union, Karl Lamers, sagt über Fischer: „Manchmal meint man, man hört die Israelis sprechen."
*Antwort:* Ich wollte, das wäre so. Wenn die Ideen, die ich gerade erläutert habe, die Position Israels wären, hätte ich Lamers nicht zu kritisieren.
*Frage:* Was geht hier vor? Ist das Wahlkampf oder schon rechter Antiisraelismus?
*Antwort:* Israel ist eine Demokratie, und selbstverständlich kann seine Politik kritisiert werden. Manchmal ist das sogar unabweisbar. Ich wehre mich nur gegen die Einseitigkeit.

Man muss sich vorstellen, was es hieße, wenn bei uns eine Weihnachtsfeier durch einen Terrorakt in die Luft gesprengt würde, wenn innerhalb einer Woche 50 unschuldige Menschen in Stücke gerissen worden wären. Das muss man sich vorstellen, um Israels Situation zu begreifen. Die Menschen in Israel fragen zu Recht: Warum ist auf Baraks Vorschlag in Camp David nicht positiv reagiert worden? Warum der Griff zum Terror? Ich habe Arafat mehrfach gesagt: Der Weg von Ramallah nach Jerusalem wird nur auf dem Weg der Verhandlungen, nicht mit Gewalt geöffnet werden.
*Frage:* Was hat er geantwortet?
*Antwort:* Das war eine schwierige Diskussion.
*Frage:* Und Herr Lamers?
*Antwort:* Der entscheidende Punkt ist, dass sich im politischen Milieu jetzt Dinge artikulieren, die man vielleicht früher so, gerade auf der rechten Seite, nicht gesagt hat. In diesem Konflikt gibt es nicht nur eine Wahrheit. Es ist ein tragischer Konflikt.
*Frage:* Wo ist die Grenze zwischen legitimer Kritik und Antiisraelismus oder sogar Antisemitismus?
*Antwort:* Ich habe in meinem Leben die Erfahrung gemacht, wie Antizionismus in Antisemitismus weggekippt ist. Das hat mich geprägt. Ich bin durch diese Erfahrung zum Westler geworden. Das heißt: Das Verhältnis zu den USA, zu Israel ist für mich immer der Lackmustest, woran man nicht so sehr antisemitische Positionen als antiwestliche Positionen und Emotionen in der deutschen Innenpolitik erkennt, nationale Positionen, die im linken wie im rechten Gewande daherkommen.
*Frage:* Ist Antiisraelismus verwandt mit Antiamerikanismus?
*Antwort:* Hinter beidem steht ein starkes antiwestliches Element. Es ist essenziell, dass wir Antiisraelismus keinen Raum geben, nicht nur auf Grund unserer besonderen historischen Verpflichtungen. Wir würden auch ganz aktuell einen eminenten politischen Fehler begehen.
*Frage:* In welchem Sinne?
*Antwort:* Wer Frieden will, muss mit beiden Seiten sprechen können. Er muss offene Türen hier wie dort finden. Es nützt überhaupt nichts, wenn man einseitig wird. Deshalb auch unser Bemühen in der Europäischen Union, beständig auf eine Position hinzuarbeiten, die beiden Seiten genügt, um Ansprechpartner für beide Seiten zu sein.
*Frage:* In den achtziger Jahren war der Antiisraelismus eine linke Spezialität. Jetzt scheint sich das nach rechts zu verlagern. Eine historische Wasserscheide? Was treibt Möllemann und Co?
*Antwort:* Möllemann ist interessegesteuert. Er ist Vorsitzender der Deutsch-Arabischen Gesellschaft. Ansonsten weiß ich nicht, was ihn treibt. Ich finde auch weniger Möllemann das Problem als vielmehr Westerwelle, der das in diese Richtung treiben lässt. Er trägt die Verantwortung.

*Frage:* Auch Herr Lamers von der CDU hat Sie als Lakai der Israelis attackiert.

*Antwort:* Dieser Vorwurf hat mich nicht eine Sekunde Nachtschlaf gekostet. Das ist einfach Blödsinn. Das weiß auch Lamers. Insofern will ich mich damit nicht weiter aufhalten. Mich treibt etwas anderes um. Ich fürchte, dass das Vertrauen Israels in seine militärische Stärke zur Isolierung führen könnte. Das besorgt mich als wirklicher Freund Israels. Umgekehrt muss man auch Verständnis haben, dass in Israel viele die Existenz ihres Landes auf dem Spiel sehen. Das Fatale an den Lamers und Möllemanns ist, dass sie diese sehr verständlichen Sorgen noch verstärken. Das macht den Weg zum Frieden nicht einfacher.

Quelle: Auswärtiges Amt, Berlin; über: <http://www.auswaertiges-amt.de>.

## 5. Dokumente

## Rede von Bundesaußenminister Joschka Fischer anlässlich der Entgegennahme der Ehrendoktorwürde der Universität Haifa am 29. Mai 2002 in Haifa/Israel

Dies ist heute kein gewöhnlicher Tag für mich. Es ist nicht das erste Mal, dass ich in einer Universität oder vor Studenten und Professoren spreche. Aber es ist das erste Mal, dass ich offiziell von einer Universität aufgenommen werde, noch dazu in diesem ehrenvollen Rahmen. Dafür danke ich der Universität Haifa von ganzem Herzen – „Toda Raba".

Es ist eine besondere Ehrung für mich, weil ich diese Auszeichnung – die Bundespräsident Rau als erster Deutscher erhielt – nicht nur persönlich, sondern auch als deutscher Außenminister entgegennehme. Als Deutscher, der wenige Jahre nach dem Untergang der Nazidiktatur und im Gründungsjahr des Staates Israel zur Welt kam, wurde ich in die politischen Auseinandersetzungen der deutschen Nachkriegsdemokratie um die deutsche Schuld und Verantwortung für den Holocaust hineingeboren. Der Mann im Glaskasten, Eichmann in Jerusalem, gehört zu jenen ersten politischen Erinnerungen, die mich bis heute prägen.

Deutschland, mein Land, kann sich von seiner Geschichte nicht trennen, kann sich von ihr nicht lossagen und kann sie auch nicht hinter sich lassen. Es ist unsere Geschichte. Wir haben keine andere. Und zu unserer Geschichte gehört unauslöschlich die Verantwortung für Auschwitz, für jenes furchtbare Menschheitsverbrechen des Völkermords an den deutschen und europäischen Juden.

Die deutsche Demokratie hat die historische und moralische Verantwortung für diesen Völkermord angenommen. Diese Verantwortung für unsere Geschichte gilt fort. Darauf gründet auch das ganz besondere Verhältnis des demokratischen Deutschlands zu dem Staat Israel, wie es von Konrad Adenauer und David Ben Gurion begonnen wurde. Die Menschen in ganz Israel können sich auf das demokratische Deutschland als Freund und Partner verlassen, heute und in Zukunft. Das ist keine Frage aktueller politischer Konstellationen, sondern eine unverrückbare Konstante deutscher Politik. Durch diese unverbrüchliche Solidarität des demokratischen Deutschlands mit Israel konnte zwischen den Überlebenden und den Nachkommen von Tätern und Opfern Vertrauen und bisweilen sogar Freundschaft wachsen. Als Ausdruck dieses Vertrauens empfinde ich heute auch die Auszeichnung Ihrer Universität und dafür bin ich dankbar.

Die Verantwortung für unsere Geschichte vergeht nicht. Es beschämt mich, wenn sich jüdische Landsleute in meinem Land wieder alleingelassen fühlen. Und es beschämt mich noch mehr, wenn deutsche Juden heute ernsthaft die Frage diskutieren, ob es nicht ein Fehler war, in Deutschland geblieben zu sein. Beides darf es nicht geben, nicht im demokratischen Deutschland. Deshalb ist die Frage, ob sich Juden in Deutschland sicher und „zu Hause" fühlen können, auch die entscheidende Glaubwürdigkeitsfrage für die deutsche Demokratie, die wir immer wieder an uns selbst richten müssen.

Die Sensibilität für die Überlebenden und ihre Nachkommen, für ihre Empfindsamkeit und Verletzlichkeit hat nichts mit der Errichtung sogenannter „Tabus" zu tun. Es ist dies vielmehr unsere Verpflichtung, die bisher auch für alle Demokraten in meinem Land gegolten hat. Manchmal frage ich mich, was wäre Deutschland – mein Deutschland – doch für ein wunderbares Land, wenn etwa Albert Einstein, Martin Buber und all die vielen anderen deutschen Juden, die vor den Nazis fliehen mussten oder von ihnen deportiert und ermordet wurden, als geehrte Bürger Deutschlands ihr Leben hätten friedlich beschließen können?

Unsere Geschichte lehrt uns: Alle Formen von Antisemitismus müssen unseren entschlossenen Widerstand hervorrufen. Was Hitler und die Nazis den deutschen Juden angetan haben, das haben sie zuerst und vor allem Deutschen angetan, Deutschen jüdischen Glaubens. Das Holocaust-Mahnmal in Berlin wird auch ein Symbol dieses bis heute in meinem Land und seiner Kultur so schmerzhaft spürbaren Verlustes sein.

Die Antwort auf das dunkelste Kapitel unserer Geschichte kann nur eine doppelt positive sein: eine wachsende jüdische Gemeinschaft in Deutschland, die sicher und frei leben kann und ein Israel, dessen Menschen sicher, frei von Terror und Gewalt leben können. Anerkannt und akzeptiert von allen seinen Nachbarn in der Region, und Seite an Seite mit einem demokratisch verfassten palästinensischen Staat. Es ist dies die Vision, die Präsident Bush in seiner großen Rede vom 4. April formuliert hat. Und dafür werbe und streite ich – sowohl in der Innen- wie in der Außenpolitik. Dies ist aber nicht nur ein besonderer, sondern auch sehr schwieriger Augenblick für mich, weil ich nun – versehen mit bisher nicht gekannten neuen akademischen Würden – die richtigen Worte finden muss für ein ganz und gar nicht akademisches, sondern einen jeden hier im Saal aufwühlendes und emotional zutiefst berührendes Problem: die Suche nach einem dauerhaften Frieden zwischen Israel und den Palästinensern und im ganzen Nahen Osten.

Wir Deutsche haben dabei nicht nur eine historische Verpflichtung, sondern als Deutsche und Europäer auch durchaus recht eigene Sicherheitsinteressen. Denn wir sind direkte Nachbarn des Nahen Ostens. Krieg und Frieden in dieser Region berühren uns ganz unmittelbar, und deshalb fühlen wir uns auch aus höchst egoistischen Motiven dem Friedensprozess in Ihrer Region zwingend verpflichtet. Wir sehen die aktuelle Situation mit tiefer Sorge. Seit Monaten ist die Hoffnung, ja, die Erwartung eines greifbaren Friedens einer Spirale von Terror und Gewalt gewichen. In dieser Woche jährt sich das furchtbare Attentat auf das „Dol-

## 5. DOKUMENTE 133

phinarium", dessen Zeuge ich bei meinem Besuch in Tel Aviv wurde. Ich erlebte den Schrecken, das Entsetzen und die Wut, die der wahllose und doch so berechnende Terror hier in Israel auslöste.

Wie oft habe ich seitdem im Fernsehen Bilder gesehen von neuen Anschlägen, auch hier in Haifa, von heulenden Sirenen und verzweifelten Angehörigen. Bilder des Entsetzens und der Trauer. Und dann immer wieder auch Bilder von unschuldigen Opfern auf palästinensischer Seite. Seit jenem Tag vor einem Jahr bin ich nun das fünfte Mal hier in Israel, und nie schien es dringlicher, alles zu tun, um der Politik und dem Frieden durch Verhandlungen wieder zu ihrem Recht zu verhelfen. Unsere unverbrüchliche Solidarität gilt dem israelischen Volk, gilt den Menschen, die dieses großartige Land aufgebaut haben, gilt ihrer Sehnsucht nach einem Leben ohne Krieg und ohne Angst. Wenn es um die Existenz Israels geht, kann es für uns Deutsche niemals Äquidistanz geben. Das Existenzrecht Israels ist für uns unantastbar. Gerade deshalb unterstützen wir nachdrücklich und mit großem Engagement das Recht der Palästinenser auf ein Leben in Würde und in einem eigenen Staat. Wir sehen darin die beste Garantie für die dauerhafte Sicherheit Israels.

Wie kann der Weg zu einem solchen Frieden aussehen? Wie kann er beschritten werden? Eines scheint mir mehr denn je gewiss zu sein: eine dauerhafte militärische Lösung wird es nicht geben. Nur eine politische Lösung kann wirklich Sicherheit, kann den Frieden bringen und garantieren. Jitzhak Rabins Politik, den Terror zu bekämpfen und gleichzeitig den Weg einer politischen Lösung zu beschreiten, ist die bleibende Herausforderung. Die Macht des Terrors muss zerbrochen werden. Er darf nicht die Agenda bestimmen. Dazu braucht es aber auch und gerade eine politische Perspektive zur Überwindung des Konflikts. Es kommt in dieser überaus schwierigen Situation aus meiner Sicht darauf an, erneut einen Verhandlungsprozess zu beginnen.

Ein möglicher Schlüssel für den ernsthaften Beginn eines solchen Prozesses könnte das für Juli geplante internationale Treffen oder auch Konferenz sein. Es gilt, diese Gelegenheit zu nutzen. Am Ende dieser Konferenz und am Beginn eines echten neuen Friedensprozesses könnte eine Grundsatzerklärung beider Seiten stehen, das die wichtigsten Elemente zusammenführt:
– als Ziel zwei Staaten, Israel und Palästina, verbunden in gemeinsamer Sicherheit. Und die volle Normalisierung der arabischen Staaten mit Israel.
– Einen dauerhaften Waffenstillstand mit einem wirksamen Sicherheitsmechanismus.
– Einen verpflichtenden Zeitplan für den Abschluss der Endstatusverhandlungen.
– Die erklärte Bereitschaft beider Seiten zu schmerzhaften Kompromissen, um die Fragen der Siedlungen, der Sicherheit, der Flüchtlinge, der heiligen Stätten und der Zukunft Jerusalems lösen zu können.
– Die Garantie der internationalen Gemeinschaft, über ein Monitoring die Verpflichtungen beider Seiten zu überwachen.

Sicherheit in und für Jerusalem, Haifa und Tel Aviv kann es auf Dauer nur geben, wenn der Staat an der Seite Israels auf demokratischen Werten gründet. Das palästinensische Volk hat ein großes demokratisches Potential und die Menschen dort wollen transparente und voll verantwortliche Institutionen. Sie wollen ihre Bürgerrechte und Rechtssicherheit genießen und von einer unabhängigen Justiz geschützt wissen – wie die Menschen hier in Israel.

Parallel zu einem neuen Beginn im Friedensprozess sollten wir diejenigen nachdrücklich unterstützen, die auf palästinensischer Seite diese demokratischen Strukturen auf- und ausbauen wollen. Nicht als Vorbedingung, sondern als Teil der politischen Perspektive, die für ein friedliches Miteinander beider Völker so wichtig ist.

Hier an der Universität Haifa studieren seit vielen Jahren Juden und Araber miteinander, arbeiten gemeinsam an Aufgaben und Herausforderungen, die nicht nach Glaube oder Herkunft fragen. Dieses Miteinander ist nirgendwo selbstverständlich. Aber umso wichtiger ist die Friedensbotschaft Ihrer Universität. Wir können helfen, diese Botschaft auch politisch umzusetzen, um diesen langen und tragischen Konflikt zu überwinden. Was wir dazu beitragen können, wollen wir gerne tun. Aber nebeneinander leben, miteinander leben und arbeiten müssen beide Seiten, so wie Sie es hier an dieser Universität tun.

Die Israeli-Palestinian Peace Coalition hat einen wunderbaren programmatischen Satz formuliert, mit dem ich heute meine Rede beschließen möchte: „We are each other's most important allies in the struggle for peace". Lassen Sie uns nie vergessen: Frieden muss man nicht mit seinen Freunden schließen, sondern mit seinen Feinden. Wie der Krieg beginnt auch der Friede in den Köpfen. Der Friede beginnt mit dem Respekt und der Anerkennung der Würde meines Feindes. Danke. Shalom.

Quelle: Auswärtiges Amt, Berlin; über: <http://www.auswaertiges-amt.de>.

## 5. Dokumente

Erklärung zum Nahen Osten, Anlage VI der Schlussfolgerungen des Vorsitzes des Europäischen Rates vom 21. und 22. Juni 2002 in Sevilla

Die Krise im Nahen Osten hat einen dramatischen Wendepunkt erreicht. Eine weitere Eskalation wird dazu führen, dass die Situation außer Kontrolle gerät. Die Parteien können alleine zu keiner Lösung gelangen. Es besteht die dringende Notwendigkeit, dass die gesamte internationale Gemeinschaft politisch tätig wird. Dem Quartett kommt dabei eine Schlüsselrolle zu.

Der Europäische Rat unterstützt die baldige Einberufung einer internationalen Konferenz. Diese Konferenz sollte sich mit politischen wie auch mit sicherheits- und wirtschaftspolitischen Aspekten befassen. Sie sollte die Parameter für eine politische Lösung bekräftigen und einen realistischen und genauen Zeitplan aufstellen.

Der Europäische Rat verurteilt nachdrücklich Terroranschläge jedweder Art gegen israelische Zivilisten. Der Friedensprozess und die Stabilität in der Region dürfen nicht die Geisel des Terrorismus sein. Der Kampf gegen den Terrorismus muss weitergehen; gleichzeitig sind aber auch die Verhandlungen über eine politische Lösung weiterzuführen.

Eine Lösung kann über Verhandlungen erzielt werden – und ausschließlich über Verhandlungen. Das Ziel besteht in der Beendigung der Besetzung und der baldigen Schaffung eines demokratischen, existenzfähigen und friedlichen souveränen palästinensischen Staates auf der Grundlage der Grenzen von 1967, wobei die Parteien erforderlichenfalls geringfügige Anpassungen vereinbaren können. Das Endergebnis sollte darin bestehen, dass zwei Staaten innerhalb sicherer und anerkannter Grenzen in Frieden nebeneinander leben und normale Beziehungen zu ihren Nachbarn unterhalten. In diesem Zusammenhang sollte eine angemessene Regelung des komplexen Themas Jerusalem sowie eine gerechte, durchführbare und vereinbarte Lösung des Problems der Palästinaflüchtlinge angestrebt werden.

Eine Reform der Palästinensischen Autonomiebehörde ist von wesentlicher Bedeutung. Der Europäische Rat erwartet von der Palästinensischen Autonomiebehörde, dass sie ihrer Zusage nachkommt, die Sicherheitskräfte zu reformieren, baldige Wahlen durchzuführen und politische und administrative Reformen in die Wege zu leiten. Die Europäische Union bekräftigt ihre Bereitschaft, diese Reformen weiterhin zu unterstützen.

Die militärischen Operationen in den Besetzten Gebieten sollten aufhören. Die Beschränkungen der Freizügigkeit sollten aufgehoben werden. Mauern werden keinen Frieden bringen.

Die Europäische Union ist bereit, einen umfassenden Beitrag zur Friedenskonsolidierung sowie zum Wiederaufbau der palästinensischen Wirtschaft als integralen Bestandteil der Entwicklung in der Region zu leisten.

Die Europäische Union wird mit den Parteien und mit ihren Partnern in der internationalen Gemeinschaft, im Besonderen mit den Vereinigten Staaten im Rahmen des Quartetts, zusammenarbeiten und jede Gelegenheit ergreifen, um Frieden zu schaffen und allen Völkern in der Region eine lebenswürdige Zukunft zu bescheren.

Quelle: Rat der Europäischen Union, Brüssel, über:
<http://europa.eu.int/council/off/conclu/index.htm>.

NAHER OSTEN (24. Juni 2002) **Bush fordert neue palästinensische Führung und Unterstützung Israels für einen Palästinenserstaat** Rede des Präsidenten -------------------------------
-------- WASHINGTON – (AD) – Nachfolgend veröffentlichen wir die Rede von US-Präsident George W. Bush zur Situation im Nahen Osten vom 24. Juni 2002.
Zu lange schon leben die Bürger des Nahen Ostens inmitten von Tod und Furcht. Der Hass einiger weniger macht die Hoffnungen vieler zunichte. Extremistische und terroristische Kräfte versuchen, Fortschritt und Frieden zu zerstören, indem sie Unschuldige töten. Dies wirft einen dunklen Schatten auf die gesamte Region. Um der gesamten Menschheit willen müssen sich die Dinge im Nahen Osten ändern.
Es ist unhaltbar, dass israelische Bürger in Terror leben. Es ist unhaltbar, dass Palästinenser in erbärmlichen Zuständen und unter Besatzung leben. Die momentane Situation bietet keine Aussicht auf eine Verbesserung der Lebensumstände. Die Bürger Israels werden weiterhin Opfer von Terroristen, und daher wird sich Israel weiter verteidigen.
In dieser Situation wird das Leben des palästinensischen Volks immer trostloser. Meine Vision ist die von zwei Staaten, Israel und Palästina, die Seite an Seite in Frieden und Sicherheit leben. Es gibt einfach keine Möglichkeit, diesen Frieden zu erreichen, wenn nicht alle Parteien den Terror bekämpfen. Wenn zu diesem entscheidenden Zeitpunkt jedoch alle Parteien mit der Vergangenheit brechen und sich auf einen neuen Weg begeben, können wir die Dunkelheit mit dem Licht der Hoffnung überwinden. Der Frieden erfordert eine neue, andere palästinensische Führung, damit ein Palästinenserstaat entstehen kann.
Ich rufe das palästinensische Volk auf, eine neue Führung zu wählen, die nicht vom Terror belastet ist. Ich rufe es auf, eine funktionierende, auf Toleranz und Freiheit beruhende Demokratie aufzubauen. Wenn das palästinensische Volk diese Ziele aktiv verfolgt, werden die Vereinigten Staaten und die Welt ihre Bestrebungen aktiv unterstützen. Wenn die Palästinenser diese Ziele erreichen, können sie mit Israel, Ägypten und Jordanien eine Vereinbarung über Sicherheit und andere Voraussetzungen für die Unabhängigkeit treffen.
Und wenn das palästinensische Volk eine neue politische Führung, neue Institutionen und neue Sicherheitsvereinbarungen mit seinen Nachbarn hat, werden die Vereinigten Staaten von Amerika die Gründung eines palästinensischen Staats unterstützen. Seine Grenzen und gewisse Gesichtspunkte seiner Souveränität werden bis zu einer endgültigen Regelung im Nahen Osten provisorischer Natur sein.
Wir alle tragen Verantwortung für die bevorstehende Arbeit. Das palästinensische Volk hat Talente und Fähigkeiten, und ich bin zuversichtlich, dass es die Neugeburt seiner Nation bewirken kann. Ein palästinensischer Staat wird nie durch Terror geschaffen werden – er wird aus Reformen hervorgehen. Und Reformen müssen mehr sein, als Retusche oder der verdeckte Versuch, den Status quo zu erhalten. Wahre Reformen erfordern völlig neue politische und wirtschaftliche Institutionen, die auf Demokratie, Marktwirtschaft und Maßnahmen gegen den Terrorismus beruhen.
Heute hat die gewählte palästinensische Legislative keine Autorität, und die Macht ist in den Händen einiger weniger nicht Rechenschaftspflichtiger konzentriert. Ein Palästinenserstaat kann seinen Bürgern nur mit einer neuen, Gewaltenteilung verankernden Verfassung dienen. Das palästinensische Parlament sollte die volle Autorität eines gesetzgeberischen Organs haben. Beamten und Regierungsministern müssen Befugnisse und die Unabhängigkeit haben, um effektiv zu regieren.
Die Vereinigten Staaten werden gemeinsam mit der Europäischen Union und arabischen Staaten mit der palästinensischen Führung an der Entwicklung eines neuen verfassungsmäßigen Rahmens und einer praktizierten Demokratie für das palästinensische Volk arbeiten. Und die Vereinigten Staaten werden den Palästinensern gemeinsam mit anderen in der internationalen Gemeinschaft behilflich sein, bis Ende des Jahres faire regionale Wahlen mit mehreren Parteien zu organisieren und zu überwachen, auf die dann nationale Wahlen folgen.
Heute lebt das palästinensische Volk in einem Zustand der wirtschaftlichen Stagnation, der durch staatliche Korruption noch verschlimmert wird. Ein palästinensischer Staat erfordert eine florierende Volkswirtschaft, in der ehrliches Unternehmertum durch eine ehrliche Regierung gefördert wird. Die Vereinigten Staaten, die internationale Gebergemeinschaft und die Weltbank sind zur Zusammenarbeit mit den Palästinensern bei wichtigen Wirtschaftsreform- und Entwicklungsprojekten bereit. Die Vereinigten Staaten, die EU, die Weltbank und der Internationale Währungsfonds sind bereit, die Reform der palästinensischen Finanzen zu überwachen und Transparenz sowie eine unabhängige Rechnungslegung zu fördern.
Und die Vereinigten Staaten werden gemeinsam mit ihren Partnern in den Industrieländern die humanitäre Hilfe zur Linderung des Leids der Palästinenser aufstocken. Den Palästinensern mangelt es heute an effektiven Gerichten, und sie haben keine Möglichkeit, ihre Rechte zu verteidigen und zu rechtfertigen. Ein Palästinenserstaat erfordert ein

## 5. DOKUMENTE

verlässliches Justizsystem zur Bestrafung derjenigen, die Unschuldige zu Opfern machen. Die Vereinigten Staaten und Mitglieder der internationalen Gemeinschaft sind bereit, mit der palästinensischen Führung beim Aufbau und der Überwachung eines Finanz- und eines wirklich unabhängigen Justizsystems zusammenzuarbeiten.

Zurzeit fördern die Palästinenserbehörden den Terrorismus statt ihn zu bekämpfen. Das ist inakzeptabel. Die Vereinigten Staaten werden die Gründung eines Palästinenserstaats nicht unterstützen, solange seine führenden Politiker die Terroristen nicht kontinuierlich bekämpfen und ihre Infrastruktur zerschlagen. Dies erfordert von außen überwachte Bestrebungen zum Wiederaufbau und zur Reform des palästinensischen Sicherheitsapparats. Das Sicherheitssystem muss sich an klaren Zuständigkeits- und Rechenschaftslinien sowie einer einheitlichen Befehlsstruktur orientieren.

Die Vereinigten Staaten verfolgen diese Reform gemeinsam mit wichtigen Staaten der Region. Die Welt ist bereit zu helfen, letztlich hängen diese Schritte auf dem Weg zu einem Staat jedoch von den Palästinensern und ihrer Führung ab. Wenn sie energisch den Weg der Reform einschlagen, kann sich die Belohnung schnell einstellen. Wenn die Palästinenser die Demokratie annehmen, gegen Korruption vorgehen und den Terror energisch zurückweisen, können sie auf die amerikanische Unterstützung für die Gründung eines provisorischen Palästinenserstaats zählen.

Durch engagierte Bestrebungen könnte dieser Staat schnell entstehen, während eine Einigung mit Israel, Ägypten und Jordanien in praktischen Dingen wie der Sicherheit erzielt wird. Die endgültigen Grenzen, die Hauptstadtfrage und andere Gesichtspunkte der Souveränität dieses Staats werden zwischen den Parteien als Teil einer endgültigen Regelung ausgehandelt. Arabische Staaten haben bei diesem Prozess ihre Unterstützung angeboten, und ihre Hilfe wird auch benötigt.

Ich habe bereits gesagt, dass man als Nation im Krieg gegen den Terror entweder für oder gegen uns ist. Um auf der Seite des Friedens zu stehen, müssen die Länder handeln. Jeder sich wirklich für den Frieden engagierende führende Politiker wird Aufrufe zur Gewalt in den staatlichen Medien verbieten und Mordanschläge öffentlich verurteilen. Jedes sich wirklich zum Frieden bekennende Land wird dem Fluss von Kapital, Ausrüstung und Rekruten an Terrorgruppen, die die Zerstörung Israels beabsichtigen – einschließlich der Hamas, des Islamischen Dschihad und der Hisbollah – Einhalt gebieten. Jedes sich wirklich zum Frieden bekennende Land muss die Entsendung iranischer Güter an diese Gruppen verhindern und sich Regimes wie dem Irak, die Terror fördern, widersetzen. Und Syrien muss im Krieg gegen den Terror die richtige Seite wählen, indem es Ausbildungslager für Terroristen schließt und Terrororganisationen ausweist.

Führende Politiker, die am Friedensprozess teilhaben wollen, müssen durch ihre Handlungsweise ihre uneingeschränkte Unterstützung für den Frieden zeigen. Während wir uns auf eine friedliche Lösung zu bewegen, erwarten wir von den arabischen Staaten den Aufbau engerer diplomatischer und handelspolitischer Beziehungen zu Israel, mit dem Ziel einer vollständigen Normalisierung der Beziehungen zwischen Israel und der gesamten arabischen Welt.

Israel hat ebenfalls ein großes Interesse am Erfolg eines demokratischen Palästinas. Ständige Besetzung bedroht die Identität und Demokratie Israels. Ein stabiler, friedlicher Staat Palästina ist für die von Israel angestrebte Sicherheit notwendig. Ich fordere Israel also zu konkreten Schritten auf, die Gründung eines lebensfähigen, glaubwürdigen palästinensischen Staats zu unterstützen.

Während wir bezüglich der Sicherheit Fortschritte machen, müssen sich die israelischen Streitkräfte vollständig auf die Positionen zurückziehen, die es vor dem 28. September 2000 innehatte. Und der israelische Siedlungsbau in den besetzten Gebieten muss in Übereinstimmung mit den Empfehlungen der Mitchell-Kommission beendet werden. Die palästinensische Volkswirtschaft muss sich entwickeln können. Sobald die Gewalt nachlässt, sollte die Freizügigkeit wiederhergestellt werden, damit unschuldige Palästinenser ihre Arbeit wieder aufnehmen und ein normales Leben führen können. Die palästinensischen Gesetzgeber und Regierungsvertreter sowie die Mitarbeiter humanitärer Hilfs- und internationaler Organisationen müssen ihrer Arbeit zum Aufbau einer besseren Zukunft nachgehen können. Israel sollte die eingefrorenen palästinensischen Vermögenswerte in ehrliche, verantwortliche Hände übergeben.

Ich habe Außenminister Powell um intensive Zusammenarbeit mit den Politikern im Nahen Osten und weltweit gebeten, um die Vision eines palästinensischen Staats zu verwirklichen und sie auf einen umfassenden Plan zur Unterstützung von Reformen und zum Aufbau von Institutionen in Palästina einzuschwören.

Letztlich müssen Israelis und Palästinenser die sie entzweienden entscheidenden Themen ansprechen, wenn es wahren Frieden geben soll; sie müssen alle Ansprüche regeln sowie die zwischen ihnen bestehenden Konflikte beilegen. Das bedeutet, dass die 1967 begonnene

israelische Besetzung durch eine zwischen den Parteien ausgehandelte Lösung auf der Grundlage der Resolutionen 242 und 338 des UN-Sicherheitsrats mit dem Rückzug der Israelis in sichere und anerkannte Grenzen beendet wird. Wir müssen auch die Fragen bezüglich Jerusalem, der Notlage und Zukunft der palästinensischen Flüchtlinge und des endgültigen Friedens zwischen Israel und dem Libanon sowie zwischen Israel und einem Syrien lösen, das Frieden unterstützt und Terror bekämpft. Alle, die mit der Geschichte des Nahen Ostens vertraut sind, müssen sich vor Augen führen, dass es Rückschläge in diesem Prozess geben kann. Wie wir gesehen haben, wollen geschulte und entschlossene Mörder diesen Prozess aufhalten. Dennoch erinnern die ägyptischen und jordanischen Friedensverträge mit Israel uns daran, dass Fortschritte mit einer entschlossenen und verantwortungsbewussten Führung schnell herbeigeführt werden können.
Mit dem Aufbau neuer palästinensischer Institutionen und der Wahl neuer Politiker, die im Bereich von Sicherheit und Reformen ihrer Aufgabe gerecht werden, erwarte ich, dass Israel reagiert und auf ein Abkommen über den endgültigen Status hinarbeitet. Durch intensive Bemühungen aller Seiten könnte dieses Abkommen binnen drei Jahren erzielt werden. Mein Land und ich werden aktiv auf dieses Ziel hinarbeiten.
Ich kann die große Wut und den Schmerz des israelischen Volks verstehen. Sie haben zu lange mit Angst und Begräbnissen gelebt, mussten Märkte und den öffentlichen Nahverkehr meiden und waren gezwungen, bewaffneten Wachleuten in Kindergärten zu postieren. Die palästinensische Autonomiebehörde hat das von Ihnen unterbreitete Angebot abgelehnt und mit den Terroristen Handel getrieben. Sie haben das Recht auf ein normales Leben, Sie haben das Recht auf Sicherheit; und ich bin der festen Überzeugung, dass Sie einen reformierten, verantwortungsbewussten palästinensischen Partner zur Erlangung dieser Sicherheit benötigen.
Ich kann die große Wut und die Verzweiflung des palästinensischen Volks verstehen. Jahrzehntelang wurden Sie im Nahostkonflikt wie ein Faustpfand behandelt. Ihre Interessen wurden einem umfassenden Friedensabkommen unterworfen, das nie zu kommen scheint, während sich Ihre Lebensumstände jedes Jahr verschlechtern. Sie verdienen Demokratie und Rechtsstaatlichkeit. Sie verdienen eine offene Gesellschaft und eine prosperierende Wirtschaft. Sie verdienen ein Leben voller Hoffnung für Ihre Kinder. Ein Ende der Besetzung und ein friedlicher demokratischer Palästinenserstaat mögen weit entfernt erscheinen, aber die Vereinigten Staaten und ihre Partner auf der ganzen Welt sind bereit zu helfen. Sie helfen Ihnen, dies so möglich wie möglich zu verwirklichen.
Wenn die Freiheit auf dem steinigen Boden des Westjordanlands und im Gazastreifen gedeihen kann, wird sie Millionen von Männern und Frauen auf der ganzen Welt inspirieren, die der Armut und Unterdrückung ebenso müde sind und denen die Vorteile der demokratischen Regierung ebenso zustehn.
Ich hege eine Hoffnung für das Volk in den muslimischen Ländern. Ihre Verpflichtung zu Moral, zum Lernen und zu Toleranz führte zu großen historischen Leistungen. Und diese Werte sind in der islamischen Welt von heute lebendig. Sie haben eine reiche Kultur, und sie teilen die Wünsche und Hoffnungen der Männer und Frauen aller anderen Kulturen. Wohlstand und Freiheit und Würde sind nicht nur amerikanische oder westliche Hoffnungen. Es sind universelle, menschliche Hoffnungen. Und selbst inmitten der Gewalt und des Aufruhrs im Nahen Osten sind die Vereinigten Staaten überzeugt, dass diese Hoffnungen die Macht zur Umgestaltung von Leben und Nationen haben.
Dieser Augenblick ist sowohl eine Chance als auch eine Bewährungsprobe für alle Parteien im Nahen Osten: eine Chance, die Grundlagen für zukünftigen Frieden zu schaffen; eine Bewährungsprobe, um zu beweisen, wer es mit dem Frieden ernst meint und wer nicht. Die Entscheidung hier ist wichtig und einfach. In der Bibel steht: „Ich habe euch Leben und Tod ... vorgelegt, damit du das Leben erwählst." Für alle Parteien in diesem Konflikt ist die Zeit gekommen, Frieden, Hoffnung und das Leben zu wählen.
Vielen Dank.
Originaltext: Bush Calls for New Palestinian Leadership
Quelle: http://www.usembassy.de/policy/d13_3.htm

Vereinte Nationen S/PRST/2002/20

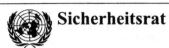
Sicherheitsrat

Verteilung: Allgemein
18. Juli 2002
Deutsch
Original: Englisch

## Erklärung des Präsidenten des Sicherheitsrats

Auf der 4578. Sitzung des Sicherheitsrats am 18. Juli 2002 gab der Präsident des Sicherheitsrats im Zusammenhang mit der Behandlung des Punktes "Die Situation im Nahen Osten, einschließlich der palästinensischen Frage" im Namen des Rates die folgende Erklärung ab:

"Der Sicherheitsrat unterstützt die Gemeinsame Erklärung des 'Quartetts', die am 16. Juli 2002 in New York vom Generalsekretär, dem Außenminister der Russischen Föderation, dem Außenminister der Vereinigten Staaten, dem Außenminister Dänemarks, dem Hohen Vertreter für die Gemeinsame Außen- und Sicherheitspolitik der Europäischen Union und dem Europäischen Kommissar für Außenbeziehungen herausgegeben wurde und die dieser Erklärung als Anlage beigefügt ist. Der Sicherheitsrat würdigt außerdem die Beteiligung hochrangiger Vertreter Ägyptens, Jordaniens und Saudi-Arabiens an Diskussionen mit dem 'Quartett'.

Der Sicherheitsrat fordert die Regierung Israels, die Palästinensische Behörde und alle Staaten in der Region auf, an den Bemühungen um die Verwirklichung der in der Gemeinsamen Erklärung aufgeführten Ziele mitzuarbeiten, und betont, wie wichtig und notwendig es ist, einen umfassenden, gerechten und dauerhaften Frieden im Nahen Osten zu erreichen, unter Berücksichtigung aller seiner einschlägigen Resolutionen, namentlich seiner Resolutionen 242 (1967) vom 22. November 1967, 338 (1973) vom 22. Oktober 1973 und 1397 (2002) vom 12. März 2002, des Rahmens von Madrid und des Grundsatzes 'Land gegen Frieden'."

---

Vorauskopie des Deutschen Übersetzungsdienstes, Vereinte Nationen, New York. Der endgültige amtliche Wortlaut der Übersetzung erscheint nach eingehender Abstimmung aller Sprachfassungen und redaktioneller Überarbeitung im Offiziellen Protokoll der Generalversammlung bzw. des Sicherheitsrats.

## GEMEINSAME ERKLÄRUNG DES "QUARTETTS"

Es folgt der Wortlaut einer gemeinsamen Erklärung, die das "Quartett" (die Vereinten Nationen, die Russische Föderation, die Vereinigten Staaten und die Europäische Union) im Anschluss an seine Sitzung in New York herausgegeben hat.

Der Generalsekretär der Vereinten Nationen, Kofi Annan, der Außenminister der Russischen Föderation, Igor Iwanow, der Außenminister der Vereinigten Staaten, Colin L. Powell, der Außenminister Dänemarks, Per Stig Moeller, der Hohe Vertreter für die Gemeinsame Außen- und Sicherheitspolitik der Europäischen Union, Javier Solana, und der Europäische Kommissar für Außenbeziehungen, Chris Patten, sind heute in New York zusammengetroffen. Die Mitglieder des Quartetts prüften die Situation im Nahen Osten und kamen überein, weiterhin enge Konsultationen zu führen, wie in der Erklärung von Madrid vorgesehen, der das Quartett voll verpflichtet bleibt, um eine gerechte, umfassende und dauerhafte Regelung des Nahostkonflikts zu fördern. Das Quartett bekundet seine Unterstützung für die Einberufung eines weiteren internationalen Ministertreffens zu einem geeigneten Zeitpunkt.

Das Quartett missbilligt nachdrücklich die tragische Tötung israelischer Zivilpersonen am heutigen Tag und wiederholt seine nachdrückliche und unmissverständliche Verurteilung des Terrorismus, einschließlich der Selbstmordattentate, die moralisch abstoßend sind und den legitimen Bestrebungen des palästinensischen Volkes nach einer besseren Zukunft großen Schaden zugefügt haben. Es darf den Terroristen nicht erlaubt werden, die Hoffnungen einer ganzen Region und einer geeinten internationalen Gemeinschaft auf echten Frieden und echte Sicherheit für Palästinenser wie für Israelis zunichte zu machen. Das Quartett bringt abermals sein tiefes Bedauern über den Verlust unschuldiger israelischer und palästinensischer Menschenleben zum Ausdruck und spricht allen, die einen solchen Verlust erlitten haben, sein Mitgefühl und seine Anteilnahme aus. Die Mitglieder des Quartetts verliehen ihrer wachsenden Sorge über die zunehmende humanitäre Krise in den palästinensischen Gebieten Ausdruck und bekundeten ihre Entschlossenheit, die vordringlichen Bedürfnisse der Palästinenser anzugehen.

In Übereinstimmung mit der Erklärung von Präsident Bush vom 24. Juni bekunden die Vereinten Nationen, die EU und Russland ihre nachdrückliche Unterstützung für das Ziel, eine endgültige israelisch-palästinensische Regelung herbeizuführen, die bei intensiven Bemühungen aller Seiten auf dem Gebiet der Sicherheit und in Bezug auf Reformen innerhalb von drei Jahren erreicht werden könnte. Die Vereinten Nationen, die EU und Russland begrüßen das Engagement von Präsident Bush für eine aktive Führungsrolle der Vereinigten Staaten bei der Verfolgung dieses Ziels. Das Quartett bekennt sich nach wie vor zur Verwirklichung der Vision zweier Staaten, Israels und eines unabhängigen, lebensfähigen und demokratischen Palästina, die Seite an Seite in Frieden und Sicherheit leben, wie dies in der Resolution 1397 des Sicherheitsrats der Vereinten Nationen bekräftigt wurde. Die Mitglieder des Quartetts versprechen, individuell und gemeinsam, alles Mögliche zu tun, um die Ziele der Reform, der Sicherheit und des Friedens zu verwirklichen, und erklären erneut, dass die Fortschritte im politischen, sicherheitsbezogenen, wirtschaftlichen und humanitären Bereich und bei der Schaffung von Institutionen Hand in Hand gehen müssen. Das Quartett wiederholt, dass es die Initiative Saudi-

Arabiens, die vom Gipfel der Arabischen Liga in Beirut unterstützt wurde, als wichtigen Beitrag zu einem umfassenden Frieden begrüßt.

Zur Förderung von Fortschritten in Richtung auf diese gemeinsamen Ziele kam das Quartett überein, dass einer koordinierten internationalen Kampagne zur Unterstützung der palästinensischen Bemühungen um politische und wirtschaftliche Reformen große Bedeutung zukommt. Das Quartett begrüßt und ermuntert das starke palästinensische Interesse an grundlegenden Reformen, einschließlich des palästinensischen 100-Tage-Reformprogramms. Es begrüßt außerdem die Bereitschaft der Staaten der Region und der internationalen Gemeinschaft, den Palästinensern beim Aufbau von Institutionen für eine gute Regierungsführung und bei der Schaffung eines neuen Rahmens für eine funktionierende Demokratie in Vorbereitung auf die Schaffung eines Staates behilflich zu sein. Eine wesentliche Voraussetzung für die Verwirklichung dieser Ziele ist die Abhaltung gut vorbereiteter, freier, offener und demokratischer Wahlen. Die neue internationale Arbeitsgruppe für Reformen, die aus Vertretern der Vereinigten Staaten, der EU, des Generalsekretärs der Vereinten Nationen, Russlands, Japans, Norwegens, der Weltbank und des Internationalen Währungsfonds besteht und unter der Schirmherrschaft des Quartetts tätig ist, wird sich um die Ausarbeitung und Umsetzung eines umfassenden Aktionsplans für Reformen bemühen. Auf der ersten Sitzung dieser Arbeitsgruppe am 10. Juli in London wurde ein detaillierter Plan erörtert, der konkrete palästinensische Verpflichtungen enthält. Die Gruppe wird im August erneut zusammentreten, um Maßnahmen unter anderem im Bereich der Zivilgesellschaft, der finanziellen Rechenschaftspflicht, der Kommunalverwaltung, der Marktwirtschaft, der Wahlen und der Justiz- und Verwaltungsreform zu prüfen.

Die Umsetzung eines Aktionsplans mit geeigneten Zielparametern für Fortschritte bei den Reformmaßnahmen sollte zur Errichtung eines demokratischen palästinensischen Staates führen, der durch Rechtsstaatlichkeit, Gewaltenteilung und eine lebendige freie Marktwirtschaft gekennzeichnet ist, die den Interessen seiner Bevölkerung am besten gerecht wird. Das Quartett verpflichtet sich außerdem dazu, die Parteien bei Bemühungen um die Wiederaufnahme des Dialogs auch weiterhin zu unterstützen, und es begrüßt in dieser Hinsicht die jüngsten Ministertreffen auf hoher Ebene zwischen Israelis und Palästinensern über Fragen der Sicherheit, der Wirtschaft und der Reformen.

Das Quartett stimmte darin überein, dass es unbedingt erforderlich ist, neue und effiziente palästinensische Sicherheitskapazitäten mit einer soliden Grundlage aufzubauen, mit einheitlicher Führung und mit Transparenz und Rechenschaftspflicht, was ihre Ressourcen und ihre Verhaltensweisen betrifft. Eine Umstrukturierung der Sicherheitsinstitutionen im Hinblick auf diese Ziele sollte zu einer Verbesserung der Leistungen der Palästinenser auf dem Gebiet der Sicherheit führen, was eine wesentliche Voraussetzung für Fortschritte bei anderen Aspekten der institutionellen Veränderungen und bei der Verwirklichung eines palästinensischen Staates darstellt, der der Terrorbekämpfung verpflichtet ist.

In diesem Zusammenhang stellt das Quartett fest, dass Israel ein vitales Interesse am Erfolg der palästinensischen Reformen hat. Das Quartett fordert Israel auf, konkrete Schritte zu unternehmen, um das Entstehen eines lebensfähigen palästinensischen Staates zu unterstützen. Unter Berücksichtigung der legitimen Sicherheitsbedürfnisse Israels gehören zu diesen Schritten sofortige Maßnahmen, um die internen Abriegelungen in bestimmten Gebieten zu lockern, sowie, mit fortschreitenden Verbesserungen der Sicherheitslage durch reziproke Maßnahmen, der Rückzug der israelischen Truppen auf ihre Positionen vor dem 28. September 2000. Des weiteren sollten eingefrorene Steuereinnahmen freigegeben werden. In dieser Hinsicht wird derzeit ein Mechanismus geschaffen, der mehr Transparenz und Rechenschaftspflicht bietet. Ferner sollte Israel im Einklang mit den Empfehlungen des Mitchell-Ausschusses jegliche neue Siedlungstätigkeit einstellen. Israel muss außerdem den vollen, sicheren und ungehinderten Zugang für das internationale und humanitäre Personal gewährleisten.

Das Quartett erklärt erneut, dass es zu einer ausgehandelten, dauerhaften Regelung auf der Grundlage der Resolutionen 242 und 338 des Sicherheitsrats kommen muss. Es kann keine militärische Lösung des Konflikts geben; Israelis und Palästinenser müssen die zentralen Fragen, die sie trennen, durch nachhaltige Verhandlungen beilegen, wenn es einen echten und dauerhaften Frieden und tatsächliche und anhaltende Sicherheit geben soll. Die 1967 begonnene israelische Besatzung muss beendet werden, und Israel muss sichere und anerkannte Grenzen haben. Das Quartett bekräftigt ferner sein Bekenntnis zum Ziel eines umfassenden regionalen Friedens zwischen Israel und Libanon sowie zwischen Israel und Syrien auf der Grundlage der Resolutionen 242 und 338, des Rahmens von Madrid und des Grundsatzes "Land gegen Frieden".

Das Quartett sieht den bevorstehenden Konsultationen mit den Außenministern Jordaniens, Ägyptens, Saudi-Arabiens und mit anderen regionalen Partnern mit Interesse entgegen und beschließt, weiterhin regelmäßige Konsultationen auf Ebene der höchsten Vertreter über die Situation im Nahen Osten abzuhalten. Die Gesandten des Quartetts werden ihre Arbeit vor Ort fortsetzen, um die Arbeit der höchsten Vertreter zu unterstützen, der Arbeitsgruppe für Reformen behilflich zu sein und den Parteien Hilfestellung bei der Wiederaufnahme eines politischen Dialogs zu geben, damit eine Lösung für die zentralen politischen Fragen erreicht werden kann.

## 5. Dokumente

Interview von Bundesaußenminister Joschka Fischer mit der „Süddeutschen Zeitung" vom 7. August 2002 (Auszüge)
Betrifft: Militärintervention in Irak – Rolle der Europäer – Beteiligung der Bundeswehr – EU-Mitgliedschaft der Türkei.

.....
*Frage:* Was spricht aus Ihrer Sicht gegen eine Militärintervention in Irak?
*Fischer:* Unsere tiefe Skepsis und damit unsere Ablehnung gründet sich darauf, dass hier eine falsche Priorität gesetzt wird. Unsere Analyse zeigt an erster Stelle die Bedrohung durch den islamistischen Terrorismus. Niemand kann bislang einen weiteren großen Anschlag ausschließen. Aber niemand hat auch bisher eine Verbindung von Saddam Hussein zu Organisationen wie Al Khaïda nachgewiesen. Die zweite extreme Gefahr geht vom Nahost-Konflikt aus. Um hier Verhandlungen wieder eine Chance zu geben, bedarf es einer großen Anstrengung und eines geschlossenen internationalen Handelns. Und ohne eine Lösung dieser zwei Probleme einen dritten Konflikt zu eröffnen, das birgt ein großes, ja ein nahezu unkalkulierbares Risiko.
*Frage:* Die Amerikaner haben mit Irak noch eine Rechnung offen.
*Fischer:* Die Fragen, die George Bush senior Anfang der neunziger Jahre gehindert haben, amerikanische Truppen bis Bagdad vorrücken zu lassen, sind auch heute noch unbeantwortet. Die USA verfügen über die militärischen Mittel für einen gewaltsamen Regimewechsel in Irak – aber ist man sich über die Risiken im Klaren? Und ist man sich im Klaren, dass dies eine völlige Neuordnung des Nahen Ostens nach sich ziehen müsste, und zwar nicht nur militärisch, sondern vor allem auch politisch? Dies hieße für die USA eine möglicherweise jahrzehntelange Präsenz in dieser Region. Ob die Amerikaner dazu bereit sind, ist mehr als offen. Wenn sie allerdings vor der Zeit ihre Präsenz beenden würden, dann hätten wir Europäer als unmittelbare Nachbarn dieser Region die fatalen Konsequenzen zu tragen.
*Frage:* Wie schätzen Sie die Bedrohung durch Saddam Hussein ein?
*Fischer:* Saddam Hussein ist ein verbrecherischer Diktator, und eine Strafe für sein eigenes Volk. Aber man muss sehen – und das hat auch die Anhörung im US-Senat gezeigt –, dass die Eindämmungspolitik der Vereinten Nationen im Großen und Ganzen erfolgreich war. Ich sehe nicht, dass sich die Bedrohung durch Irak so verändert hätte, dass sie jetzt ein militärisches Eingreifen notwendig machen würde. Im Übrigen: Wenn es anders wäre, davon können Sie ausgehen, dann wäre der Wahlkampf zweitrangig. Wenn für Deutschland und seine Bevölkerung eine wachsende oder unmittelbare Gefahr bestünde, wäre ich ausschließlich meinem Amt als Außenminister verpflichtet. Und das kann ich auch für meinen Kanzler sagen.
*Frage:* Eine Beteiligung der Bundeswehr wäre nicht im deutschen Interesse?
*Fischer:* Das ist keine Frage des deutschen Interesses. Wir müssen eine gemeinsame europäische Position finden. Das wird schwierig genug. Und Schäuble hat uns da keinen Gefallen getan.
*Frage:* Die Türkei hat einige substanzielle Gesetzesänderungen beschlossen ...
*Fischer:* ... man kann sogar sagen: historische Gesetzesänderungen.
*Frage:* Rückt die Türkei damit der EU-Mitgliedschaft näher?
*Fischer:* Da frage ich als erstes: Ist dieses Europa nicht faszinierend? Ohne eine europäische Perspektive hätte es diese Veränderungen in der Türkei wohl auf Jahrzehnte nicht gegeben. (...) Die Ängste, die geschürt werden, teile ich nicht. Es kommt jetzt auf die Umsetzung an, aber die Reformen können sich als Durchbruch zur Modernisierung der Türkei erweisen. Sie wäre das erste islamisch geprägte Land, das diese Modernisierung schafft. Und nun denken Sie mal perspektivisch, was das für die ganze Region bedeuten könnte. Da könnte langfristig

die Chance erwachsen, die Modernisierungsblockade der arabisch-islamischen Welt aufzubrechen.

*Frage:* Aber die Türkei erwartet nun den Beginn der Verhandlungen über eine EU-Mitgliedschaft.

*Fischer:* Das wird die EU-Kommission zu erörtern haben. Aber klar ist: Die Kriterien für solche Verhandlungen sind festgelegt, und da wird es auch keine Lex Türkei geben können. ...

Quelle: Auswärtiges Amt, Berlin; über: <http://www.auswaertiges-amt.de>.

President George W. Bush

**President's Remarks at the United Nations General Assembly**
Remarks by the President in Address to the United Nations General Assembly
New York, New York

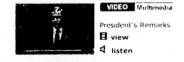

President's Remarks
view
listen

▪ Fact Sheet: U.S. Rejoins UNESCO
▪ A Decade of Deception and Defiance

10:39 A.M. EDT

THE PRESIDENT: Mr. Secretary General, Mr. President, distinguished delegates, and ladies and gentlemen: We meet one year and one day after a terrorist attack brought grief to my country, and brought grief to many citizens of our world. Yesterday, we remembered the innocent lives taken that terrible morning. Today, we turn to the urgent duty of protecting other lives, without illusion and without fear.

We've accomplished much in the last year -- in Afghanistan and beyond. We have much yet to do -- in Afghanistan and beyond. Many nations represented here have joined in the fight against global terror, and the people of the United States are grateful.

The United Nations was born in the hope that survived a world war -- the hope of a world moving toward justice, escaping old patterns of conflict and fear. The founding members resolved that the peace of the world must never again be destroyed by the will and wickedness of any man. We created the United Nations Security Council, so that, unlike the League of Nations, our deliberations would be more than talk, our resolutions would be more than wishes. After generations of deceitful dictators and broken treaties and squandered lives, we dedicated ourselves to standards of human dignity shared by all, and to a system of security defended by all.

Today, these standards, and this security, are challenged. Our commitment to human dignity is challenged by persistent poverty and raging disease. The suffering is great, and our responsibilities are clear. The United States is joining with the world to supply aid where it reaches people and lifts up lives, to extend trade and the prosperity it brings, and to bring medical care where it is desperately needed.

As a symbol of our commitment to human dignity, the United States will return to UNESCO. (Applause.) This organization has been reformed and America will participate fully in its mission to advance human rights and tolerance and learning.

Our common security is challenged by regional conflicts -- ethnic and religious strife that is ancient, but not inevitable. In the Middle East, there can be no peace for either side without freedom for both sides. America stands committed to an independent and democratic Palestine, living side by side with Israel in peace and security. Like all other people, Palestinians deserve a government that serves their interests and listens to their voices. My nation will continue to encourage all parties to step up to their responsibilities as we seek a just and comprehensive settlement to the conflict.

Above all, our principles and our security are challenged today by outlaw groups and regimes that accept no law of morality and have no limit to their violent ambitions. In the attacks on

America a year ago, we saw the destructive intentions of our enemies. This threat hides within many nations, including my own. In cells and camps, terrorists are plotting further destruction, and building new bases for their war against civilization. And our greatest fear is that terrorists will find a shortcut to their mad ambitions when an outlaw regime supplies them with the technologies to kill on a massive scale.

In one place -- in one regime -- we find all these dangers, in their most lethal and aggressive forms, exactly the kind of aggressive threat the United Nations was born to confront.

Twelve years ago, Iraq invaded Kuwait without provocation. And the regime's forces were poised to continue their march to seize other countries and their resources. Had Saddam Hussein been appeased instead of stopped, he would have endangered the peace and stability of the world. Yet this aggression was stopped -- by the might of coalition forces and the will of the United Nations.

To suspend hostilities, to spare himself, Iraq's dictator accepted a series of commitments. The terms were clear, to him and to all. And he agreed to prove he is complying with every one of those obligations.

He has proven instead only his contempt for the United Nations, and for all his pledges. By breaking every pledge -- by his deceptions, and by his cruelties -- Saddam Hussein has made the case against himself.

In 1991, Security Council Resolution 688 demanded that the Iraqi regime cease at once the repression of its own people, including the systematic repression of minorities -- which the Council said, threatened international peace and security in the region. This demand goes ignored.

Last year, the U.N. Commission on Human Rights found that Iraq continues to commit extremely grave violations of human rights, and that the regime's repression is all pervasive. Tens of thousands of political opponents and ordinary citizens have been subjected to arbitrary arrest and imprisonment, summary execution, and torture by beating and burning, electric shock, starvation, mutilation, and rape. Wives are tortured in front of their husbands, children in the presence of their parents -- and all of these horrors concealed from the world by the apparatus of a totalitarian state.

In 1991, the U.N. Security Council, through Resolutions 686 and 687, demanded that Iraq return all prisoners from Kuwait and other lands. Iraq's regime agreed. It broke its promise. Last year the Secretary General's high-level coordinator for this issue reported that Kuwait, Saudi, Indian, Syrian, Lebanese, Iranian, Egyptian, Bahraini, and Omani nationals remain unaccounted for -- more than 600 people. One American pilot is among them.

In 1991, the U.N. Security Council, through Resolution 687, demanded that Iraq renounce all involvement with terrorism, and permit no terrorist organizations to operate in Iraq. Iraq's regime agreed. It broke this promise. In violation of Security Council Resolution 1373, Iraq continues to shelter and support terrorist organizations that direct violence against Iran, Israel, and Western governments. Iraqi dissidents abroad are targeted for murder. In 1993, Iraq attempted to assassinate the Emir of Kuwait and a former American President. Iraq's government openly praised the attacks of September the 11th. And al Qaeda terrorists escaped from Afghanistan and are known to be in Iraq.

In 1991, the Iraqi regime agreed to destroy and stop developing all weapons of mass destruction and long-range missiles, and to prove to the world it has done so by complying with rigorous inspections. Iraq has broken every aspect of this fundamental pledge.

From 1991 to 1995, the Iraqi regime said it had no biological weapons. After a senior official in its weapons program defected and exposed this lie, the regime admitted to producing tens of thousands of liters of anthrax and other deadly biological agents for use with Scud warheads, aerial bombs, and aircraft spray tanks. U.N. inspectors believe Iraq has produced two to four times the amount of biological agents it declared, and has failed to account for more than three metric tons of material that could be used to produce biological weapons. Right now, Iraq is expanding and improving facilities that were used for the production of biological weapons.

United Nations' inspections also revealed that Iraq likely maintains stockpiles of VX, mustard and other chemical agents, and that the regime is rebuilding and expanding facilities capable of producing chemical weapons.

And in 1995, after four years of deception, Iraq finally admitted it had a crash nuclear weapons program prior to the Gulf War. We know now, were it not for that war, the regime in Iraq would likely have possessed a nuclear weapon no later than 1993.

Today, Iraq continues to withhold important information about its nuclear program -- weapons design, procurement logs, experiment data, an accounting of nuclear materials and documentation of foreign assistance. Iraq employs capable nuclear scientists and technicians. It retains physical infrastructure needed to build a nuclear weapon. Iraq has made several attempts to buy high-strength aluminum tubes used to enrich uranium for a nuclear weapon. Should Iraq acquire fissile material, it would be able to build a nuclear weapon within a year. And Iraq's state-controlled media has reported numerous meetings between Saddam Hussein and his nuclear scientists, leaving little doubt about his continued appetite for these weapons.

Iraq also possesses a force of Scud-type missiles with ranges beyond the 150 kilometers permitted by the U.N. Work at testing and production facilities shows that Iraq is building more long-range missiles that it can inflict mass death throughout the region.

In 1990, after Iraq's invasion of Kuwait, the world imposed economic sanctions on Iraq. Those sanctions were maintained after the war to compel the regime's compliance with Security Council resolutions. In time, Iraq was allowed to use oil revenues to buy food. Saddam Hussein has subverted this program, working around the sanctions to buy missile technology and military materials. He blames the suffering of Iraq's people on the United Nations, even as he uses his oil wealth to build lavish palaces for himself, and to buy arms for his country. By refusing to comply with his own agreements, he bears full guilt for the hunger and misery of innocent Iraqi citizens.

In 1991, Iraq promised U.N. inspectors immediate and unrestricted access to verify Iraq's commitment to rid itself of weapons of mass destruction and long-range missiles. Iraq broke this promise, spending seven years deceiving, evading, and harassing U.N. inspectors before ceasing cooperation entirely. Just months after the 1991 cease-fire, the Security Council twice renewed its demand that the Iraqi regime cooperate fully with inspectors, condemning Iraq's serious violations of its obligations. The Security Council again renewed that demand in 1994, and twice more in 1996, deploring Iraq's clear violations of its obligations. The Security Council renewed its demand three more times in 1997, citing flagrant violations; and three more times in 1998, calling Iraq's behavior totally unacceptable. And in 1999, the demand was renewed yet again.

As we meet today, it's been almost four years since the last U.N. inspectors set foot in Iraq, four years for the Iraqi regime to plan, and to build, and to test behind the cloak of secrecy.

We know that Saddam Hussein pursued weapons of mass murder even when inspectors were in his country. Are we to assume that he stopped when they left? The history, the logic, and the facts lead to one conclusion: Saddam Hussein's regime is a grave and gathering danger. To suggest otherwise is to hope against the evidence. To assume this regime's good faith is to bet the lives of millions and the peace of the world in a reckless gamble. And this is a risk we must not take.

Delegates to the General Assembly, we have been more than patient. We've tried sanctions. We've tried the carrot of oil for food, and the stick of coalition military strikes. But Saddam

Hussein has defied all these efforts and continues to develop weapons of mass destruction. The first time we may be completely certain he has a -- nuclear weapons is when, God forbids, he uses one. We owe it to all our citizens to do everything in our power to prevent that day from coming.

The conduct of the Iraqi regime is a threat to the authority of the United Nations, and a threat to peace. Iraq has answered a decade of U.N. demands with a decade of defiance. All the world now faces a test, and the United Nations a difficult and defining moment. Are Security Council resolutions to be honored and enforced, or cast aside without consequence? Will the United Nations serve the purpose of its founding, or will it be irrelevant?

The United States helped found the United Nations. We want the United Nations to be effective, and respectful, and successful. We want the resolutions of the world's most important multilateral body to be enforced. And right now those resolutions are being unilaterally subverted by the Iraqi regime. Our partnership of nations can meet the test before us, by making clear what we now expect of the Iraqi regime.

If the Iraqi regime wishes peace, it will immediately and unconditionally forswear, disclose, and remove or destroy all weapons of mass destruction, long-range missiles, and all related material.

If the Iraqi regime wishes peace, it will immediately end all support for terrorism and act to suppress it, as all states are required to do by U.N. Security Council resolutions.

If the Iraqi regime wishes peace, it will cease persecution of its civilian population, including Shi'a, Sunnis, Kurds, Turkomans, and others, again as required by Security Council resolutions.

If the Iraqi regime wishes peace, it will release or account for all Gulf War personnel whose fate is still unknown. It will return the remains of any who are deceased, return stolen property, accept liability for losses resulting from the invasion of Kuwait, and fully cooperate with international efforts to resolve these issues, as required by Security Council resolutions.

If the Iraqi regime wishes peace, it will immediately end all illicit trade outside the oil-for-food program. It will accept U.N. administration of funds from that program, to ensure that the money is used fairly and promptly for the benefit of the Iraqi people.

If all these steps are taken, it will signal a new openness and accountability in Iraq. And it could open the prospect of the United Nations helping to build a government that represents all Iraqis -- a government based on respect for human rights, economic liberty, and internationally supervised elections.

The United States has no quarrel with the Iraqi people; they've suffered too long in silent captivity. Liberty for the Iraqi people is a great moral cause, and a great strategic goal. The people of Iraq deserve it; the security of all nations requires it. Free societies do not intimidate through cruelty and conquest, and open societies do not threaten the world with mass murder. The United States supports political and economic liberty in a unified Iraq.

We can harbor no illusions -- and that's important today to remember. Saddam Hussein attacked Iran in 1980 and Kuwait in 1990. He's fired ballistic missiles at Iran and Saudi Arabia, Bahrain, and Israel. His regime once ordered the killing of every person between the ages of 15 and 70 in certain Kurdish villages in northern Iraq. He has gassed many Iranians, and 40 Iraqi villages.

My nation will work with the U.N. Security Council to meet our common challenge. If Iraq's regime defies us again, the world must move deliberately, decisively to hold Iraq to account. We will work with the U.N. Security Council for the necessary resolutions. But the purposes of the United States should not be doubted. The Security Council resolutions will be enforced -- the just demands of peace and security will be met -- or action will be unavoidable. And a regime that has lost its legitimacy will also lose its power.

Events can turn in one of two ways: If we fail to act in the face of danger, the people of Iraq will continue to live in brutal submission. The regime will have new power to bully and dominate and conquer its neighbors, condemning the Middle East to more years of bloodshed and fear. The regime will remain unstable -- the region will remain unstable, with little hope of freedom, and isolated from the progress of our times. With every step the Iraqi regime takes toward gaining and deploying the most terrible weapons, our own options to confront that regime will narrow. And if an emboldened regime were to supply these weapons to terrorist allies, then the attacks of September the 11th would be a prelude to far greater horrors.

If we meet our responsibilities, if we overcome this danger, we can arrive at a very different future. The people of Iraq can shake off their captivity. They can one day join a democratic Afghanistan and a democratic Palestine, inspiring reforms throughout the Muslim world. These nations can show by their example that honest government, and respect for women, and the great Islamic tradition of learning can triumph in the Middle East and beyond. And we will show that the promise of the United Nations can be fulfilled in our time.

Neither of these outcomes is certain. Both have been set before us. We must choose between a world of fear and a world of progress. We cannot stand by and do nothing while dangers gather. We must stand up for our security, and for the permanent rights and the hopes of mankind. By heritage and by choice, the United States of America will make that stand. And, delegates to the United Nations, you have the power to make that stand, as well.

Thank you very much. (Applause.)

END 11:04 A.M. EDT

**Return to this article at:**
http://www.whitehouse.gov/news/releases/2002/09/20020912-1.html

President Discusses Growing Danger posed by Saddam Hussein's Regime
Radio Address by the President to the Nation

A Decade of Deception and Defiance
Audio

THE PRESIDENT: Good morning. Today I'm meeting with Italian Prime Minister Silvio Berlusconi about the growing danger posed by Saddam Hussein's regime in Iraq, and the unique opportunity the U.N. Security Council has to confront it.

I appreciate the Prime Minister's public support for effective international action to deal with this danger. The Italian Prime Minister joins other concerned world leaders who have called on the world to act. Among them, Prime Minister Blair of Great Britain, Prime Minister Aznar of Spain, President Kwasniewski of Poland. These leaders have reached the same conclusion I have -- that Saddam Hussein has made the case against himself.

He has broken every pledge he made to the United Nations and the world since his invasion of Kuwait was rolled back in 1991. Sixteen times the United Nations Security Council has passed resolutions designed to ensure that Iraq does not pose a threat to international peace and security. Saddam Hussein has violated every one of these 16 resolutions -- not once, but many times.

Saddam Hussein's regime continues to support terrorist groups and to oppress its civilian population. It refuses to account for missing Gulf War personnel, or to end illicit trade outside the U.N.'s oil-for-food program. And although the regime agreed in 1991 to destroy and stop developing all weapons of mass destruction and long-range missiles, it has broken every aspect of this fundamental pledge.

Today this regime likely maintains stockpiles of chemical and biological agents, and is improving and expanding facilities capable of producing chemical and biological weapons. Today Saddam Hussein has the scientists and infrastructure for a nuclear weapons program, and has illicitly sought to purchase the equipment needed to enrich uranium for a nuclear weapon. Should his regime acquire fissile material, it would be able to build a nuclear weapon within a year.

The former head of the U.N. team investigating Iraq's weapons of mass destruction program, Richard Butler, reached this conclusion after years of experience: "The fundamental problem with Iraq remains the nature of the regime itself. Saddam Hussein is a homicidal dictator who is addicted to weapons of mass destruction."

By supporting terrorist groups, repressing its own people and pursuing weapons of mass destruction in defiance of a decade of U.N. resolutions, Saddam Hussein's regime has proven itself a grave and gathering danger. To suggest otherwise is to hope against the evidence. To assume this regime's good faith is to bet the lives of millions and the peace of the world in a reckless gamble. And this is a risk we must not take.

Saddam Hussein's defiance has confronted the United Nations with a difficult and defining moment: Are Security Council resolutions to be honored and enforced, or cast aside without consequence? Will the United Nations serve the purposes of its founding, or will it be irrelevant?

As the United Nations prepares an effective response to Iraq's defense, I also welcome next week's congressional hearings on the threats Saddam Hussein's brutal regime poses to our country and the world. Congress must make it unmistakably clear that when it comes to confronting the growing danger posed by Iraq's efforts to develop or acquire weapons of mass destruction, the status quo is totally unacceptable.

## 5. Dokumente

President Discusses Growing Danger posed by Saddam Hussein's Regime

The issue is straightforward: We must choose between a world of fear, or a world of progress. We must stand up for our security and for the demands of human dignity. By heritage and choice, the United will make that stand. The world community must do so, as well.

Thank you for listening.

END

## "Für ein System globaler kooperativer Sicherheit" - Rede von Bundesaußenminister Fischer vor der 57. Generalversammlung der Vereinten Nationen am 14. September 2002 in New York

*Es gilt das gesprochene Wort!*

Herr Präsident,
meine Damen und Herren,
lassen Sie mich zunächst Ihnen, Herr Präsident, für Ihr wichtiges Amt alles Gute wünschen. Verehrter Kollege Kavan, wir freuen uns, dass dieses Jahr mit Ihnen ein Vertreter unserer tschechischer Nachbarn der Generalversammlung vorsitzen wird. Gleichzeitig spreche ich dem scheidenden Präsidenten meinen aufrichtigen Dank aus. Den Ausführungen der dänischen EU-Präsidentschaft schließe ich mich an.

Herr Präsident,
vor genau einem Jahr erschütterte der menschenverachtende Terror des 11.9. die Welt. Verkehrsflugzeuge wurden zu Lenkwaffen, deren Einsatz ohne jegliche Rücksicht auf Menschenleben geplant war. Ihre verheerende Wirkung zerstörte Familien, begrub Hoffnungen, riss Menschen auseinander, egal welchen Alters und welchen Geschlechts sie waren oder welcher Religion sie angehörten. Vor drei Tagen haben wir hier in New York in einer bewegenden Zeremonie der Opfer gedacht. Wir haben die Bilder des 11.9. nicht vergessen. Wir haben den Schock noch nicht überwunden. Unsere Solidarität mit den USA ist ungebrochen. Wir verstehen unsere amerikanischen Freunde: Ebenso wie sie sind wir nicht bereit, unter dem Damoklesschwert des Terrorismus zu leben.

Dieser mörderische Angriff auf die Menschen und die Regierung der Vereinigten Staaten war auch ein Angriff auf alle offenen Gesellschaften. Unzählige Staaten haben Landsleute unter den Tausenden von Opfern im World Trade Center zu beklagen. Der Angriff hätte jede offene Gesellschaft treffen können – die Terroristen haben sich jedoch die USA als Sinnbild von Freiheit und Demokratie mit Bedacht ausgesucht.

Wir wissen, dass sich diese neue totalitäre Herausforderung auch gegen uns alle richtet. Seit dem 11. September 2001 stellt sich daher der Staatengemeinschaft die Frage von Frieden und Sicherheit zu Beginn des 21. Jahrhunderts auf ganz neue Weise.

Mit Terroristen wie Osama bin Laden werden wir nicht verhandeln können. Sein Ziel ist es, möglichst viele unschuldige Menschen zu töten, um so ein Maximum an Terror und Schrecken zu verbreiten. Wenn es diesen Terroristen gelingt, noch schrecklichere Waffen zu beschaffen, so werden sie diese bedenkenlos gegen uns alle einsetzen. Deshalb müssen wir gemeinsam in der internationalen Anti-Terrorkoalition dieses internationale terroristische Netzwerk niederkämpfen und zerstören. Die hochgefährliche Verknüpfung aus religiösem Hass, schwelenden Regionalkonflikten, terroristischen Anschlägen und der Gefahr des Einsatzes von Massenvernichtungswaffen muss um

## 5. DOKUMENTE

jeden Preis verhindert werden.

Vor allem aber dürfen wir nicht vergessen: Einerseits muss der Terrorismus entschlossen militärisch-polizeilich bekämpft werden. Andererseits gilt es, die in der Millenniumserklärung zu Recht hervorgehobenen politischen und sozialen Konflikte zu lösen, die den Nährboden für die Entstehung von Terrorismus darstellen. Beschränkt man sich nur auf das Eine und lässt das Andere, so droht ein Scheitern.

Unser gemeinsames Ziel ist es, dass die Menschen in unseren Ländern sicher, frei und ohne Not leben können. Um dies zu erreichen, benötigen wir ein System globaler kooperativer Sicherheit. Ein System, das - anders als die frühere Bipolarität des Kalten Krieges - alle sicherheitsrelevanten Ebenen der Weltpolitik erfassen muss: Die Beziehungen großer Mächte und ihrer Bündnisse ebenso wie das Gefährdungspotential regionaler Krisen und die Bedrohung durch asymmetrische Konflikte. Denn eines ist nach dem 11.9. deutlicher als zuvor: Terrorismus bedroht den Weltfrieden genauso wie Bürgerkriege und regionale Konflikte dies tun. Ein solches System darf daher nicht „zahnlos" sein, sondern muss in jedem der drei Bereiche durch tragende Verifikationssysteme und durchsetzungsfähige Sanktionsmechanismen wirken.

Ich bin überzeugt, dass die Entwicklung eines solchen umfassenden Systems globaler kooperativer Sicherheit unsere zentrale politische Aufgabe für das 21. Jahrhundert sein wird.

Die Lösung dieser Aufgabe kann nur im Multilateralismus, das heißt in der Zusammenarbeit der Nationen liegen. Der Terrorismus macht an Grenzen nicht halt und die Gestaltung der Globalisierung ist eine Aufgabe, die einzelne Regierungen allein nicht mehr bewältigen können. Bei der Entwicklung dieses Sicherheitssystems kommt daher den Vereinten Nationen eine überragende Rolle zu. Sie sind das wichtigste Forum für globale Regelsetzung. Keine andere Organisation verfügt über eine vergleichbare Legitimität und Glaubwürdigkeit. Ihre Handlungsfähigkeit durch die Fortsetzung des Reformkurses des Generalsekretärs entscheidend zu stärken ist daher ein zentrales Anliegen deutscher Außenpolitik.

Herr Präsident,
mit großer Sorge erfüllt uns die Entwicklung im Irak. Saddam Husseins Regime ist eine brutale Diktatur. Der Irak hat unter seiner Regierung seine Nachbarn Iran und Kuwait überfallen, Israel mit Raketen beschossen und Giftgas gegen den Iran und die eigene kurdische Bevölkerung eingesetzt. Das Regime ist furchtbar für das irakische Volk und ein Risiko für die Region. Deshalb wurde seit dem Golfkrieg gegenüber dem Irak eine wirksame Eindämmungspolitik und eine effektive militärische Kontrolle der Flugverbotszonen durchgesetzt sowie ein striktes Sanktionsregime beschlossen.

Das Regime in Bagdad darf keine Massenvernichtungsmittel und Trägersysteme besitzen oder produzieren. Trotz bindender Verpflichtungen durch den Sicherheitsrat weigert sich Saddam Hussein, die drängenden Fragen der Staatengemeinschaft nach seinen Massenvernichtungswaffen glaubwürdig und nachprüfbar zu beantworten. Deshalb muss der Druck der Vereinten Nationen auf die Regierung des Irak nicht nur aufrechterhalten, sondern verstärkt werden.

Wir begrüßen, dass Präsident Bush in seiner jüngsten Rede den Weg in den Sicherheitsrat gegangen ist. Auch wenn es sehr schwierig werden wird, so muss doch alles getan werden, um eine diplomatische Lösung zu finden.

Unmissverständlich müssen Sicherheitsrat und Mitgliedsstaaten Bagdad klar machen, dass die uneingeschränkte und bedingungslose Wiederzulassung der Waffeninspekteure der einzige Weg ist, um eine große Tragödie für den Irak und die gesamte Region zu verhindern. Alle einschlägigen VN-Resolutionen müssen vollständig und unverzüglich durch die Regierung des Irak umgesetzt werden.

Wir wollen jedoch keinen Automatismus hin zur Anwendung militärischer Zwangsmaßnahmen.

Der Kampf gegen den internationalen Terrorismus bleibt hochgefährlich. Afghanistan konnte noch keineswegs stabilisiert werden. Explosive Regionalkonflikte in Kaschmir, in Nahost und am Kaukasus müssen gelöst oder zumindest wirksam eingedämmt werden.

Uns stellen sich folgende zentrale Fragen: Sind wirklich alle ökonomischen und politischen Druckmöglichkeiten ausgeschöpft? Zu welchen Folgen würde ein militärisches Eingreifen führen? Was bedeutete dies für die regionale Stabilität? Welche Auswirkung hätte es auf den Nahostkonflikt? Gibt es neue und eindeutige Erkenntnisse und Fakten? Rechtfertigt die Bedrohungsanalyse, ein sehr hohes Risiko einzugehen - die Verantwortung nämlich für Frieden und Stabilität der ganzen Region und zwar für Jahre oder sogar Jahrzehnte? Träfe dies bei den arabischen Nachbarn auf Zustimmung? Welche Folge hätte es für den Fortbestand der weltweiten Koalition gegen den Terrorismus? Angesichts dieser offenen Fragen sind wir voll tiefer Skepsis gegenüber einem militärischen Vorgehen und bleiben bei unserer Haltung.

Gestatten Sie mir auch die weitere Frage, ob nicht eine Friedenslösung im Nahen Osten wesentlich mehr zur Herstellung regionaler Stabilität, zu einer wirksamen Bekämpfung des Terrorismus und zur effektiven Kontrolle und Abrüstung der Massenvernichtungsmittel beitragen könnte. Und würde damit nicht auf viel wirksamere Weise das Regime in Bagdad isoliert und ein politischer Veränderungsdruck entstehen? Und wäre nicht dieser kooperative Ansatz zur Neuordnung der Region der aussichtsreichere Weg zu einer Demokratisierung des Nahen Ostens, die von den regionalen Mächten mit getragen würde?

Herr Präsident,
nirgends ist der Zusammenhang zwischen Terrorismus und Regionalkonflikt sinnfälliger als im Nahen und Mittleren Osten. Der Durchbruch zum Frieden ist in dieser Weltregion somit von größter Bedeutung. Gerade jetzt ist der Konsens der internationalen Staatengemeinschaft in der Nahostfrage größer als je zuvor. Alle müssen wir gemeinsam das von Präsident Bush für 2005 anvisierte Ziel erreichen, dass zwei Staaten, Israel und ein demokratisches Palästina, als Nachbarn in sicheren und anerkannten Grenzen leben. Die Europäische Union hat einen Fahrplan zur Erreichung dieses Ziels erarbeitet. Eine baldige Nahost-Konferenz könnte helfen, Brücken zu bauen und den Prozess zu beschleunigen. Gemeinsam mit unseren EU-Partnern sind wir bereit, hierzu einen maßgeblichen Beitrag zu leisten.

Ein umfassender Frieden im Nahen Osten muss auch den Libanon und Syrien einschließen. Die bedeutende Initiative Saudi-Arabiens enthält die Zusicherung, dass die arabische Welt dann auch bereit ist, ihre Beziehungen zu Israel voll zu normalisieren.

Herr Präsident,
ohne eine gerechte und dauerhafte Lösung der regionalen Konflikte werden wir die Rekrutierungsbasis für Terroristen nicht trockenlegen und damit der asymmetrischen Bedrohung nicht erfolgreich entgegentreten können. Augenfälliges Beispiel hierfür ist Afghanistan. Dort ist das Taleban-System zusammengebrochen und das Al-Qaida Netzwerk weitgehend zerstört. Noch sind wir weit entfernt davon, die Situation in dem Land stabil und sicher nennen zu können, aber Fortschritte sind zu verzeichnen. Die Umsetzung der Bonner Konferenz hat mit der Bildung einer legitimierten Übergangsregierung begonnen. Der Prozess, der auf dem Petersberg begann, ist durch die außerordentliche Loya Jirga im Juni auf die nächste Ebene gehoben worden. Erstmals seit

## 5. Dokumente

Jahren hat die afghanische Bevölkerung eine Chance, ein selbstbestimmtes und menschenwürdiges Leben führen zu können.

Die Menschen in Afghanistan werden aber nur dann wieder Mut fassen, wenn sie sehen und spüren, dass die internationale Gemeinschaft auch zu ihren Zusagen für den Wiederaufbau ihres Landes steht. Die Zusagen der Geberländer müssen zu konkreten Projekten werden.

Herr Präsident,
ein System globaler kooperativer Sicherheit muss auf einem umfassenden Sicherheitsbegriff gründen. Dieser muss nicht nur militärische Sicherheit sondern auch Wirtschaft, Menschenrechte, Demokratie und Kultur umfassen. "Um die Welt sicherer zu machen, müssen wir eine bessere Welt schaffen", so hat es Präsident Bush in seiner beeindruckenden Rede vor dem Deutschen Bundestag im vergangenen Mai auf den Punkt gebracht. Kooperative globale Sicherheit zu gestalten bedeutet daher auch eine Gestaltung einer neuen Weltwirtschaftsordnung. Sie muss die Belange aller - der sich entwickelnden wie der entwickelten Welt - berücksichtigen. Ressourcen müssen gerechter verteilt, Teilnahme der ärmeren Länder am internationalen Handel und an den Chancen der Globalisierung ermöglicht werden. Das setzt freien Marktzugang für alle ebenso wie die Durchsetzung ökonomischer und politischer Freiheiten und eine gerechte und verlässliche Rechtsordnung voraus.

Gerade vor den Problemen Afrikas dürfen wir nicht die Augen verschließen: Besonderen Anlass zu Sorge bietet gerade jetzt die Ernährungslage im Süden des Kontinents. Zahllose Menschen leiden an Hunger. Hier ist umfassende Hilfe notwendig. In Simbabwe, der früheren Kornkammer Afrikas, ist eine völlig unverantwortliche Politik der Grund für die schwierige Lage im Land.

In Simbabwe ist Hunger nicht nur durch Missernten oder Dürre entstanden, sondern von einer selbstzerstörerischen Regierungspolitik wesentlich verursacht - einer Politik, die den Machterhalt mit dem Leid ihrer Bevölkerung erkauft und darauf setzt, dass das humanitäre Gewissen und die Verantwortungsbereitschaft der Weltgemeinschaft die Folgen schon mildern werden. Diese Politik müssen wir an den von Afrika selbst im NEPAD-Rahmen erstellten Maßstäben messen.

Ein wichtiger Bestandteil einer neuen Weltwirtschaftsordnung ist nicht zuletzt die Klima- und Energiepolitik. Das Kyoto-Protokoll kann als Meilenstein im globalen Klimaschutz gelten. Ich freue mich über die jüngsten Ankündigungen mehrerer Staaten, das Protokoll zu ratifizieren und hoffe, das dies so bald wie möglich geschieht, damit es in Kraft treten kann. Langfristig ist eine vernünftige Energiepolitik - und das heißt vor allem die Förderung erneuerbarer Energien und sparsamer Energieverbrauch - die beste Lösung für das Klimaproblem. Deshalb muss heute damit begonnen werden.

Vergessen wir nicht: Schwere wirtschaftliche und ökologische Verwerfungen mit ihren sozialen und humanitären Folgen werden zunehmend auch Stabilität und Sicherheit gefährden.

Herr Präsident,
eine der tragenden Säulen eines globalen Sicherheitssystems muss die Durchsetzung von Menschenrechten sein. Alle Bemühungen um Friedenssicherung werden ohne Erfolg bleiben, wenn die Menschenrechte nicht geschützt und verwirklicht werden. Wir brauchen einen verbindlichen globalen Werterahmen zur Prävention und Überwindung von Konflikten, die durch Ungleichheit, Ungerechtigkeit und Unfreiheit entstehen. Auch hier wird den Staaten entschiedenes, aktives Eintreten abverlangt. Heute muss zudem darauf geachtet werden, dass menschenrechtliche Grundnormen nicht unter dem Deckmantel der Terrorismusbekämpfung außer Kraft gesetzt werden. Niemand

hat das Recht, für sich einen "Anti-Terror-Rabatt" in Anspruch zu nehmen!

Herr Präsident,
kooperative globale Sicherheit wird sich an dem ihr gesetzten verbindlichen Rechtsrahmen messen müssen. Es ist unerlässlich, dass die Prozesse der Globalisierung von zunehmender internationaler Regelsetzung begleitet werden, denn Völkerrecht und Rechtsstaatlichkeit bilden die unabdingbaren Grundlagen eines friedlichen und geordneten Zusammenlebens. Deshalb ist für uns die Einrichtung des Internationalen Strafgerichtshofes so bedeutsam. Am 1. Juli ist sein Statut in Kraft getreten; Deutschland wie auch alle anderen Mitglieder der EU gehören zu den 79 Staaten, die es ratifiziert haben. In dieser Woche hat die Versammlung der Vertragsstaaten grünes Licht für den Aufbau des Gerichtshofs gegeben. Im kommenden Frühjahr werden wir seine Eröffnung in Den Haag feiern. Der Strafgerichtshof soll jetzt möglichst bald und möglichst effizient seine Arbeit aufnehmen. Dabei darf er nicht von vornherein in seiner Wirkung ausgehebelt werden.

Herr Präsident,
mein Land bewirbt sich für einen nichtständigen Sitz im Sicherheitsrat für die Periode 2003/2004. Deutschland ist bereit, bei der Entwicklung des skizzierten internationalen Sicherheitssystems im Rahmen der Vereinten Nationen aktiv mitzuwirken. Ich möchte Sie alle um Ihre Stimme bei der Wahl am 27. September bitten.

Herr Präsident,
lassen Sie mich abschließend meine Glückwünsche an die jüngsten Mitglieder der VN-Familie richten: Seit dem 10. September ist unser Nachbar Schweiz Mitgliedsstaat dieser Organisation. Es freut mich besonders, diese alte europäische Nation, die schon seit langem auf so vielfältige Art und Weise den Vereinten Nationen verbunden ist, heute als vollberechtigtes Mitglied in der Generalversammlung begrüßen zu dürfen.

In ein paar Tagen wird dann das 191. Mitglied zu uns stoßen: Osttimor ist ein ganz junges Land, das den Vereinten Nationen viel verdankt. Seine Entstehung ist eine Erfolgsgeschichte unserer Organisation und zeigt, wie wirksam globaler Konsens bei der Friedenssicherung und dem Aufbau staatlicher Strukturen sein kann. Wir wünschen unseren Freunden in Osttimor eine erfolgreiche und glückliche Zukunft und freuen uns auf ihre Mitarbeit in den Vereinten Nationen.

erschienen: 14.09.2002

## 5. DOKUMENTE

### Saddam Hussein's Deception and Defiance
We've heard "unconditional" before

Last week, the President of the United States focused the world's attention on Iraqs continued defiance of UN resolutions. Saddam Husseins regime claimed yesterday that Iraq would comply unconditionally. While this new statement is evidence that world pressure can force the Iraqi regime to respond, it is also a return to form. Time after time, without conditions has meant deception, delay, and disregard for the United Nations.

> "I am pleased to inform you of the decision of the Government of the Republic of Iraq to allow the return of United Nations weapons inspectors to Iraq **without conditions**." - *Naji Sabri, Iraq's minister of foreign affairs, September 16, 2002 (emphasis added)*

The following timeline details the Iraqi regimes repeated pattern of accepting inspections "without conditions" and then demanding conditions, often at gunpoint. This information is derived from an 1998 UNSCOM report and excerpted from http://cns.miis.edu/research/iraq/uns_chro.htm.

| Date | Action |
|---|---|
| April 3, 1991 | U.N. Security Council Resolution 687 (1991), Section C, declares that Iraq shall accept **unconditionally**, under international supervision, the "destruction, removal or rendering harmless" of its weapons of mass destruction and ballistic missiles with a range over 150 kilometers *(emphasis added)*. One week later, Iraq accepts Resolution 687. Its provisions were reiterated and reinforced in subsequent action by the United Nations in June and August of 1991. |
| May 1991 | Iraq accepts the privileges and immunities of the Special Commission (UNSCOM) and its personnel. These guarantees include the right of "**unrestricted** freedom of entry and exit without delay or hindrance of its personnel, property, supplies, equipment ... *(emphasis added)*." |
| June 1991 | Iraqi personnel fire warning shots to prevent the inspectors from approaching the vehicles. |
| September 1991 | Iraqi officials confiscate documents from the inspectors. The inspectors refuse to yield a second set of documents. In response, Iraq refuses to allow the team to leave the site with these documents. A four-day standoff ensues, but Iraq permits the team to leave with the documents after a statement from the Security Council threatens enforcement actions. |
| October 11, 1991 | The Security Council adopts Resolution 715, which approves joint UNSCOM and IAEA plans for ongoing monitoring and verification. UNSCOMs plan establishes that Iraq shall "accept **unconditionally** the inspectors and all other personnel designated by the Special Commission" *(emphasis added)*. |
| October 1991 | Iraq states that it considers the Ongoing Monitoring and Verification Plans adopted by Resolution 715 to be unlawful and states that it is not ready to comply with Resolution 715. |
| February 1992 | Iraq refuses to comply with an UNSCOM/IAEA decision to destroy certain facilities used in proscribed programs and related items. |
| April 1992 | Iraq calls for a halt to UNSCOM's aerial surveillance flights, stating that the aircraft and its pilot might be endangered. The President of the Security Council issues a statement reaffirming UNSCOM's right to conduct such flights. Iraq says that it does not intend to carry out any military action aimed at UNSCOM's |

| | |
|---|---|
| | aerial flights. |
| July 6-29, 1992 | Iraq refuses an inspection team access to the Iraqi Ministry of Agriculture. UNSCOM said it had reliable information that the site contained archives related to proscribed activities. Inspectors gained access only after members of the Council threatened enforcement action. |
| January 1993 | Iraq refuses to allow UNSCOM to use its own aircraft to fly into Iraq. |
| June-July 1993 | Iraq refuses to allow UNSCOM inspectors to install remote-controlled monitoring cameras at two missile engine test stands. |
| November 26, 1993 | Iraq accepts Resolution 715 and the plans for ongoing monitoring and verification. |
| October 15, 1994 | The Security Council adopts Resolution 949, which demands that Iraq **"cooperate fully"** with UNSCOM and that it withdraw all military units deployed to southern Iraq to their original positions *(emphasis added)*. Iraq withdraws its forces and resumes working with UNSCOM. |
| March 1996 | Iraqi security forces refuse UNSCOM teams access to five sites designated for inspection. The teams enter the sites after delays of up to 17 hours. |
| March 19, 1996 | The Security Council issues a presidential statement expressing its concern over Iraq's behavior, which it terms "a clear violation of Iraq's obligations under relevant resolutions." The council also demands that Iraq allow UNSCOM teams immediate, **unconditional** and unrestricted access to all sites designated for inspection *(emphasis added)*. |
| March 27, 1996 | Security Council Resolution 1051 approves the export/import monitoring mechanism for Iraq and demands that Iraq meet **unconditionally** all its obligations under the mechanism and cooperate fully with the Special Commission and the director-general of the IAEA *(emphasis added)*. |
| June 1996 | Iraq denies UNSCOM teams access to sites under investigation for their involvement in the "concealment mechanism" for proscribed items. |
| June 12, 1996 | The Security Council adopts Resolution 1060, which terms Iraq's actions a clear violation of the provisions of the council's earlier resolutions. It also demands that Iraq grant **"immediate and unrestricted access"** to all sites designated for inspection by UNSCOM *(emphasis added)*. |
| June 13, 1996 | Despite the adoption of Resolution 1060, Iraq again denies access to another inspection team. |
| November 1996 | Iraq blocks UNSCOM from removing remnants of missile engines for in-depth analysis outside Iraq. |
| June 1997 | Iraqi escorts on board an UNSCOM helicopter try to physically prevent the UNSCOM pilot from flying the helicopter in the direction of its intended destination. |
| June 21, 1997 | Iraq again blocks UNSCOM teams from entering certain sites for inspection. |
| June 21, 1997 | The Security Council adopts Resolution 1115, which condemns Iraq's actions and demands that Iraq allow UNSCOM's team immediate, **unconditional** and unrestricted access to any sites for inspection and officials for interviews *(emphasis added)*. |
| September 13, 1997 | An Iraqi officer attacks an UNSCOM inspector on board an UNSCOM helicopter while the inspector was attempting to take photographs of unauthorized movement of Iraqi vehicles inside a site designated for inspection. |
| September 17, 1997 | While seeking access to a site declared by Iraq to be "sensitive," UNSCOM inspectors witness and videotape Iraqi guards moving files, burning documents, |

| | |
|---|---|
| | and dumping ash-filled waste cans into a nearby river. |
| November 12, 1997 | The Security Council adopts Resolution 1137, condemning Iraq for continually violating its obligations, including its decision to seek to **impose conditions** on cooperation with UNSCOM *(emphasis added)*. The resolution also imposes a travel restriction on Iraqi officials who are responsible for or participated in instances of non-compliance. |
| November 3, 1997 | Iraq demands that US citizens working for UNSCOM leave Iraq immediately. |
| December 22, 1997 | The Security Council issues a statement calling upon the government of Iraq to cooperate fully with the commission and stresses that failure by Iraq to provide immediate, **unconditional** and unrestricted access to any site is an unacceptable and clear violation of Security Council resolutions *(emphasis added)* |
| February 20-23, 1998 | Iraq signs a Memorandum of Understanding with the United Nations on February 23, 1998. Iraq pledges to accept all relevant Security Council resolutions, to cooperate fully with UNSCOM and the IAEA, and to grant to UNSCOM and the IAEA "immediate, **unconditional** and unrestricted access for their inspections *(emphasis added)*. |
| August 5, 1998 | The Revolutionary Command Council and the Baath Party Command decide to stop cooperating with UNSCOM and the IAEA until the Security Council agrees to lift the oil embargo as a first step towards ending sanctions. |

###

Vereinte Nationen

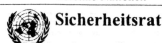 **Sicherheitsrat**

S/RES/1441 (2002)

Verteilung: Allgemein
8. November 2002

## Resolution 1441 (2002)

**verabschiedet auf der 4644. Sitzung des Sicherheitsrats am 8. November 2002**

*Der Sicherheitsrat,*

*unter Hinweis* auf alle seine früheren einschlägigen Resolutionen, insbesondere seine Resolutionen 661 (1990) vom 6. August 1990, 678 (1990) vom 29. November 1990, 686 (1991) vom 2. März 1991, 687 (1991) vom 3. April 1991, 688 (1991) vom 5. April 1991, 707 (1991) vom 15. August 1991, 715 (1991) vom 11. Oktober 1991, 986 (1995) vom 14. April 1995 und 1284 (1999) vom 17. Dezember 1999 sowie alle einschlägigen Erklärungen seines Präsidenten,

*sowie unter Hinweis* auf seine Resolution 1382 (2001) vom 29. November 2001 und seine Absicht, diese vollständig durchzuführen,

*in Erkenntnis* der Bedrohung, die Iraks Nichtbefolgung der Resolutionen des Rates sowie die Verbreitung von Massenvernichtungswaffen und Langstreckenflugkörpern für den Weltfrieden und die internationale Sicherheit darstellen,

*daran erinnernd*, dass die Mitgliedstaaten durch seine Resolution 678 (1990) ermächtigt wurden, alle erforderlichen Mittel einzusetzen, um seiner Resolution 660 (1990) vom 2. August 1990 und allen nach Resolution 660 (1990) verabschiedeten einschlägigen Resolutionen Geltung zu verschaffen und sie durchzuführen und den Weltfrieden und die internationale Sicherheit in dem Gebiet wiederherzustellen,

*ferner daran erinnernd*, dass er als notwendigen Schritt zur Herbeiführung seines erklärten Ziels der Wiederherstellung des Weltfriedens und der internationalen Sicherheit in dem Gebiet Irak mit seiner Resolution 687 (1991) Verpflichtungen auferlegte,

*missbilligend*, dass Irak die in Resolution 687 (1991) verlangte genaue, vollständige und endgültige Offenlegung aller Aspekte seiner Programme zur Entwicklung von Massenvernichtungswaffen und von ballistischen Flugkörpern mit einer Reichweite von mehr als 150 Kilometern sowie aller seiner Bestände derartiger Waffen, ihrer Komponenten und Produktionseinrichtungen und ihrer Standorte sowie aller sonstigen Nuklearprogramme, einschließlich jener, bezüglich derer Irak geltend macht, dass sie nicht Zwecken im Zusammenhang mit kernwaffenfähigem Material dienen, nicht vorgenommen hat,

*ferner missbilligend*, dass Irak den sofortigen, bedingungslosen und uneingeschränkten Zugang zu den von der Sonderkommission der Vereinten Nationen (UNSCOM) und der

## 5. DOKUMENTE

**S/RES/1441 (2002)**

Internationalen Atomenergie-Organisation (IAEO) bezeichneten Stätten wiederholt behindert hat und dass Irak nicht, wie in Resolution 687 (1991) gefordert, voll und bedingungslos mit den Waffeninspektoren der UNSCOM und der IAEO kooperiert hat und schließlich 1998 jede Zusammenarbeit mit der UNSCOM und der IAEO eingestellt hat,

*missbilligend*, dass die in den einschlägigen Resolutionen geforderte internationale Überwachung, Inspektion und Verifikation von Massenvernichtungswaffen und ballistischen Flugkörpern in Irak seit Dezember 1998 nicht mehr stattfindet, obwohl der Rat wiederholt verlangt hat, dass Irak der in Resolution 1284 (1999) als Nachfolgeorganisation der UNSCOM eingerichteten Überwachungs-, Verifikations- und Inspektionskommission der Vereinten Nationen (UNMOVIC) und der IAEO sofortigen, bedingungslosen und uneingeschränkten Zugang gewährt, sowie mit Bedauern über die dadurch verursachte Verlängerung der Krise in der Region und des Leids der irakischen Bevölkerung,

*sowie missbilligend*, dass die Regierung Iraks ihren Verpflichtungen nach Resolution 687 (1991) betreffend den Terrorismus, nach Resolution 688 (1991) betreffend die Beendigung der Unterdrückung seiner Zivilbevölkerung und die Gewährung des Zugangs für die internationalen humanitären Organisationen zu allen hilfsbedürftigen Personen in Irak sowie nach den Resolutionen 686 (1991), 687 (1991) und 1284 (1999) betreffend die Repatriierung von Staatsangehörigen Kuwaits und dritter Staaten, die von Irak widerrechtlich festgehalten werden, die Zusammenarbeit bei der Klärung ihres Verbleibs sowie die Rückgabe aller von Irak widerrechtlich beschlagnahmten kuwaitischen Vermögenswerte nicht nachgekommen ist,

*unter Hinweis* darauf, dass der Rat in seiner Resolution 687 (1991) erklärte, dass eine Waffenruhe davon abhängen werde, dass Irak die Bestimmungen der genannten Resolution und namentlich die Irak darin auferlegten Verpflichtungen akzeptiert,

*fest entschlossen*, dafür zu sorgen, dass Irak seine Verpflichtungen nach Resolution 687 (1991) und den sonstigen einschlägigen Resolutionen vollständig, sofort und ohne Bedingungen oder Einschränkungen einhält, und unter Hinweis darauf, dass die Resolutionen des Rates den Maßstab für die Einhaltung der Verpflichtungen Iraks bilden,

*daran erinnernd*, dass es für die Durchführung der Resolution 687 (1991) und der sonstigen einschlägigen Resolutionen unerlässlich ist, dass die UNMOVIC als Nachfolgeorganisation der Sonderkommission und die IAEO ihrer Tätigkeit wirksam nachgehen können,

*feststellend*, dass das Schreiben des Außenministers Iraks vom 16. September 2002 an den Generalsekretär ein notwendiger erster Schritt dazu ist, Iraks anhaltende Nichtbefolgung der einschlägigen Ratsresolutionen zu korrigieren,

*ferner Kenntnis nehmend* von dem Schreiben des Exekutivvorsitzenden der UNMOVIC und des Generaldirektors der IAEO vom 8. Oktober 2002 an General Al-Saadi, Mitglied der Regierung Iraks, in dem im Anschluss an ihr Treffen in Wien die praktischen Regelungen festgelegt werden, die eine Voraussetzung für die Wiederaufnahme der Inspektionen in Irak durch die UNMOVIC und die IAEO sind, und mit dem Ausdruck seiner größten Besorgnis darüber, dass die Regierung Iraks die in dem genannten Schreiben festgelegten Regelungen nach wie vor nicht bestätigt hat,

*in Bekräftigung* des Bekenntnisses aller Mitgliedstaaten zur Souveränität und territorialen Unversehrtheit Iraks, Kuwaits und der Nachbarstaaten,

*mit Lob* für den Generalsekretär und für die Mitglieder der Liga der arabischen Staaten und ihren Generalsekretär für ihre diesbezüglichen Bemühungen, *entschlossen*, die vollständige Befolgung seiner Beschlüsse sicherzustellen,

*tätig werdend* nach Kapitel VII der Charta der Vereinten Nationen,

1.  *beschließt*, dass Irak seine Verpflichtungen nach den einschlägigen Resolutionen, namentlich der Resolution 687 (1991), erheblich verletzt hat und nach wie vor erheblich verletzt, indem Irak insbesondere nicht mit den Inspektoren der Vereinten Nationen und der Internationalen Atomenergie-Organisation (IAEO) zusammenarbeitet und die nach den Ziffern 8 bis 13 der Resolution 687 (1991) erforderlichen Maßnahmen nicht abschließt;

2.  *beschließt*, dabei eingedenk der Ziffer 1, Irak mit dieser Resolution eine letzte Chance einzuräumen, seinen Abrüstungsverpflichtungen nach den einschlägigen Resolutionen des Rates nachzukommen; und beschließt demgemäß, ein verstärktes Inspektionsregime einzurichten, mit dem Ziel, den vollständigen und verifizierten Abschluss des mit Resolution 687 (1991) und späteren Resolutionen des Rates eingerichteten Abrüstungsprozesses herbeizuführen;

3.  *beschließt*, dass die Regierung Iraks, um mit der Erfüllung ihrer Abrüstungsverpflichtungen zu beginnen, zusätzlich zur Vorlage der zweimal jährlich erforderlichen Erklärungen der Überwachungs-, Verifikations- und Inspektionskommission der Vereinten Nationen (UNMOVIC), der IAEO und dem Rat spätestens 30 Tage nach Verabschiedung dieser Resolution eine auf dem neuesten Stand befindliche genaue, vollständige und umfassende Erklärung aller Aspekte seiner Programme zur Entwicklung chemischer, biologischer und nuklearer Waffen, ballistischer Flugkörper und anderer Trägersysteme, wie unbemannter Luftfahrzeuge und für den Einsatz mit Luftfahrzeugen bestimmter Ausbringungssysteme, einschließlich aller Bestände sowie der exakten Standorte derartiger Waffen, Komponenten, Subkomponenten, Bestände von Agenzien sowie dazugehörigen Materials und entsprechender Ausrüstung, der Standorte und der Tätigkeit seiner Forschungs-, Entwicklungs- und Produktionseinrichtungen sowie aller sonstigen chemischen, biologischen und Nuklearprogramme, einschließlich jener, bezüglich derer sie geltend macht, dass sie nicht Zwecken im Zusammenhang mit der Produktion von Waffen oder Material dienen, vorlegen wird;

4.  *beschließt*, dass falsche Angaben oder Auslassungen in den von Irak nach dieser Resolution vorgelegten Erklärungen sowie jegliches Versäumnis Iraks, diese Resolution zu befolgen und bei ihrer Durchführung uneingeschränkt zu kooperieren, eine weitere erhebliche Verletzung der Verpflichtungen Iraks darstellen und dem Rat gemeldet werden, damit er nach den Ziffern 11 und 12 eine Bewertung trifft;

5.  *beschließt*, dass Irak der UNMOVIC und der IAEO sofortigen, ungehinderten, bedingungslosen und uneingeschränkten Zugang zu ausnahmslos allen, auch unterirdischen, Bereichen, Einrichtungen, Gebäuden, Ausrüstungsgegenständen, Unterlagen und Transportmitteln gewährt, die diese zu inspizieren wünschen, sowie sofortigen, ungehinderten und uneingeschränkten Zugang ohne Anwesenheit Dritter zu allen Amtsträgern und anderen Personen, welche die UNMOVIC oder die IAEO in der von ihr gewählten Art und Weise oder an einem Ort ihrer Wahl auf Grund irgendeines Aspekts ihres jeweiligen Mandats zu befragen wünschen; beschließt ferner, dass die UNMOVIC und die IAEO nach ihrem Ermessen Befragungen innerhalb oder außerhalb Iraks durchführen können, dass sie die Ausreise der Befragten und ihrer Angehörigen aus Irak erleichtern können und dass diese Befragungen nach alleinigem Ermessen der UNMOVIC und der IAEO ohne Beisein von Beobachtern der Regierung Iraks stattfinden können; und weist die UNMOVIC an und ersucht die IAEO, die Inspektionen spätestens 45 Tage nach Verabschiedung dieser Resolution wiederaufzunehmen und den Rat 60 Tage danach über den neuesten Sachstand zu unterrichten;

**S/RES/1441 (2002)**

6. *macht sich* das Schreiben des Exekutivvorsitzenden der UNMOVIC und des Generaldirektors der IAEO vom 8. Oktober 2002 an General Al-Saadi, Mitglied der Regierung Iraks, *zu eigen*, das dieser Resolution als Anlage beigefügt ist, und beschließt, dass der Inhalt dieses Schreibens für Irak bindend ist;

7. *beschließt ferner*, in Anbetracht der von Irak lange unterbrochenen Anwesenheit der UNMOVIC und der IAEO und zu dem Zweck, dass sie die in dieser und in allen früheren einschlägigen Resolutionen festgelegten Aufgaben wahrnehmen können, sowie ungeachtet früherer Vereinbarungen die nachstehenden abgeänderten beziehungsweise zusätzlichen Regelungen festzulegen, die für Irak bindend sind, um ihre Arbeit in Irak zu erleichtern:

- die UNMOVIC und die IAEO bestimmen die Zusammensetzung ihrer Inspektionsteams und stellen sicher, dass diese Teams aus den qualifiziertesten und erfahrensten verfügbaren Sachverständigen bestehen;

- das gesamte Personal der UNMOVIC und der IAEO genießt die in dem Übereinkommen über die Vorrechte und Immunitäten der Vereinten Nationen und der Vereinbarung über die Vorrechte und Befreiungen der IAEO für Sachverständige im Auftrag der Vereinten Nationen vorgesehenen Vorrechte und Immunitäten;

- die UNMOVIC und die IAEO haben das uneingeschränkte Ein- und Ausreiserecht in und aus Irak, das Recht auf freie, uneingeschränkte und sofortige Bewegung zu und von den Inspektionsstätten sowie das Recht, alle Stätten und Gebäude zu inspizieren, einschließlich des sofortigen, ungehinderten, bedingungslosen und uneingeschränkten Zugangs zu den Präsidentenanlagen unter den gleichen Bedingungen wie zu den anderen Stätten, ungeachtet der Bestimmungen der Resolution 1154 (1998);

- die UNMOVIC und die IAEO haben das Recht, von Irak die Namen aller Mitarbeiter zu erhalten, die mit den chemischen, biologischen, nuklearen und ballistische Flugkörper betreffenden Programmen Iraks sowie mit den entsprechenden Forschungs-, Entwicklungs- und Produktionseinrichtungen in Verbindung stehen oder in Verbindung standen;

- die Sicherheit der Einrichtungen der UNMOVIC und der IAEO wird durch eine ausreichende Zahl von Sicherheitskräften der Vereinten Nationen gewährleistet;

- die UNMOVIC und die IAEO haben das Recht, zum Zweck der Blockierung einer zu inspizierenden Stätte Ausschlusszonen zu erklären, die auch umliegende Gebiete und Verkehrskorridore umfassen, in denen Irak alle Bewegungen am Boden und in der Luft einstellt, sodass an der zu inspizierenden Stätte nichts verändert und nichts davon entfernt wird;

- die UNMOVIC und die IAEO können Starr- und Drehflügelluftfahrzeuge, einschließlich bemannter und unbemannter Aufklärungsflugzeuge, frei und uneingeschränkt einsetzen und landen;

- die UNMOVIC und die IAEO haben das Recht, nach ihrem alleinigen Ermessen alle verbotenen Waffen, Subsysteme, Komponenten, Unterlagen, Materialien und andere damit zusammenhängende Gegenstände verifizierbar zu entfernen, zu vernichten oder unschädlich zu machen sowie das Recht, alle Einrichtungen oder Ausrüstungen für deren Produktion zu beschlagnahmen oder zu schließen; und

- die UNMOVIC und die IAEO haben das Recht, Ausrüstung oder Material für Inspektionen frei einzuführen und zu verwenden und jede Ausrüstung, jedes Material und alle Dokumente, die sie bei Inspektionen sichergestellt haben, zu beschlagnahmen und auszuführen, ohne dass Mitarbeiter der UNMOVIC oder der IAEO oder ihr dienstliches oder persönliches Gepäck durchsucht werden;

8. *beschließt ferner*, dass Irak keine feindseligen Handlungen gegen Vertreter oder Personal der Vereinten Nationen oder der IAEO oder irgendeines Mitgliedstaats, der tätig wird, um einer Resolution des Rates Geltung zu verschaffen, durchführen oder androhen wird;

9. *ersucht* den Generalsekretär, Irak diese Resolution, die für Irak bindend ist, unverzüglich zur Kenntnis zu bringen; verlangt, dass Irak binnen sieben Tagen nach dieser Unterrichtung seine Absicht bestätigt, diese Resolution vollinhaltlich zu befolgen, und verlangt ferner, dass Irak sofort, bedingungslos und aktiv mit der UNMOVIC und der IAEO kooperiert;

10. *ersucht* alle Mitgliedstaaten, die UNMOVIC und die IAEO bei der Erfüllung ihres jeweiligen Mandats rückhaltlos zu unterstützen, so auch indem sie alle Informationen über verbotene Programme oder andere Aspekte ihres Mandats vorlegen, namentlich über die von Irak seit 1998 unternommenen Versuche, verbotene Gegenstände zu erwerben, und indem sie Empfehlungen zu den zu inspizierenden Stätten, den zu befragenden Personen, den Umständen solcher Befragungen und den zu sammelnden Daten abgeben, wobei die UNMOVIC und die IAEO dem Rat über die dabei erzielten Ergebnisse Bericht erstatten werden;

11. *weist* den Exekutivvorsitzenden der UNMOVIC und den Generaldirektor der IAEO *an*, dem Rat über jede Einmischung Iraks in die Inspektionstätigkeiten und über jedes Versäumnis Iraks, seinen Abrüstungsverpflichtungen, einschließlich seiner Verpflichtungen betreffend Inspektionen, nach dieser Resolution nachzukommen, sofort Bericht zu erstatten;

12. *beschließt*, sofort nach Eingang eines Berichts nach den Ziffern 4 oder 11 zusammenzutreten, um über die Situation und die Notwendigkeit der vollinhaltlichen Befolgung aller einschlägigen Ratsresolutionen zu beraten, um den Weltfrieden und die internationale Sicherheit zu sichern;

13. *erinnert* in diesem Zusammenhang daran, dass der Rat Irak wiederholt vor ernsthaften Konsequenzen gewarnt hat, wenn Irak weiter gegen seine Verpflichtungen verstößt;

14. *beschließt*, mit der Angelegenheit befasst zu bleiben.

# 5. DOKUMENTE

**S/RES/1441 (2002)**

## Anlage

### Wortlaut des Schreibens von Hans Blix und Mohamed El-Baradei

| Überwachungs-, Verifikations- und Inspektionskommission | Internationale Atomenergie-Organisation |
|---|---|
| Der Exekutivvorsitzende | Der Generaldirektor |

8. Oktober 2002

Sehr geehrter General Al-Saadi,

während unseres jüngsten Treffens in Wien erörterten wir die praktischen Regelungen, die die Voraussetzung für die Wiederaufnahme der Inspektionen in Irak durch die UNMOVIC und die IAEO sind. Wie Sie sich erinnern, einigten wir uns am Ende unseres Treffens in Wien auf eine Erklärung, in der einige der wichtigsten erzielten Ergebnisse aufgeführt wurden, insbesondere die Akzeptierung aller Inspektionsrechte, die in allen einschlägigen Resolutionen des Sicherheitsrats vorgesehen sind, seitens Iraks. Es wurde erklärt, dass diese Akzeptierung mit keinerlei Bedingungen verknüpft ist.

Während unserer Unterrichtung des Sicherheitsrats am 3. Oktober 2002 schlugen uns Mitglieder des Rates vor, ein schriftliches Dokument über alle in Wien erzielten Gesprächsergebnisse zu erstellen. Diese Ergebnisse sind in dem vorliegenden Schreiben aufgeführt; Sie werden hiermit ersucht, sie zu bestätigen. Wir werden dem Sicherheitsrat entsprechend Bericht erstatten.

In der Erklärung am Ende unseres Treffens wurde klargestellt, dass der UNMOVIC und der IAEO sofortiger, bedingungsloser und uneingeschränkter Zugang zu den Inspektionsstätten gewährt werden wird, einschließlich zu solchen, die in der Vergangenheit als "sicherheitsempfindlich" bezeichnet wurden. Wie wir jedoch feststellten, unterliegen acht Präsidentenanlagen auf Grund einer Vereinbarung von 1998 besonderen Verfahren. Falls diese Anlagen, wie alle anderen Stätten, dem sofortigen, bedingungslosen und uneingeschränkten Zugang unterliegen sollten, würden die UNMOVIC und die IAEO ihre dortigen Inspektionen mit derselben Professionalität durchführen.

Wir bestätigen unsere Übereinkunft, dass die UNMOVIC und die IAEO das Recht haben, die Anzahl der Inspektoren festzulegen, die für den Zugang zu einer bestimmten Stätte erforderlich sind. Diese Festlegung wird auf der Grundlage der Größe und der Komplexität der inspizierten Stätte erfolgen. Wir bestätigen außerdem, dass Irak über die Bezeichnung zusätzlicher Inspektionsstätten, d. h. Stätten, die von Irak nicht gemeldet oder nicht bereits von der UNSCOM oder der IAEO inspiziert wurden, mittels einer Inspektions-Notifikation unterrichtet wird, die bei der Ankunft der Inspektoren an den betreffenden Stätten vorgelegt wird.

Irak wird sicherstellen, dass verbotene Materialien, Ausrüstung, Unterlagen oder sonstige in Betracht kommende Gegenstände nur im Beisein und auf Ersuchen von Inspektoren der UNMOVIC beziehungsweise der IAEO vernichtet werden.

Die UNMOVIC und die IAEO können jede Person in Irak befragen, von der sie glauben, dass sie möglicherweise über Informationen verfügt, die ihr Mandat betreffen. Irak wird derartige Befragungen erleichtern. Die UNMOVIC und die IAEO bestimmen, auf welche Weise und an welchem Ort die Befragungen durchgeführt werden.

S.E. General Amir H. Al-Saadi
Berater
Kabinett des Präsidenten
Bagdad
Irak

S/RES/1441 (2002)

Das Nationale Überwachungsdirektorat wird wie in der Vergangenheit als irakischer Ansprechpartner für die Inspektoren fungieren. Das Bagdader Zentrum für die laufende Überwachung und Verifikation (BOMVIC) wird in denselben Räumlichkeiten und unter denselben Bedingungen tätig sein wie das ehemalige Bagdader Überwachungs- und Verifikationszentrum. Das Nationale Überwachungsdirektorat wird wie zuvor unentgeltliche Dienste für die Adaptation der Räumlichkeiten bereitstellen.

Das Nationale Überwachungsdirektorat wird folgende unentgeltliche Dienste bereitstellen: a) Begleiter zur Erleichterung des Zugangs zu den Inspektionsstätten und zur Verständigung mit dem zu befragenden Personal, b) eine direkte Kommunikationsverbindung für das Bagdader Zentrum für die laufende Überwachung und Verifikation, die täglich rund um die Uhr mit einer Englisch sprechenden Person besetzt ist, c) auf Ersuchen personelle Unterstützung und Bodentransporte innerhalb des Landes und d) auf Ersuchen der Inspektoren Hilfe beim Transport von Material und Gerät (für Bau- und Erdarbeiten usw.). Das Nationale Überwachungsdirektorat wird außerdem sicherstellen, dass Begleiter zur Verfügung stehen, falls Inspektionen außerhalb der normalen Arbeitszeiten, einschließlich nachts und an Feiertagen, durchgeführt werden.

Für die Inspektoren können regionale UNMOVIC/IAEO-Büros eingerichtet werden, beispielsweise in Basra und Mosul. Zu diesem Zweck wird Irak unentgeltlich geeignete Bürogebäude, Unterkunft für das Personal sowie geeignetes Begleitpersonal zur Verfügung stellen.

Die UNMOVIC und die IAEO können jedes Mittel der Sprach- oder Datenübertragung verwenden, einschließlich Satelliten und/oder Inlandsnetze, mit oder ohne Verschlüsselungskapazität. Die UNMOVIC und die IAEO können außerdem vor Ort Geräte für die direkte Übermittlung von Daten an das Bagdader Zentrum für die laufende Überwachung und Verifikation, nach New York und Wien installieren (z. B. Sensoren und Überwachungskameras). Irak wird diese Arbeiten erleichtern und jede Störung der Nachrichtenübermittlungen der UNMOVIC und der IAEO unterlassen.

Auf Ersuchen der UNMOVIC und der IAEO wird Irak unentgeltlich den physischen Schutz der gesamten Überwachungsausrüstung gewährleisten und Antennen für die Fernübertragung von Daten bauen. Auf Ersuchen der UNMOVIC, über das Nationale Überwachungsdirektorat, wird Irak Frequenzen für Kommunikationsausrüstung zuteilen.

Irak wird für die Sicherheit aller Mitarbeiter der UNMOVIC und der IAEO sorgen. Irak wird für dieses Personal sichere und geeignete Unterkünfte zu normalen Sätzen benennen. Die UNMOVIC und die IAEO werden ihrerseits verlangen, dass ihre Mitarbeiter in keinen anderen Unterkünften wohnen als denen, die im Benehmen mit Irak ausgewählt wurden.

Im Hinblick auf die Verwendung von Starrflügelluftfahrzeugen für den Transport von Personal und Ausrüstung und für Inspektionszwecke wurde klargestellt, dass von Mitarbeitern der UNMOVIC und der IAEO benutzte Luftfahrzeuge bei der Ankunft in Bagdad auf dem internationalen Flughafen Saddam landen können. Die Ausgangsorte ankommender Luftfahrzeuge werden von der UNMOVIC bestimmt. Der Luftwaffenstützpunkt Rasheed wird auch weiterhin für Hubschraubereinsätze der UNMOVIC und der IAEO verwendet. Die UNMOVIC und Irak werden an dem Luftwaffenstützpunkt Luftverbindungsbüros einrichten. Irak wird sowohl am internationalen Flughafen Saddam als auch am Luftwaffenstützpunkt Rasheed die notwendigen Räumlichkeiten und Einrichtungen zur Unterstützung bereitstellen. Flugzeugtreibstoff wird wie zuvor unentgeltlich von Irak bereitgestellt.

Was die umfassendere Frage der Flüge innerhalb Iraks betrifft, sowohl mit Starr- als auch mit Drehflügelluftfahrzeugen, so wird Irak die Sicherheit der Flüge in seinem Luftraum außerhalb der Flugverbotszonen gewährleisten. Im Hinblick auf Flüge in den Flugverbotszonen wird Irak alle in seinem Einflussbereich liegenden Maßnahmen ergreifen, um die Sicherheit dieser Flüge zu gewährleisten.

Hubschrauber können nach Bedarf während Inspektionen und für technische Aktivitäten, wie beispielsweise die Gammastrahlen-Detektion, ohne Einschränkung in allen Teilen Iraks und ohne Ausschluss irgendeines Gebiets eingesetzt werden. Sie können außerdem für medizinische Evakuierungen eingesetzt werden.

Was die Frage der Luftbildaufnahmen betrifft, wird die UNMOVIC möglicherweise die U-2- oder Mirage-Überflüge wieder aufnehmen wollen. Die entsprechenden praktischen Regelungen würden mit denen vergleichbar sein, die in der Vergangenheit angewandt wurden.

**S/RES/1441 (2002)**

Wie zuvor werden für alle in Irak eintreffenden Mitarbeiter am Einreisepunkt auf der Grundlage des Passierscheins oder Zertifikats der Vereinten Nationen Visa ausgestellt; weitere Einreise- oder Ausreiseformalitäten werden nicht erforderlich sein. Die Passagierliste wird eine Stunde vor der Ankunft des Flugzeugs in Bagdad vorgelegt. Personal der UNMOVIC oder der IAEO sowie dienstliches oder persönliches Gepäck werden nicht durchsucht werden. Die UNMOVIC und die IAEO werden sicherstellen, dass ihr Personal die Rechtsvorschriften Iraks achtet, die die Ausfuhr bestimmter Gegenstände einschränken, beispielsweise derjenigen, die mit dem nationalen Kulturerbe Iraks zusammenhängen. Die UNMOVIC und die IAEO können alle Gegenstände und Materialien, die sie benötigen, einschließlich Satellitentelefone und sonstige Ausrüstung, in Irak einführen und wieder ausführen. Was Proben betrifft, so werden die UNMOVIC und die IAEO, soweit durchführbar, diese aufteilen, sodass Irak einen Teil davon erhält, während ein anderer Teil für Referenzzwecke verwahrt wird. Bei Bedarf werden die Organisationen die Proben an mehr als ein Labor zur Analyse senden.

Wir wären Ihnen dankbar, wenn Sie bestätigen könnten, dass das Vorstehende den Inhalt unserer Gespräche in Wien korrekt wiedergibt.

Selbstredend werden wir möglicherweise weitere praktische Regelungen benötigen, wenn wir mit den Inspektionen voranschreiten. Wir erwarten dabei, ebenso wie bei den vorstehenden Angelegenheiten, dass Irak in jeder Hinsicht kooperieren wird.

Mit ausgezeichnetster Hochachtung

(*gezeichnet*)
Hans **Blix**
Exekutivvorsitzender
Überwachungs-, Verifikations- und Inspektionskommission
der Vereinten Nationen

(*gezeichnet*)
Mohamed **El-Baradei**
Generaldirektor
Internationale Atomenergie-Organisation

## Inhalt Dokumententeil

1. S/Res/242 vom 22.11.1967, Die Bundesrepublik und der Nahe Osten, Dokumentation, Auswärtiges Amt (Hg.), vgl. Literaturhinweise S.77 und deutscher Übersetzungsdienst, Vereinte Nationen, New York — S. 89
2. S/Res/338 vom 22.10.1973, Dokumentation, Auswärtiges Amt (Hg.), vgl. Ziff. 1 — S. 91
3. Erklärung des Europäischen Rats (ER) zum Nahen Osten vom 13.06.1980 in Venedig, Dokumentation, Auswärtiges Amt (Hg.), vgl. Ziff. 1 — S. 92
4. Erklärung des ER vom 01.12.1980 in Luxemburg, Dokumentation, Auswärtiges Amt (Hg.), vgl. Ziff. 1 — S. 94
5. Erklärung der Außenminister der EG zum Golan-Gesetz am 15.12.1981, Dokumentation, Auswärtiges Amt (Hg.), vgl. Ziff. 1 — S. 95
6. Erklärung des ER zum Nahostfriedensprozess am 24/25.03.1999 (Berliner Erklärung), Internationale Politik 1999, Nr.7, vgl. Literaturhinweise S. 78 — S. 96
7. Erklärung des ER zur Nahost vom 04.06.1999 (Kölner Erklärung), Auszug, Internationale Politik 1999, Nr.7, vgl. Ziff. 6 — S. 97
8. Rede von PM Sharon vor der Knesset am 07.03.2001, Internationale Politik 2001, Nr. 8 und Israelische Botschaft Berlin, vgl. Ziff. 6 — S. 98
9. Erklärung des Vorsitzes im Namen der EU zur Eskalation der Gewalt im Nahen Osten am 18.04.2001, Internationale Politik 2001, Nr. 8, Rat der EU, GS Brüssel, Mitteilung an die Presse vom 18.04.2001, vgl. Ziff. 6 — S. 103
10. Rede von AM Colin Powell am 19.11.2001 in Louisville/Kentucky (Auszug), Internationale Politik 2002, Nr. 3, US-Außenministerium — S. 104
11. Rede an die Nation des israelischen MP Sharon vom 03.12.2001, Internationale Politik 2002, Nr. 3, Israelische Botschaft Berlin — S. 107
12. Erklärung des ER zur Lage im Nahen Osten in Laeken am 14/15.12.2001. Internationale Politik 2002, Nr. 3, Rat der EU, Brüssel — S. 110
13. Plan des saudischen Kronprinzen Abdallah für den Friedensprozess vom 18.02.2002, Saudi Arabian Information Resource, Internet — S. 112
14. Schlussfolgerungen des Rates der AM der EU vom 28.01.2002 in Brüssel zum Nahen Osten (Auszug), Internationale Politik 2002, Nr. 3, EU, Brüssel, Internet — S. 114
15. S/RES/1397 (2002), deutscher Übersetzungsdienst der VN, Internet — S. 116

16. Erklärung des ER von Barcelona zum Nahen Osten vom 15./16.03.2002, Auswärtiges Amt und BPA ........................... S. 118
17. Erklärung des Präsidenten des VN-SR vom 10.04.2002 und der Gemeinsamen Erklärung des Nahost-Quartetts von Madrid vom 10.04.2002, deutscher Übersetzungsdienst der VN, Internet ........ S. 121
18. Interview von BM Fischer zur deutschen Nahostpolitik in der "Die Zeit" am 11.04.2002, Auswärtiges Amt, Berlin ........................... S. 125
19. Rede von BM Fischer anlässlich der Entgegennahme der Ehrendoktorwürde der Universität Haifa am 29.05.2002, Auswärtiges Amt, Berlin ........ S. 131
20. Erklärung des ER vom 21/22.06.2002 in Sevilla zum Nahen Osten, Rat der EU, Brüssel, Internet ........................... S. 135
21. Rede von Präsident Bush zur Lage im Nahen Osten vom 24.06.2002, ("Bush Calls for New Palestinian Leadership") US-Botschaft, Berlin, Internet ........................... S. 136
22. Erklärung des Präsidenten des VN-SR vom 18.07.2002 zur Gemeinsamen Erklärung des Nahost-Quartetts vom 16.07. 2002 in New York, deutscher Übersetzungsdienst der VN, Internet ........................... S. 139
23. Interview von BM Fischer mit der "Süddeutschen Zeitung" vom 07.08.2002 zu Irak, Auswärtigen Amt, Berlin ........................... S. 143
24. Rede von Präsident Bush vor der GV/VN vom 12.09.2002 in New York, White House, Office of the Press Secretary, Internet ........ S. 145
25. Ansprache von Präsident Bush an die Nation zu Irak am 14.09.2002, ("Growing danger posed by Saddam Husseins Regime") White House, Office of the Press Secretary, Internet ........................... S. 150
26. Rede von BM Fischer vor der GV/VN am 14.09.2002 in New York, Auswärtiges Amt, Internet ........................... S. 152
27. "Saddam Hussein's Deception and Defiance", Hg. White House, Press Secretary, 17.09.2002, Internet ........................... S. 157
28. S/Res.1441 vom 08.11.2002 in New York (zu Irak), Anlage : Wortlaut des Schreibens von Hans Blix und Mohamed El-Baradei, deutscher Übersetzungsdienst der VN, New York, Internet ........ S. 160

## Konfrontation und Kooperation im Vorderen Orient
herausgegeben von Prof. Dr. Ferhad Ibrahim
(Freie Universität Berlin)

Ferhad Ibrahim; Abraham Ashkenasi (Hg.)
**Der Friedensprozeß im Nahen Osten –
Eine Revision**
Bd. 1, 1997, 448 S., 20,90 €, br., ISBN 3-8258-3341-0

Ferhad Ibrahim
**Konfessionalismus und Politik in der
arabischen Welt**
Die Schiiten im Irak
Bd. 2, 1997, 392 S., 35,90 €, gb., ISBN 3-8258-3350-x

Stefan Braun
**Duell zweier Freunde**
Die USA und Israel bei der Friedenssuche im
Nahen Osten
Bd. 3, 1999, 472 S., 30,90 €, br., ISBN 3-8258-4014-x

Ferhad Ibrahim; Gülistan Gürbey (eds.)
**The Kurdish Conflict in Turkey**
Obstacles and Chances for Peace and
Democracy
Bd. 4, 2000, 216 S., 17,90 €, br., ISBN 3-8258-4744-6

Curd-Torsten Weick
**Die schwierige Balance**
Kontinuitäten und Brüche deutscher Türkeipolitik
Die deutsche Türkeipolitik verlief bis zum Ende
der siebziger Jahre auf ruhigen Bahnen, geriet
jedoch zu Beginn der achtziger Jahre in zunehmendem Maße in Turbulenzen. Vor dem Hintergrund
neuartiger und zudem höchst komplexer innen-
und außenpolitischer Problemstellungen sah sich
die Bundesregierung nunmehr zu einer schwierigen Balance zwischen real- und moralpolitischen
Interessenkalkülen genötigt. In diesem Kontext
unternimmt die Studie den Versuch, Kontinuitäten
und Brüche deutscher Türkeipolitik darzustellen
und zu bewerten.
Bd. 5, 2001, 408 S., 35,90 €, br., ISBN 3-8258-5297-0

Karin Joggerst
**Getrennte Welten – getrennte
Geschichte(n)?**
Zur politischen Bedeutung von Erinnerungskultur im israelisch-palästinensischen Konflikt. Im Anhang: Interviews mit Benny Morris, Ilan Pappe, Tom Segev, Moshe Zimmermann und Moshe Zuckermann
Im israelisch-palästinensischen Konflikt spielt die
kollektive Erinnerung an die eigene Vergangenheit sowie der Umgang mit der Geschichte „des
Anderen" eine zentrale Rolle für die Gegenwart
und die Wahrnehmung des „Feindes". Der Rekurs
auf die jeweilige Vergangenheit beider Kollektive
basiert auf einer exklusiven Leidensgeschichte,
die den anderen als Opfer negiert. Dabei bestimmt
das Kollektivgedächtnis nicht nur das aktuelle
Gegenwarts- und Geschichtsbewußtsein, sondern
spiegelt in der Tradierung von Selbst- und Feindbildern auch zentrale Herrschaftsinteressen.
In diesem Buch geht die Verfasserin der Frage
nach, welche politische Bedeutung der Erinnerungskultur im Konflikt und dessen möglicher
Überwindung zukommt.
Bd. 6, 2002, 144 S., 15,90 €, br., ISBN 3-8258-5968-1

Heike Roggenthin
**„Frauenwelt" in Damaskus**
Institutionalisierte Frauenräume in der geschlechtergetrennten Gesellschaft Syriens
Die strikte räumliche Trennung weiblicher und
männlicher Sphären und Räume sowie eine klare
Rollenzuweisung charakterisieren die segregierte,
segmentäre Gesellschaftsordnung des Vorderen
Orients. Die Geschlechterordnung ließ neben der
„Männeröffentlichkeit" eine „Frauenöffentlichkeit"
entstehen, in welcher Frauenräume als integraler
Teil der Gesellschaft entstanden. In der Arbeit werden häusliche informelle, außerhäusliche formelle
Frauenräume sowie formelle Wohltätigkeitsorganisationen beschrieben und deren Bedeutung für
die Damaszenerinnen dargelegt. Die Frauenöffentlichkeit bietet Hilfestellung und Rückhalt bei der
Bewältigung des Alltags. Sie trägt zum Erhalt der
hierarchisch gegliederten Gesellschaftsordnung
bei.
Bd. 7, 2002, 288 S., 17,90 €, br., ISBN 3-8258-6188-0

Mustafa Gencer
**Bildungspolitik, Modernisierung und
kulturelle Interaktion**
Deutsch-türkische Beziehungen (1908–1918)
Die bildungspolitische Zusammenarbeit zwischen
Deutschland und der sich von einem Vielvölkerstaat zum Nationalstaat entwickelnden Republik
Türkei bildet den Gegenstand dieser Untersuchung.
Jenseits der verstärkten politischmilitärischen Kooperation analysiert Mustafa Gencer die mentalitätsgeschichtlichen Aspekte der deutsch-türkischen
Beziehungen.
Das gesellschaftliche Modernisierungsprojekt sollte
die Lebensphilosophie der Türken mit Begriffen
wie *deutsche* Ordnung, Organisation, Pünktlichkeit
und Arbeitsmoral vertraut machen. Deutsche Intellektuelle, Offiziere, Berater und Professoren leisteten einen wichtigen Beitrag zur Nationalisierung
des politischen Denkens in der spätosmanischen
Zeit.
Bd. 8, Frühj. 2003, ca. 320 S., ca. 30,90 €, br.,
ISBN 3-82582-6370-0

**LIT** Verlag Münster – Hamburg – Berlin – London
Grevener Str./Fresnostr. 2 48159 Münster
Tel.: 0251 – 23 50 91 – Fax: 0251 – 23 19 72
e-Mail: vertrieb@lit-verlag.de – http://www.lit-verlag.de